Dieses Buch ist ein heiliges Buch. Dieses Buch sollte sorgfältig gelesen werden. Dieses Buch lässt in einer Zeit, in der Unsicherheit, Chaos, Krieg, Hunger und Katastrophen die Welt bedrohen, den menschlichen Geist wieder auferstehen. Ein Buch wie dieses wird gebraucht, um den Weg der Menschheit zu erhellen.

Credo Mutwa
Schamane der Zulu – Höchster Schamane
Afrikas, Juli 2011

... yourself ... and ...
... the same ...
... of you may have a ...
... empires whose service ...
... yourself with others. Some one...
... even famous is not of great...
... those who seek audience ...
... doing what you love the most a...
... your guidance system. Prefer
... to fly ... and a time too
... deal with all the consequences
... as best as you can and ~~true~~
... when you've mastered this
... be sure the next part will
... truth is to love yourself unconditionally
... your humanness as well as ...
... rainbow bridge between Heaven an...

LEISES LÄCHELN

Die Heiligen Lehren der Liebe

Alle künstlerischen Arbeiten sind von Mirjam
www.mirjamrothkamm.com
www.silentsmile.com

Instagram: silent_smile_mirjam
Youtube: Silent Smile Mirjam

Copyright © 2021 Mirjam
Deutsche Übersetzung von Georg Freitag

ISBN: 978-0-6452506-2-6
Published by Aurum House
www.aurumhouse.com.au

 Die bibliographischen Daten dieses Buches sind in der National Library of Australia (australischen Nationalbibliothek) eingetragen können von dort bezogen werden.

Alle Rechte vorbehalten. Kein Teil dieser Publikation darf reproduziert oder verbreitet werden, weder elektronisch, mechanisch noch anderweitig ohne eine vorherige schriftliche Erlaubnis des Copyright Inhabers.

All rights reserved. No part of this publication may be reproduced, stored in a retrieval system or transmitted in any form or by any means, electronic, mechanical, photocopying, recording or otherwise, without the prior written permission of the copyright holder.

Dieses Buch ist der ganzen Menschheit gewidmet

The Nameless One — Truth

INHALT

Vorwort		vii
Wie alles begann		xi
Die Anrufung der Liebe		1
1	Über dieses Buch	3
2	Wir stellen uns vor	7
3	Wandlung von Innen	15
4	Ihr seid nicht euer physischer Körper	23
5	Wir sind das Herz Gottes	31
6	Heilung	37
7	Liebe	45
8	Wie oben so unten	51
9	Ihr liebt euch selbst nicht	59
10	Der Quintessenz aller Lehren	65
11	Macht	71
12	Die Verbindung zu eurem Höheren Selbst	77
13	Selbstliebe	83
14	Die Gesetze des Lebens	87
15	Es gibt nur Liebe	93
16	Ihr befindet euch in der Transformation	99
17	Integrität	105
18	Ihr vertraut Gott nicht	111
19	Ihr sehnt euch nach eurem Wahren Selbst	117
20	Grenzen	123
21	Sorgen	129
22	Angst	135
23	Freude	141
24	Der fehlende innere Kern	145
25	Das spirituelle Ego	153

26	Der rechte Gebrauch der Macht	161
27	Die Umerziehung des Egos	169
28	Die Aufgabe der Seele	175
29	Der Verstand	183
30	Friede zwischen gegensätzlichen Aspekten	191
31	Der physische Körper	197
32	Die Einheit allen Lebens	205
33	Verantwortung	211
34	Anhaftung versus Nicht-Anhaftung	219
35	Der freie Wille	225
36	Der Tod	231
37	Kampf	239
38	Spirituelles Bypassing	247
39	Ihr wählt die Umstände eures Lebens selbst	255
40	Erwachen und Erleuchtung	263
41	Unterscheidung von Energien	269
42	Projektion	277
43	Vergebung	281
44	Gnade	289
45	Gott ist überall	295
46	Gott hat das Böse nicht erschaffen	301
47	Die neue Führung versus Autokratie	307
48	Das Licht macht den Schatten sichtbar	315
49	Licht versus Dunkelheit	319
50	Vor und nach der Erleuchtung	325
51	Das Gleichgewicht von männlichen und weiblichen Energien	329
52	Der große Wandel	337
53	Wir sind Liebe	345
	Rose of Love	347

VORWORT

Wir leben in einer Zeit, die für die Zukunft der Menschheit von einzigartiger Bedeutung ist. Wir sind an einer Wegscheide und konfrontiert mit existentiellen Bedrohungen und Herausforderungen wie niemals zuvor.

Unsere äußere Welt stellt sich gegenwärtig dar als eine beängstigende Anhäufung von Katastrophen: eine globale Pandemie, die Angst, Unsicherheit, wirtschaftliche Instabilität, Tod und eine Krise unserer seelischen Gesundheit von beachtlichem Ausmaß mit sich bringt, kombiniert mit den schädlichen und bedrohlichen Folgen des Klimawandels, dem Artensterben, der Verseuchung unserer Umwelt, Massenvernichtungswaffen sowie der weltweiten Verbreitung von Krebs und anderen lebensbedrohenden Krankheiten. Es ist traurig, aber wahr, dass wir uns eingestehen müssen, die Fähigkeit entwickelt zu haben, uns selbst und unseren Planeten zu zerstören.

Außerdem sind wir mit der immer größer werdenden Kluft zwischen Arm und Reich konfrontiert, die ein Nährboden für soziale Unruhen und Kriminalität ist, einem Mangel an verantwortungsvoller politischer Führung, Rassendiskriminierung, ungleicher Behandlung der Geschlechter, häuslicher Gewalt, moderner Versklavung, Menschenhandel und sexuellem Missbrauch, wachsender Gier sowie den gesteigerten Risiken durch künstliche Intelligenz und ihrem Eindringen in fast jeden Bereich unseres Lebens. Leider ist die Liste damit noch nicht zu Ende.

Angesichts all dieser uns zutiefst betreffenden Umstände erscheint die Menschheit heute gespaltener, verwirrter und verlorener denn je. Wir finden uns in einer Welt fortschreitender Polarisierung, die immer extremer wird.

Und doch sind wir nicht nur auf einer äußeren Ebene bedroht, wir leiden auch innerlich an individuellen, nationalen, kollektiven und ererbten Traumata. Wir sind alle in eine schon traumatisierte Welt hineingeboren und haben das, was eigentlich unnatürlich ist, nämlich Trauma, als etwas Natürliches akzeptiert, weil wir es nicht anders kennen.

Die Notwendigkeit zu handeln und unseren Weg zu ändern ist mehr als offensichtlich. Es ist ein Aufruf an die ganze Menschheit!

Wir benötigen dringend Weisheit und Führung, um unseren Weg aus diesen katastrophalen Umständen zu finden, in die wir uns selbst katapultiert haben. Als Weltgemeinschaft wie als einzelne Individuen sind wir aufgerufen, diese einzigartige Möglichkeit zu ergreifen, unsere Welt im Sinne einer besseren Zukunft zu verändern.

Trotz der hohen Aufmerksamkeit, die vielen der angesprochenen Themen schon zuteil wird, erkennen wir jedoch nicht wirklich die tiefe, all diesen schrecklichen Umständen zugrunde liegende Ursache — nämlich uns selbst, oder genauer gesagt unser inneres Chaos und unsere Disharmonie, resultierend aus unerlöstem Schmerz und der Entfremdung von unserer wahren Natur. Der desaströse Zustand unserer Welt muss als direktes Ergebnis unserer persönlichen wie kollektiven Zerrissenheit begriffen werden und der daraus resultierenden Korruption unserer Seelen.

Jede Veränderung in Richtung auf eine bessere Welt kann nur aus unserem Inneren kommen. Wir können diese Welt nur heilen, wenn wir zuerst uns selbst heilen, da diese unsere Welt nur unsere innere Welt widerspiegelt. Menschen, die nicht selbst geheilt sind, können die Welt nicht heilen!

Deshalb erfordert die Lösung unserer Probleme zuerst eine innere Revolution — einen fundamentalen Wechsel vom durch den Verstand geprägten Bewusstsein zu einem im Herzen verankerten Bewusstsein.

Unsere Wahrnehmung der Wirklichkeit, die normalerweise bestimmt ist von unserem Ich-zentrierten Verstand, liefert uns ein uneinheitliches, verzerrtes, ichbezogenes und deshalb äußerst limitierendes Bild von der Welt. Unser Verstand allein, kann die drängenden Probleme unserer Zeit nicht lösen. Dies bedarf der Weisheit und Führung aus der Stille unseres spirituellen Herzens.

Das Drama der menschlichen Entwicklung über Jahrtausende hinweg, wie es sich im Chaos von Kriegen und Machtkämpfen zwischen und innerhalb politischer und religiöser Institutionen widerspiegelt, ist weitgehend der Tatsache geschuldet, dass wir in unserem Inneren nicht heil sind.

Unsere innere Heilung und die Rückkehr zu schon beinahe vergessenen inneren Tugenden als dem Fundament für unser Sein und Entscheiden sowie der freiwillige Verzicht auf die Renditen unserer Gier sind unabdingbar; andernfalls werden wir weiterhin durch eine Welt im Chaos mit zunehmenden Umwelt- Wirtschafts- und Gesundheitskrisen stolpern, nur zu oft unter der Leitung von machthungrigen, korrupten und inkompetenten Führern, die ungehemmt ihren vulgären Machiavellismus ausleben, ohne Weisheit und Mitgefühl.

Letztendlich wird uns, wenn wir nicht die Verantwortung übernehmen, uns selbst zu heilen, nichts anderes übrig bleiben als mit Schrecken und Bedauern zuzusehen, wie unsere ganze Zivilisation zerfällt und untergeht.

Solange wir die grundlegenden Gesetze des Lebens nicht verstehen und umsetzen, können wir nicht wissen, wer wir sind. Wir müssen begreifen, dass was wir im Allgemeinen als den Zustand der Erleuchtung bezeichnen, in Wirklichkeit unser wahres Selbst ist und nicht ein Bewusstseinszustand, der ausschließlich den Weisen und Heiligen aus längst vergangenen Zeiten vorbehalten war. Ohne unsere Rückkehr zur Liebe, die unsere wahre Natur ist, werden wir wie ein Schiff ohne Ruder auf einem riesigen Ozean dahintreiben, ohne Aussicht auf ein rettendes Ufer.

In diesem Buch, das ich in so ungewöhnlicher Art und Weise empfangen habe, spricht das Göttliche direkt zu jedem von uns und zeigt uns, wie wir durch die Stille unseres Herzens zu einem nie versiegenden Quell der Weisheit finden können.

‚Leises Lächeln' führt uns zu einem Verständnis der grundlegenden spirituellen Gesetze des Lebens. Es lehrt uns, wie wir unserem Leben in diesen herausfordernden und komplexen Zeiten eine weise Führung geben können, und es lädt uns ein, unsere wahre Natur und, damit verbunden, inneren Frieden und Glück zu finden.

Wenn ich die Essenz dieses Buches in nur wenige Worte fassen sollte, so wäre es – Sei Liebe.

WIE ES ALLES ANFING

Zunächst möchte ich den Leserinnen und Lesern erklären, wie das Buch entstand, da ich ja nicht die Autorin nach herkömmlichen literarischen Standards bin, sondern lediglich diejenige, die es geschrieben hat. Die außergewöhnliche Entstehungsgeschichte dieses Buches erstreckt sich über 22 Jahre, mehr als ein Drittel meines Lebens. Vielleicht sollte ich auch erwähnen, dass es für mich nicht ungewöhnlich ist, Wesen aus anderen Dimensionen zu sehen oder zu hören, die für die meisten Menschen unsichtbar sind. Obwohl ich mit dieser Gabe gesegnet bin, war das, was an diesem besonderen Tag im Jahr 1998 passiert ist, doch etwas sehr Außergewöhnliches.

Ich meditierte gerade auf einem Flug von Los Angeles nach New York, als ich eine überwältigende Vision hatte. Ich sah ein Buch mit einer wunderschönen glänzenden goldenen Spirale auf dem Umschlag und dem Titel „LEISES LÄCHELN". Eine himmlische Stimme sagte mit großer Bestimmtheit: „Du wirst dieses Buch in unserem Namen schreiben." Wie man sich wahrscheinlich vorstellen kann, hinterließ dieses Erlebnis einen mehr als tiefen Eindruck in mir. Als ich nach Deutschland zurückkehrte, war ich überzeugt, dass dieses mysteriöse Buch jederzeit „vom Himmel" kommen würde. Es war allerdings erst mehr als zehn Jahre später, als das Buch sich zu manifestieren begann, dass ich bemerkte, wie falsch ich gelegen war. Damals wusste ich noch nicht, dass ich noch viele Schritte der Heilung und inneren Entwicklung gehen musste, um in der Lage zu sein dieses Buch empfangen zu können. Tatsächlich musste ich erst zu dem werden, was meine unsichtbaren Freunde mich lehrten.

Während der folgenden Jahre verbrachte ich täglich mehrere Stunden in der Meditation und mit der Vertiefung meiner spirituellen Übungen, um mich auf die Aufnahme dieses mysteriösen Buches vorzubereiten.

Als ich im Juli 2008 unser neues Heim in Australien einrichtete, erfüllte ein unbeschreiblich helles Licht und göttliche Gegenwart mein Zimmer und ich hörte eine Stimme sagen:" Hier wirst du unsere Worte aufschreiben", und das Buch mit der goldenen Spirale erschien mir wieder. Ich führte weiterhin ein tief kontemplatives Leben, jedoch nicht mehr in der ungeduldigen Erwartung, wann dieses versprochene Buch endlich erscheinen würde.

Am 11. November 2009 spürte ich plötzlich den Drang, einige Notizen zu diesem Buch zu machen. Ich setzte mich an meinen Schreibtisch, und zu meinem Erstaunen schrieb sich das erste Kapitel quasi von selbst — ganz ohne Unterbrechung. Ich war verblüfft von dem, was ich auf dem Papier vorfand, denn das, was ich geschrieben hatte, war ganz anders, als ich es vorgehabt hatte. Die Worte, die aus mir herausgeflossen waren, waren, selbst in Stil und Komposition waren vollkommen anders als meine eigenen. Nun war ich mir sicher, dass die lang versprochene Durchgabe begonnen hatte.

Von diesem Moment an widmete ich mein ganzes Leben diesem Prozess. Jeden Tag verbrachte ich Stunden in vollkommener Stille, um ganz dafür da zu sein, die Botschaften zu empfangen. Normalerweise meditierte ich, ging dann lange am Morgen spazieren, und wenn ich zurückkam, setzte ich mich zum Schreiben hin. Ich empfing den Text klar und ohne Unterbrechung, und manchmal flossen die Worte so schnell, dass meine Hände kaum mit der Übertragung Schritt halten konnten. Anfangs fühlte ich mich nach dem Empfang eines Kapitels erschöpft, aber das besserte sich mit der Zeit, und ich konnte mit der hohen Energie, die mit jeder Übertragung verbunden war, besser umgehen. Das Licht, das mich während des Prozesses des Schreibens umgab, war extrem stark, und zugleich befand ich in einen Zustand tiefen inneren Friedens.

Es gab dabei Phasen der Unterbrechung, notwendig einerseits zur Integration dieser hohen Energie in meinen Körper, andererseits um das in meinem Leben umzusetzen, was ich empfangen hatte. Die göttliche Kraft erlaubte mir nicht zu schwindeln. Wenn ich eine Lehre nicht integriert hatte, hörte die Stimme einfach auf und gab mir Zeit, eine bestimmte Lektion zu durchleben und eins mit ihr zu werden.

Meine Familie und ich durchlebten wahrlich, wie sich diese Wahrheit anfühlte. Man kann buchstäblich sagen, dass im Moment, als das Buch beendet war, unser Leben, wie wir es gekannt hatten, völlig zusammenbrach. Ich ging durch eine lange dunkle „Seelennacht". Durch göttliche Gnade wurde die Identifikation mit meinem persönlichen Selbst aufgelöst. Ich begann plötzlich alle Geschehnisse aus der Perspektive meiner wahren Natur zu erleben. Eine neue, unverstellte Welt eröffnete sich mir. Ich war zufrieden ein Niemand zu sein. Egal ob etwas als erschreckend oder segensreich erlebt wird, unsere wahre Natur bleibt davon unberührt und betrachtet mit einem leisen Lächeln die aufregenden und dramatischen Szenen, die unser menschliches Ego produziert. Plötzlich begann ich zu verstehen, warum dieses Buch „Leises Lächeln" heißt.

Wir müssen uns vollkommen an das Göttliche übergeben und uns von der Identifizierung mit unserem egozentrierten Selbst lösen, um wirklich frei zu werden. Der Durchgang durch die „Dunkle Nacht der Seele" ist äußerst schmerzhaft, verwirrend und erschreckend. Er ist jedoch ein notwendiger Teil jeden spirituellen Weges. Der Abgrund, dem wir begegnen, lebt in allen menschlichen Wesen. Wenn wir uns vollkommen dem Göttlichen übergeben und unsere ursprünglichsten Ängste als Teil von uns selbst willkommen heißen und heilen, geschieht etwas Bemerkenswertes — diese abgespaltenen Teile von uns werden integriert und unsere wahre Natur kommt zum Vorschein.

Jedoch selbst nach dieser fundamentalen Bewusstseinsveränderung und des Erwachens meines wahren Selbst, war meine Reise mit dem Buch noch längst nicht vorbei. Ich verbrachte die nächsten Jahre damit vollkommen in der Stille zu leben und meine innere Befreiung zu vertiefen und zu festigen. Ich begann die göttlichen Wesen, die mein Atelier besuchten, zu malen und lebte in innerer Zurückgezogenheit von den Menschen, nur in der Gesellschaft meiner unsichtbaren Freunde und meiner kleinen Familie. Die Stille wurde mein Lehrer und ich ihr bewundernder Zuhörer, das Buch blieb unveröffentlicht. Weder dachte ich viel darüber nach, noch hatte ich den Drang, irgendetwas mit dem Manuskript zu tun. Mir war klar, ohne göttlichen Auftrag würde ich das Buch nicht anfassen. So kam es, dass das Manuskript etwa ein Jahrzehnt bei uns zu Hause lag, fast vergessen, bis eines Abends im August 2020 die himmlischen Wesen, die mir das Buch eingegeben hatten, wieder erschienen und sagten, nun sei es Zeit, LEISES LÄCHELN der Welt zu eröffnen. Ich tue dies mit großer Freude.

Es ist mein Wunsch, dass du beim Öffnen der Seiten dieses Buches begreifst, was du da in der Hand hältst. Nimm eine Lehre nach der anderen auf und werde zu dem, was du gelernt hast, ehe du zum nächsten Kapitel weitergehst.

Möge die Stimme aus dem Herzen Gottes dich zu innerem Frieden führen und dir helfen, dich daran zu erinnern, wer du wirklich bist.

Mirjam, 2021

LEISES LÄCHELN

Die Heiligen Lehren der Liebe

Mother Of Compassion — Love

DIE ANRUFUNG DER LIEBE

Mögen LIEBE, FRIEDEN und WAHRHEIT in das Herz der Menschheit einziehen,
sodass wir verstehen, dass wir alle Zellen im ewigen Körper der Göttlichen Mutter und des Göttlichen Vaters sind,
und erkennen, dass wir alle EINS sind,
EINS mit dem Göttlichen und EINS miteinander.

In Wahrheit waren wir nie getrennt.
Wir sind alle gleich,
und es ist an der Zeit, dass wir als EINE Menschheit handeln und alles in uns selbst annehmen,
einschließlich unseres dunkelsten Schattens als auch unseres hellsten Lichts und jedes Wesen in unserer Außenwelt.

Nur dann können wir das heilige Mysterium der Schöpfung erkennen denn es war die LIEBE, die alles und jeden erschaffen hat und erkennen, dass LIEBE der wahre Name Gottes ist,
und da wir Ihre / Seine Schöpfung sind werden auch wir LIEBE genannt.

Daher LIEBT euch selbst, damit ihr einander LIEBEN könnt.
LIEBE löst alle Illusion und Unwissenheit auf,
und gebiert die WAHRHEIT
sodass wir verstehen,
LIEBE ist was wir wirklich sind,
sodass der FRIEDE kommen möge
und der Himmel auf die Erde herabsteige.

1

ÜBER DIESES BUCH

Dies ist ein außergewöhnliches Buch, denn es besteht nicht nur aus geschriebenen Worten, es ist der höchste Geist selbst der da spricht. Es ist lebendig, unbegrenzt, und wie die Quelle selbst, hat es keinen Anfang und kein Ende. Es ist die Quelle selbst – das Herz Gottes, das zu dir spricht. Die Göttliche Gegenwart lädt dich ein, jedes Thema auf die menschlichste Art und Weise, durch seine/ihre Augen zu betrachten. Dieses Buch existiert in den höheren Welten bereits, war in dieser Ausdrucksform jedoch noch nicht geschrieben oder durch die Linse einer menschlichen Schriftstellerin empfangen, die als Übermittlerin für uns gearbeitet hätte. Egal welches Thema auch immer im Bewusstsein der Autorin aufstieg, unsere Sichtweise wurde, wie ein vibrierendes Hologramm, sofort als lebendige Erfahrung mitgeteilt, denn dies ist die Art und Weise, in der wir in den höheren Dimensionen kommunizieren. Diese Erfahrung wurde dann in die menschliche Sprache übertragen. Wir nutzen jegliche Information, die in der Datenbank des Menschen, der mit uns verbunden ist, zur Verfügung steht und diese schließt Fakten, wie spirituelles Bewusstsein, Sprachgewandtheit, Lebenserfahrung und mehr, mit ein. Doch der Übermittlungsprozess dieses Buches ist anders, als der bei dem seit kurzem populären Phänomen des Channelling, bei dem ein Mensch einem Engelwesen oder einem Meister Raum einräumt, der dann durch ihn spricht. In diesem Fall sprechen wir durch das Höhere Selbst der Schriftstellerin, daher ist dieses Buch eine direkte Übermittlung aus dem Herzen Gottes.

Wir sagten, dass dieses Buch kein Ende hat, keine Grenzen und lebendig ist, was der Wahrheit entspricht, denn es entstammt den Reichen des Einen, Der Niemals Geboren Wurde und Der Niemals Sterben Wird, Der da IST, WAR und immer SEIN wird, DER OHNE ANFANG und OHNE ENDE IST, Allmächtig, Grenzenlos und, Der der Ganzen Schöpfung Leben Gibt, da Er der Schöpfer selbst ist.

Dieses Buch könnte ewig fortgesetzt werden und euch alle Geheimnisse der Schöpfung erklären, die Geschichte der Götter und der Welten, der Galaxien und Universen bis zur Geburt der Menschheit und alle Ursachen für diese Schöpfung. Doch das ist nicht der Sinn dieses Buches.

Wir möchten euch jetzt nur die grundlegenden universellen Gesetze lehren, um euch zu ermöglichen, die spirituellen Lektionen zu verstehen, die euch das tägliche Leben präsentiert und euch auf die kommende Zeit vorbereiten. Vor allem haben wir ein Interesse daran, dass ihr versteht, dass Gott Liebe ist, Alles und Jedes, das Formlose und die Form, das Namenlose und der Name. Alles ist aus dieser Liebe hervorgegangen, von den riesigen Universen bis zu dem kleinsten Sandkorn. Das schließt alle Menschen ein und auch dich. Wenn dein Schöpfer also Liebe ist, was bist du dann? Liebe! Eines Tages werdet ihr die Bedeutung dieser einfachen Aussage verstehen und die Schichten eurer Konditionierungen abtragen, die eure wahre

Essenz, die Liebe ist, verdecken. Ihr werdet aufhören, euch in euren eigenen Geschichten zu verlieren. Das schließt auch die Geschichten vergangener Inkarnationen, die Geschichte der Menschheit usw., mit ein. Ihr werdet verstehen, dass es nicht das höchste Wissen ist, das euch nach Hause führt – es ist schlicht und einfach Liebe. Tatsächlich gibt es nichts als Liebe, denn Liebe ist die einzige Realität. Die Liebe hat alles erschaffen und die Liebe wird dich nach Hause geleiten. Liebe ist der schnellste Weg. Es gibt unterschiedliche Wege zu Gott, und sie führen euch letztendlich alle nach Hause. Doch Liebe ist der Weg, der euch direkt in den höchsten Himmel führt. Dieses Buch ist ‚eine Ode an die Liebe' oder ihr könntet auch sagen, ‚ein Testament der Liebe'.

Ihr alle wäret in der Lage, ein Buch wie dies zu schreiben, wenn ihr vollkommen dem Pfad der Liebe folgen würdet, der Führung eures Herzens, das euch nach Hause geleiten möchte. Zu Hause ist dort, wo nur Liebe, Frieden und Wahrheit wohnt — jenseits aller eurer Ideen und Geschichten – jenseits der Schöpfung, wo endloser Friede – Stille jenseits aller Worte – in dem Namenlosen Einen wohnt. Dies ist der Ursprung, wo alle Geschichten beginnen und wo alle Geschichten enden.

Die Autorin dieses Buches wurde einfach nur still und hörte auf die Melodie, die aus ihrem Herzen aufstieg – ein Lied der Schönheit und Einfachheit zog herauf und formte Worte. Dieses Buch wurde als ein Geschenk unserer Herzen an ihres geschaffen und an eure Herzen weiter gereicht. Es ist ein Geschenk des Herzens Gottes an das Herz der Menschheit, und nur euer Herz kann seine wahre Bedeutung entziffern. Hört also auf euer Herz, wenn ihr diese Seiten wendet. Jedes Wort hat eine Bedeutung – und unterschiedliche Bedeutungen für jeden von euch, abhängig von der Ebene eures Bewusstseins. Dieses Buch ist mehr als nur Worte, denn es entschlüsselt euer höheres Bewusstsein und aktiviert die heilige Flamme eures Herzens. Wir wünschen euch, dass ihr auf euer Herz hört. Denn nur das Herz kennt die wahre Bedeutung. Das Herz ist das Tor zum Göttlichen, wo alles Wissen und Weisheit seine Heimat hat – und darauf wartet, euch offenbart zu werden. Wisset, dass wir euch lieben.

2

WIR STELLEN UNS VOR

Alle Probleme, die die Menschheit sowohl auf der individuellen, als auch auf der globalen Ebene zur Zeit erfährt, hat ihren Ursprung in ihrer Trennung von der Quelle. Was ihr im Allgemeinen als ein ‚normales Leben' empfindet, ist tatsächlich nichts als die Konsequenz eurer Ignoranz über den wahren Sinns des Lebens. Diese Unwissenheit führte zum Missbrauch und zu Krankheiten eurer physischen, emotionalen und mentalen Körper und erschuf den Glauben an die Illusion der Trennung von der Quelle, die im Sinne von absoluter Realität gar nicht möglich ist! So wie die Menschheit das Leben gegenwärtig lebt, ist sie weit davon entfernt, ihr wahres Potential zu erreichen.

Wir, ein Gruppenbewusstsein, das die Quelle selbst verkörpert - das Herz Gottes - würden uns euch gern vorstellen und euch daran erinnern, was ihr vergessen habt, bevor ihr auf der physischen Ebene in eure Körper gekommen seid. Vielleicht kommen wir, als nicht-physische Wesen, euch ein wenig seltsam vor. Doch unsere Existenz ist genauso real, wie die eure, auch wenn die meisten von euch nur das wahrnehmen, was eine physische Form hat und wissenschaftlich als real nachgewiesen werden kann. Wir haben kein Bedürfnis uns euch gegenüber zu beweisen, noch möchten wir diejenigen von euch, die Zweifel haben, von unserer Existenz überzeugen. Was wir hingegen gerne tun würden, ist, euch Einsichten aus unserer Perspektive der absoluten Freiheit, des Friedens und der Liebe zu vermitteln. Wir möchten euch an euer wahres Potential erinnern: sodass auch ihr in der Lage, seid das Einssein mit dem Göttlichen zu erfahren, das Frieden, Liebe und Freiheit in euer Leben bringen wird.

Wer sind wir also? Was meinen wir mit ‚wir' im Unterschied zu ‚ich'? Ihr, auf der Erde, nehmt euch als einzelne Persönlichkeiten wahr — getrennt voneinander. Das scheint auf eurem Planeten die ‚normale' Sichtweise zu sein. Wir, aus anderen Dimensionen, aus höheren Bewusstseinsebenen, besitzen nicht dieselbe Wahrnehmung wie ihr, denn sie ist illusorisch und enthält vom Standpunkt absoluter Realität keine Wahrheit. Eine Trennung in Einzel-Bewusstseins-Persönlichkeiten existiert da, wo wir herkommen und wo ihr alle euren Ursprung habt, nicht. Wir nehmen nur Einheit, Liebe und Wahrheit wahr, ohne unsere Klarheit und Unterscheidungsfähigkeit zu verlieren. In unserer Welt gibt es keine Verurteilung. Anstatt dessen ziehen wir es vor, Situationen und Wesen entsprechend des Grades ihrer Übereinstimmung mit der Quelle allen Lebens einzuschätzen. Diese Skala erstreckt sich von dem vollkommenen Ausdruck der Wahrheit, der Liebe und des Friedens bis hin zur Verleugnung der Existenz des Göttlichen, was sich dann auf verschiedenen Ebenen als Verstrickung in der Welt der Illusion und die Identifizierung damit ausdrückt.

Also noch einmal, wer sind wir? Wir sind die Quelle, der Urgrund allen Seins. Ohne uns würde die Schöpfung nicht existieren. Wir sind der Herzschlag der Schöpfung. Wir sind der Schöpfer. Wir sind das Herz Gottes.

Unser Bewusstsein hat im Laufe eurer Geschichte unterschiedliche Verkörperungen unter verschiedenen Namen angenommen. Während unsere Erscheinungen und die Art und Weise, wie wir gelehrt haben, sich im Laufe der Evolution der menschlichen Rasse den zwangsläufigen Veränderungen des Bewusstseins der Menschheit angepasst hat, blieb unser Bewusstsein, das ICH BIN DER ICH BIN — EYEH ASHER EYEH, hingegen immer das selbe. ‚Der Namenlose Eine' ist einer unserer bevorzugten Namen, denn er wurde von menschlichen Interpretationen, die nur versuchen das einzuschränken und zu begrenzen, was nicht eingeschränkt oder begrenzt werden kann, weder missbraucht noch überschattet. Ihr werdet ‚das Lebendige Feuer Gottes' niemals in einem Namen oder einer Religion finden können. Dieses heilige Mysterium kann nur mit einem offenen, demütigen und mutigem Herzen durch die Göttliche Gnade erfahren werden.

Wir laden die Menschheit dazu ein zu hören, was wir zu sagen haben und, wenn es Sinn für euch ergibt, die Art und Weise, wie ihr das Leben, euch selbst und andere wahr nehmt, zu überdenken. Wir möchten euch gern auf eine Reise erweiterten Bewusstseins mitnehmen, die weit über eure wildesten Träume hinaus geht. Doch es wird so einfach sein, dass ihr euch manchmal wundert, warum ihr nicht selbst zu denselben Ergebnissen gekommen seid.

Die Menschheit ist kurz davor zu verstehen, dass ihre Kindheit zu Ende geht und wir sind hier, um euch dabei zu unterstützen, die ersten Schritte in eurem Leben als junge Erwachsene zu machen. Wir ermutigen euch, Verantwortung für euch selbst und diese Welt, die ihr geerbt habt, zu übernehmen. Damit das geschehen kann, werden die alten Paradigmen fallen. Sie müssen fallen, weil sie auf Angst basieren. In dieser Neuen Welt, die sich selbst durch euch alle gebiert, wird es keine Zeit und keinen Raum für irgendetwas geben, das auf Angst gebaut ist. Die niedrige Frequenz der Angst kann sich in dem neuen Licht der Wahrheit, des Friedens und der Liebe, das diesen wunderschönen Planeten nun überflutet, nicht mehr halten.

Wir bitten euch, der Liebe anstatt der Angst gegenüber, jederzeit den Vorzug zu geben. Wenn ihr dazu in der Lage sein würdet, würdet ihr das erfahren, was Erleuchtung genannt wird. Die meisten von euch sind derzeit noch nicht in der Lage, diese grundlegende Veränderung zu vollziehen und darum sprechen wir die gesamte Menschheit an: um euch mit einem spirituellen Leitsystem zu beschenken, das genauso einfach wie tiefgreifend ist. Jedoch versprechen euch keinen Spaziergang im Rosengarten. Jeder, der euch Freiheit, Frieden und Erleuchtung auf solche Weise verspricht, spricht nicht die Wahrheit. Es gibt keine Instant-Erleuchtung! Sondern es ist ein langwieriger Vorgang, Angst gegen Liebe auszutauschen und so, wie jeder Prozess, braucht auch dieser Zeit, ganz besonders in der Dritten Dimension. Es wird euer ganzes Sein erfordern, diesen Wandel zu vollziehen. Manchmal wird es euch schwer erscheinen, doch dies ist der einzige Weg, der euch, unabhängig von allen äußeren Gegebenheiten, wahre Freiheit und inneren Frieden anbietet. Ihr werdet lernen, mit den Augen der Liebe zu sehen und die Einheit aller Wesen erkennen.

Zahllose Bücher wurden zu spirituellen Themen geschrieben und wir haben bemerkt, dass diese spezielle Sparte des Büchermarktes sehr populär ist. Was wir bei diesem Phänomen vor allen Dingen beobachten, ist, dass die Menschheit bereit ist, Fragen zu stellen und nach Antworten zu suchen. Das ist der Grund dafür, warum wir auf diese besondere Zeit gewartet haben, zu der ein ausreichender Prozentsatz der Menschheit eine höhere Schwingung des Bewusstseins erreicht hat und bereit ist, unsere Unterstützung anzunehmen.

Wir bieten euch Klarheit im Dschungel spiritueller Lehren von Wahrheiten und Halbwahrheiten. Erinnert euch an eins: die Wahrheit ist einfach. Obwohl die Wahrheit komplex erscheinen mag, ist sie immer an ihrer Einfachheit erkennbar. Dies möge euch auf eurer Suche leiten, sowie auch die folgende Einsicht — hört auf euer Herz und achtet darauf, wie es sich anfühlt, wenn ihr über eine Lehre reflektiert. Fühlt ihr euch warm und lebendig, weitet sich euer Herz, auch wenn ihr mit einer unbequemen Wahrheit konfrontiert seid? Oder fühlt ihr euch andererseits unbehaglich oder verurteilt? Bei einer anderen Gelegenheit werden wir das interessante Thema der Unterscheidungsfähigkeit untersuchen. Im Moment möchten wir uns nur vorstellen und unserer Stimme vor der Welt Gehör verschaffen.

Wir sind sehr erfreut darüber, aus dem Unsichtbaren heraus zu treten, zu euch zu sprechen und unseren Dienst anzubieten. Ein beträchtlicher Teil der Menschheit ist bereit, die Wahrheit zu umarmen. Wir sind hoch erfreut über diese Gelegenheit, die Samen der Liebe in eurem Bewusstsein einzupflanzen, sodass sie tausendfältig Früchte tragen mögen und euch beim Aufbau der neuen Welt dienen, die nicht mehr auf dem alten Paradigma der Angst basiert und auf all ihren ängstlichen Kindern.

Die neue Erde ist ein Ort der Liebe, der Wahrheit und des Friedens und sie tritt schon in Erscheinung. Wir sehen diese Welt bereits geboren und gewachsen. Sie existiert. Das können wir euch versichern. Wir, die wir jenseits von Zeit und Raum leben, haben die Geburt unseres ‚Kindes', der Neuen Erde, schon beobachtet. Für euch mag dieses Ereignis noch in der bevorstehenden, aufkeimenden Zukunft zu liegen scheinen. Letztendlich ist das alles nur eine Frage des Sichtpunkts und der Perspektive, nicht wahr? Stellt euch vor, fühlt und träumt die Neue Welt in die Existenz, indem ihr euch für die Liebe entscheidet und nicht für die Angst. Glaubt an eure Träume einer besseren Welt und handelt entsprechend. Nur dann kann diese Welt, die auf einer höheren Ebene schon existiert, sich in eurer physischen Realität manifestieren.

Wir möchten, dass ihr versteht, dass ihr die Neue Welt in die Existenz gebärt. Jeder von euch ist aufgerufen, diese Neue Welt des

Friedens und der Liebe als Mitschöpfer zu ermöglichen. Damit das geschehen kann, werdet zum bewussten Schöpfer eures eigenen Lebens, lernt über den ursprünglich beabsichtigten Gebrauch eurer Gedanken, gewinnt Verständnis über die tiefere Bedeutung eurer Emotionen und entwickelt gleichzeitig die Fähigkeit, euren Schmerz zu heilen. Versteht die Wichtigkeit des Nicht-Anhaftens und überdenkt eure Überzeugungen davon, wer ihr seid, welche Bedeutung das Leben hat und warum ihr hier seid.

Wir werden euch liebevoll helfen, die alte Welt – das alte ‚Ich' – hinter euch zu lassen, denn weder die alte, auf Angst basierende Welt, noch euer konditioniertes ‚Ich' kann in die neue Welt mitgenommen werden. Werdet Liebe, Frieden und Wahrheit. Verwandelt euch, entwickelt diese wundervollen Tugenden und entdeckt noch einmal neu, was ihr von Anfang an schon immer wart: Wahrheit, Frieden, Liebe und Licht. Ihr habt dieses Licht niemals verloren; es lebt immer noch in euch allen. Nur wenige Menschen können sich daran erinnern oder glauben, dass unter der dicken Schicht von Schmerz, Angst und Konditionierung, die bedingen, dass ihr in einer begrenzten Welt lebt, das Licht der Quelle immer noch scheint. Auch wenn seine Flamme nur klein ist, ist es immer noch da und wartet einfach darauf, sich wieder zu entfachen, wie ein Leuchtturm zu scheinen und Liebe auszustrahlen.

Ihr Lieben, euer Licht ist nicht anders, als das Licht eines Meisters wie Jesus oder Buddha. Der einzige Unterschied ist, dass diese Wesen unter allen Umständen Raum für dieses Licht geschaffen haben. Sie dienten der Wahrheit und der Liebe und wurden so für euch alle zu einem Beispiel der Möglichkeit der Freiheit und des vollständigen Erwachens. Unglücklicherweise benutzten die später etablierten Religionen ihr Leben, um vom Menschen gemachte Gesetze zu rechtfertigen und stellten ihre spirituellen Errungenschaften so dar, als seien sie für einen Durchschnittsmenschen unerreichbar. Das erschuf den Eindruck, dass niemand von euch ihre Höhen je erreichen könnte. Jesus, Buddha, Isis, Mohammed, Krishna und Moses kamen – wie alle bekannten, unbekannten oder längst vergessenen Meister – als eure liebenden, älteren Brüder und Schwestern zu euch Menschen, um euch euer eigenes Potenzial zu zeigen. Keiner von ihnen wollte angebetet werden, noch würden sie zugestimmt haben, Gründer von Weltreligionen mit all ihren Regeln, Ritualen und Gesetzen zu werden, die um ihre ursprünglichen Lehren herum aufgebaut wurden. Traurigerweise ging jedoch durch die Gründung dieser Religionen die wahre Esssenz der heiligen Lehren gleichzeitig verloren.

Das Establishment der Religionen hat das Wesentliche der heiligen Lehren tatsächlich ganz und gar missverstanden. Die erleuchteten Meister gaben euch die Schlüssel zu wahrer Freiheit, und die Religionen wandten diese Schlüssel der Freiheit so an, dass sie zu Gefängnismauern wurden. Wir verurteilen diese unglückliche Entwicklung von Ereignissen nicht, denn ein besseres Ergebnis konnte aufgrund der Bewusstseinsstufe der Menschheit und ihrer Führer damals nicht erwartet werden. Das dunklen Zeitalter geht jetzt jedoch zu Ende und wir möchten euch, mit anderen Dienern des Lichtes des Einen gemeinsam, unterstützen, die wahren Lehren der Meister, die seit Ewigkeiten existiert haben, wieder zu entdecken.

Während die Menschheit erwacht, wird sie verstehen, dass Erleuchtung kein Luxus der spirituellen Elite ist. Sie ist euer menschliches Geburtsrecht und der einzige Grund eurer Existenz. Jeder ist zu dieser heiligen Reise aufgerufen. Ihr alle, die ihr den tiefen Wunsch, das Engagement, den Mut und die Liebe für die Wahrheit habt, seid in der Lage, Freiheit von Ignoranz und gleichzeitig inneren Frieden und Einheit mit dem Göttlichen zu erreichen.

3

Wandlung von Innen

Wir möchten gern beschreiben, wie uns ein durchschnittliches menschliches Leben erscheint. Wir urteilen nicht über euch aufgrund unserer Beobachtungen; stattdessen möchten wir euch ermutigen, eure Perspektive zu erweitern und euch auf eurer Suche nach dem wahren Sinn des Lebens unterstützen. Menschen scheinen die Sichtweisen vorhergehender Generationen oftmals nur zu übernehmen, ohne sie grundsätzlich in Frage zu stellen. Einige Veränderungen scheinen erlaubt zu sein und sogar erwartet; und doch wagt man nicht, die Grundlagen der alten Überzeugungen in Frage zu stellen. Aber genau dazu möchten wir euch ermutigen. Lasst nichts ungeprüft, wenn es um eure Überzeugungen über euch selbst als Menschen geht, einschließlich eurer Identität, Gesundheit, Krankheit, Spiritualität, Lebenssinn, Altern, menschliches Potential,

Lebensstil, Beurteilung von Gut und Böse, Tod, Gott, Erleuchtung.

Vielleicht empfindet ihr diese Bemerkungen als provokativ, doch aus unserer Sicht ist dies nötig, da wir die Menschheit als in überlieferten und veralteten Überzeugungen stecken geblieben, erleben. Viele eurer Konzepte unterstützen lediglich Begrenzungen, spirituelle Gleichgültigkeit und Vergessenheit und hindern euch daran, ein vollkommener Ausdruck eures unbegrenzten göttlichen Bewusstseins zu werden. Das allein ist der wahre Sinn eures Lebens und die einzige Aufgabe, die unserer Aufmerksamkeit würdig ist. Wir werden euch nicht ermutigen, in euren eingefahrenen Bahnen weiter zu verbleiben, denn dies führt nur zur Stagnation und hat euch an jenen Punkt gebracht, an dem ihr jetzt seid, an den Rand eines globalen Suizids von apokalyptischen Ausmaßen.

Wir sehen euch an einer bedeutenden Wegkreuzung. Wir sehen für alle von euch auch die Möglichkeit, euer Bewusstsein zu erweitern und eure engen Vorstellungen gegen unbegrenzte Einsichten der Wahrheit und immer weiter wachsende Neugier auf das Leben selbst einzutauschen. Diese Transformation wird euch und eurer spirituell verhungernden Welt wahres Leben zurück bringen. Ihr braucht nicht hellsichtig oder ein Genie zu sein, um zu dem Schluss zu kommen, dass mit der Art und Weise, wie die Menschheit sich selbst und diesen wunderschönen Planeten behandelt, etwas grundsätzlich nicht stimmt. Der weitaus größte Teil der heutigen Bevölkerung würde dieser einfachen Aussage zustimmen. Lasst uns euch zum Kern der Antwort auf die Frage führen, warum es so gekommen ist. Wir können nur auf die erste Zeile dieses Buches verweisen, in der wir gesagt haben, dass alles mit der Trennung der Menschheit von ihrem wahren Ursprung begann, oder um es genauer zu sagen, mit eurem illusionären Glauben, dass ihr von der Quelle getrennt seid, was in Wirklichkeit nicht möglich ist. Obwohl es unmöglich ist, dass das jemals geschehen könnte, hält die Mehrheit von euch immer noch an diesem Konzept fest. Diese irrtümliche Annahme beeinflusst alles, was ihr fühlt, denkt und wie ihr handelt. Sie ist wie ein dunkler, untergründiger Strom, der die Verankerung eures Lebens im Frieden, in der Liebe, der Wahrheit und in der Übereinstimmung mit der Quelle sabotiert.

Wir verurteilen euch nicht dafür, dass ihr in dieser Illusion gefangen seid, und doch haben eure falschen Überzeugungen potentiell fatale Konsequenzen für die gesamte Menschheit und die Erde. Wir empfinden tiefes Mitgefühl, doch aus unserer Sicht ist es schwer zu glauben, dass ihr an dieser schmerzlichen Illusion festhaltet, die nur endlose Variationen von Begrenzungen und Angst erzeugt. Die Situation kann mit der allseits bekannten Geschichte von dem Vogel im Käfig, dessen Tür weit offen steht, verglichen werden. Obwohl der kleine Vogel die Freiheit hat, heraus zu fliegen, überquert er nie die Schwelle, weil er so an sein Gefängnis gewöhnt ist. Er wagt nie, die Freiheit zu kosten, noch träumt er je davon, seine Flügel zum Fliegen zu gebrauchen. Traurigerweise reflektiert diese Analogie unsere Beobachtungen eures gegenwärtigen Bewusstseinszustandes.

Ihr Lieben, die Gefängnistore sind weit geöffnet und es wird Zeit, dass ihr das bemerkt. Ihr seid die einzigen, die sich selbst zurück halten. Ihr seid frei! Frei, die Schwelle zu überschreiten, frei zu fliegen! Frei, eure Flügel auszuprobieren und zu testen, ob sie euch in das unbekannte Element des Geistes tragen. Ihr nehmt euch als Geschöpfe der Erde wahr, doch wir versichern euch, ihr seid auch Bewohner des Himmels. Es war von Anfang an so gedacht, dass ihr die Brücke zwischen Himmel und Erde seid. Eure Körper sind aus dieser Erde geboren und euer Geist vom Himmel herab gestiegen. Ihr wart auserwählt, beide Energien in euch zu vereinen, um das Licht des Himmels auf die Erde herab zu bringen und die Energien der Erde zum Himmel hinauf. Ihr wart geschaffen, um das lebendige Yin-Yang zu sein, die Verkörperung des Symbols vollkommener Balance, was auch als die heilige alchemistische Hochzeit beschrieben wird. Ihr seid hier, um die Materie zu vergeistigen und um den

Geist zu materialisieren. Das ist die eigentliche Beschreibung eurer Lebensaufgabe. Ihr seid hier, um ein einzigartiger Ausdruck der Wahrheit zu werden und um euer Göttliches Licht zu manifestieren. Aus diesem Grunde haben wir vor Äonen mit dem Experiment der menschlichen Rasse begonnen.

Wir wissen, dass die meisten von euch das vergessen haben und spüren eure Skepsis in Bezug auf das, was wir sagen. Das klingt vielleicht wie ein Märchen oder zu schön um wahr zu sein, und daher möchtet ihr diese Ideen vielleicht nicht annehmen. Doch wir müssen euch mitteilen, dass nun die Zeit für euch gekommen ist, zuzuhören, aus eurem Traum der Begrenzungen und aus einem Leben, das mit zu vielen leeren Pflichten angefüllt ist, zu erwachen. Ihr habt vergessen, warum ihr in erster Linie hierher gekommen seid, nämlich um die wahre Natur des Lebens zu verstehen. Wacht auf und werdet zum vollkommenen Ausdruck eures Göttlichen Selbst. Ihr seid göttlich. Euer Menschsein ist ein Ausdruck eurer unbegrenzten, göttlichen Energie.

Menschheit, wach´ auf aus deinem tiefen Schlaf! Hör´auf, schlafwandelnd durch das Leben zu gehen und Sicherheit in deinen selbstgebauten Gefängnismauern der Begrenzung zu suchen. Probiere die Freiheit aus und habe den Mut, dich an diese alte Wahrheit zu erinnern, die so neu zu sein scheint.

Es gibt keine Zeit mehr zu verlieren. Die Zeitstrukturen, so wie ihr sie kennt, sind zu Beginn dieses neuen Millenniums zusammengebrochen. Habt ihr noch nicht bemerkt, dass die Zeit schneller verläuft? Ein Jahr vergeht und es fühlt sich so an, als wenn nur ein paar Monate vergangen seien.

Menschen der Erde, wir möchten, dass so viele von euch wie möglich unseren Ruf hören, ihn mit ihrem Herzen hören. Die Welt, so wie ihr sie kennt, geht zu Ende. Es tritt eine neue Welt in Erscheinung, die wundervoller ist als alles, wovon ihr je geträumt habt. Doch die neue Erde kommt nicht gänzlich als Geschenk. Sie braucht euren vollen Einsatz, um realisiert zu werden. Es erfordert euren ganzen Einsatz, in Übereinstimmung mit eurer Seele und mit eurem Höheren Selbst zu leben, das durch eure Emotionen, durch euer Herz und sogar durch euren physischen Körper zu euch spricht. Ignoriert diesen heiligen Ruf nicht länger! Beginnt zu verstehen, dass alles, wonach ihr in der äußeren Welt sucht, tief in eurem Inneren liegt.

In Wahrheit gibt es niemanden außerhalb von euch. Alles was ihr seht, einschließlich der Wahrnehmung eurer Umgebung, ist nur eine Reflexion eurer inneren Aspekte. Alles was ihr seht, seid ihr selbst! Bäume und Blumen wachsen am Wegesrand, andere Menschen kommen und gehen, doch wie ihr sie wahrnehmt – eure Interpretation des Ganzen – liegt allein bei euch. Alles was ihr seht, ist nichts weiter als eine Reflexion eures Bewusstseins. Ein Ereignis oder eine Person wird von zwei Menschen, die eine Szene von demselben Ort aus und zur selben Zeit beobachten, auf völlig unterschiedliche Art und Weise wahrgenommen. Wendet euch nach innen, denn nichts kann im Außen gefunden werden. Bringe deine innere Welt in Übereinstimmung, dann wird die äußere Welt folgen und eure innere Harmonie, Schönheit, Liebe und Frieden reflektieren. Eure Welt ist in Unordnung — weil ihr in Unordnung seid! Wie es oben ist, so ist es auch unten. Oder, anders gesagt, was ihr im Äußeren wahrnehmt, ist nur eine Wiederspiegelung von dem, was in euch ist.

Öffnet eure Augen, die sich an blind machende Illusionen gewöhnt haben, und beginnt zu erkennen, wer ihr seid, findet eure wahre Natur. Niemand wird diese Welt retten außer ihr selbst. Ihr müsst verstehen, dass diese Wandlung ohne euer ganzes Engagement und eure Kooperation nicht möglich ist. Ihr werdet die Neue Erde durch euer eigenes Sein gebären. Eure Veränderung im Bewusstsein wird parallel zum Aufstieg von Mutter Erde, der vor langer Zeit prophezeit wurde, geschehen. Obwohl das, was wir auf eurem

Planeten sehen, besorgniserregend ist, sind wir hoch erfreut, den enormen Willen von so vielen zu sehen, die lernen, wissen und sich erinnern möchten.

Ihr glaubt nicht nur an von vorhergehenden Generationen übernommene Begrenzungen, ihr habt auch sehr wenig Verständnis von menschlichen Emotionen, vom Zweck eures Verstandes und wie der physische Körper zu behandeln ist. Die Meisten von euch haben keine Ahnung davon, was der spirituelle Weg beinhaltet, der das wichtigste Ziel eines jeden Lebens ist. Die meisten Menschen sind zu beschäftigt mit ihren Verantwortlichkeiten und Pflichten, Karriere, dem Aufziehen von Kindern und der Bezahlung ihrer Rechnungen, als dass sie sich um spirituelle Themen kümmern könnten. Darum stellt ihr diese wichtige Aufgabe zurück und betrachtet sie als Luxus für Zeiten wie Urlaub und Ruhestand. Die Möglichkeit dazu wird nicht mehr viel länger für euch bestehen. Die Frequenz dieses Planeten erhöht sich täglich. Unentschiedenheit, spirituelle Gleichgültigkeit, fehlendes Bewusstsein, Unverantwortlichkeit und Unwissen werden bald unmittelbare und unangenehme Konsequenzen haben. Tatsächlich haben sie bereits begonnen.

Lasst uns erklären, warum das so ist. Es liegt an der sich ständig erhöhenden Energie, die auf diesen Planeten herab strömt. Es wird bald nicht mehr möglich sein, unbewusst oder blind gegenüber euren eigenen inneren Konflikten, euren Verurteilungen und eurer Verweigerung zu bleiben. Lasst uns diese Situation durch die Analogie von der hellen Sonne, die in einen dunklen, von einer einzigen Kerze beleuchteten Raum hinein scheint, vergleichen. Im sanften Kerzenlicht erscheint der Raum behaglich und sauber. Doch wenn das Sonnenlicht in den Raum herein strömt, wird plötzlich all der Staub und Müll erkennbar, der vorher nicht gesehen werden konnte. Ihr fühlt euch unwohl und spürt den Drang sauber zu machen. Genau das ist es, was auf der Erde passiert. Das helle Licht des Neuen Morgens umfängt euch alle und macht euren Schmerz und eure Unvollkommenheit sichtbar.

Wir möchten euch einladen, mit eurem eigenen inneren Reinigungs- und Heilungsprozess zu beginnen. Wir wünschen euch, dass ihr euch selbst verstehen lernt, eure Emotionen, euren Geist, die Bedürfnisse eures Körpers und, was am Allerwichtigsten ist, eure eigene Göttlichkeit. Niemandes inneres Licht ist heller als das Licht eines anderen. Der einzige Unterschied ist, dass einige von euch dem Licht mehr Raum geben als andere. Es ist dasselbe Licht, das uns alle erleuchtet. Aus diesem Raum der Einheit umarmen wir euch und laden euch zu dieser heiligen Reise ein. Seid ihr bereit? Wir sind es!

4

IHR SEID NICHT EUER PHYSISCHER KÖRPER

Wenn wir die Menschheit betrachten, beobachten wir, dass ihr euch einzig und allein mit eurem physischen Körper zu identifizieren scheint. Die meisten von euch nehmen ihren physischen Körper als ihr 'Ich' wahr, und aufgrund dieser begrenzten und illusorischen Wahrnehmung habt ihr große Angst vor dem Tod, was vollkommen unnötig ist. Ihr müsst euch dessen gewahr werden, dass jeder von euch den Zeitpunkt seinen Körper zu verlassen persönlich ausgewählt hat. Tatsächlich verleugnet ihr durch diesen Irrglauben an die Endgültigkeit des Todes die Unsterblichkeit eurer Seele. Diese begrenzte Wahrnehmung – zu glauben, dass ihr nur euer Körper seid – verursacht lediglich vermeidbares Leid, das nicht nur Angst vor dem Tod erzeugt, sondern auch die neuen Schönheits-, Anti-Ageing-, und plastisch-chirurgischen Industrien befeuert. Diese Art von Dienstleistung würde und könnte nicht existieren, wenn die Menschheit ihr fehlgeleitete Verständnis korrigieren würde. Außerdem lässt dieser Glaube euch über die wahre Bedeutung des Todes im Unklaren und hat daher weitreichende Konsequenzen.

Ihr seid nicht euer Körper, doch ihr habt eine physische Form, die der dichteste Ausdruck eures unsterblichen Seins ist. Ihr habt euren Geist in die Materie gesenkt, indem ihr diesen Körper kreiert habt, was für sich allein genommen schon ein Wunder ist. Das habt ihr als Seele mit Hilfe vieler, spiritueller Wesen, die auf diesen Vorgang spezialisiert sind, und auch mit der Unterstützung eurer Eltern getan. Ihr habt das vielleicht schon mal gehört. Doch wir möchten, dass ihr den Unterschied zwischen wahrem Verständnis, was bedeutet, in Übereinstimmung mit bestimmten Einsichten zu leben, und dem einfach an etwas ‚glauben' ohne dem entsprechend zu handeln, voll erfasst. Könnt Ihr verstehen, was wir meinen? Solange der Glaube nur an der Peripherie eures Bewusstseins herumlungert und nur eine verbale Aussage ist, wird die Einsicht, dass ihr einen Körper habt, aber nicht euer Körper seid, in eurem Leben oder Verhalten nicht von großer Bedeutung sein. Doch wenn sie zu eurer Wahrheit wird, wird sie den Umgang mit eurer Begrenzung verändern. Doch das wird nur möglich sein, wenn ihr mit eurem Herzen und eurer Seele forscht und die Wahrheit entdeckt. Nur persönliche Erfahrung wird euch befreien.

Wir werden alle eure Vorstellungen über euren physischen Körper in Frage stellen, denn sie sind nichts weiter als lange bewahrte Vorstellungen in eurem kollektiven Unbewussten und keine soliden Fakten, wie ihr vielleicht annehmt. Wenn wir uns die sich schnell entwickelnde Anti-Ageing und plastisch-chirurgische Industrie anschauen, müssen wir schmunzeln. Ihr versucht, die Symptome zu heilen, ohne die Ursache gefunden zu haben!

Vorzeitiges Altern, was die meisten von euch erleben, ist das Ergebnis der Unwissenheit euren Körpern gegenüber, bzw. der Art und Weise, wie ihr eure Körper richtig behandeln solltet. Was meinen wir mit ‚Körpern'? Außer der physischen Form hat jeder Mensch noch verschiedene weitere Körper, die für das menschliche Auge unsichtbar sind. Ohne sie würde euer Körper sofort sterben. Es sind diese feinstofflichen Körper, die eurer physischen Form Leben verleihen und als Aura von hellsichtigen Menschen wahrgenommen werden können.

Diese unsichtbaren Körper haben mehrere Schichten, die verschiedene Funktionen haben. Die erste ist der ‚ätherische Körper', der eurer physischen Form Lebenskraft verleiht. Ein erfahrener Heiler ist in der Lage, Störungen in diesem Energiefeld zu beobachten, lange bevor sie sich als physische Krankheit manifestieren. Der nächste feinstoffliche

Körper ist euer Emotionalkörper und der wiederum ist umhüllt und durchdrungen von eurem Mentalkörper. Der emotionale Körper das Feld, in dem alle eure Gefühle ihren Ursprung haben. Unglücklicherweise ist dieses Energiefeld bei den meisten von euch nicht von Harmonie geprägt, weil die Menschen sich im Allgemeinen selbst nicht lieben. Dies ist der Grund für die meisten eurer inneren Konflikte und selbstzerstörerischen Gefühle, die letztendlich auch euren physischen Körper ernstlich beeinträchtigen.

Lernt zu verstehen, dass alle diese Körper sich gegenseitig beeinflussen und nicht getrennt voneinander sind, auch wenn ihr das gern glauben möchtet. Ungeheilte und unbearbeitete negative Emotionen bleiben im physischen Körper und blockieren den Fluss der Lebensenergie (Chi, Prana) im ätherischen Körper und erzeugen nach längerer Zeit und entsprechender Intensität physische oder psychische Erkrankungen. Dasselbe gilt für negative Gedanken. Wenn ihr an auf Angst basierenden Gedanken festhaltet, sie oft genug wiederholt und die passenden Emotionen hinzufügt, dann wird derselbe Vorgang automatisch ins Rollen gebracht. Negative Gedankenformen können Krankheit erzeugen und den Alterungsprozess beschleunigen. Es ist nicht notwendig, euren Alterungsprozess so schwierig und leidvoll zu erfahren, wie das gegenwärtig in eurer Welt der Fall ist.

Eure Unwissenheit hinsichtlich eurer verschiedenen Körper und der daraus resultierende Umgang verursacht vermeidbare Krankheiten und frühzeitiges Altern. Mit der richtigen Unterweisung hinsichtlich eurer Emotionen, des Verstandes, der Lebenskraft und der spirituellen Ausrichtung vom Moment eurer Geburt an, würdet ihr Krankheit und vorzeitiges Altern in dem Ausmaß, wie es heute der Fall ist, nicht erfahren. Dann gäbe es keine Angst vor dem Übergang, den ihr Tod nennt, weil ihr dieses heilige Ereignis wahrhaft verstehen würdet. Ihr würdet nicht mehr mit Hoffnung und Angst einen Vorgang, der natürlich und unvermeidbar ist, in Gedanken sinnlos umher wälzen müssen. Einige von euch würden sogar die Meisterschaft über alle eure Körper erlangen und in voller Übereinstimmung mit ihrem Höheren Selbst leben. Dann könnten diese Menschen anderen ihre Meisterschaft darin demonstrieren, indem sie ihre physische Form bewusst und bereitwillig, ohne Angst, verlassen. Das wäre ein ganz anders Sterben, als es heute ist, wo euer physischer Körper meist so krank wird, dass er völlig unbrauchbar ist.

Könnt ihr das Gefühl der Freiheit spüren, wenn wir über das meistgefürchtete Thema auf eurem Planeten sprechen – über den Tod? Unsere Wahrnehmung des Todes ist eine völlig andere. Für uns ist er ein Grund, euch zu Hause willkommen zu heißen und alles, was ihr auf Erden erreicht und erfahren habt, zu feiern. Wir werden uns später noch mehr auf das Thema Tod konzentrieren, um ihm die volle Aufmerksamkeit zu geben, die es verdient.

Ihr habt jetzt gelernt, dass der mentale, der emotionale und der ätherische Körper eure physische Form beeinflusst, abhängig davon, wie weise ihr sie gebraucht und behandelt. Es gibt noch einen anderen

Körper, der aus vielen verschiedenen Schichten besteht, doch zur Vereinfachung und zum leichteren Verständnis möchten wir ihnen allen nur einen Namen geben – ‚der spirituelle Körper'. Traurigerweise sind die meisten Menschen von diesem Körper getrennt oder halten nur eine unbewusste Verbindung zu ihm aufrecht. Das ist tatsächlich eine Katastrophe und kann als der Hauptgrund für alle Kriege, Gewalt, Ungerechtigkeit und Unglücke betrachtet werden, einschließlich aller Krankheiten auf der Erde. Ihr habt vergessen, dass ihr spirituelle Wesen seid, die hierher gekommen sind, um eine menschliche Erfahrung zu machen, und nicht, wie die meisten von euch glauben, dass ihr menschliche Wesen seid, die, wenn sie lange genug suchen und angestrengt daran arbeiten, spirituelle Erfahrungen machen.

Versteht die tiefgreifende Bedeutung dieser Aussage, — allein diese Erklärung kann eure Wahrnehmung des Lebens fundamental verändern. Dann werdet ihr wahrhaft verstehen, wie weit ihr euch von eurem göttlichen Ursprung abgelöst habt.

Ihr habt euer spirituelles Herz durch den Verstand ersetzt. Ursprünglich war euer Herz das Tor zu eurem Höheren Selbst und die spirituelle Führung für euren Verstand. Jetzt versucht der Verstand allein verzweifelt den Sinn in der Komplexität des Lebens, seinen Herausforderungen und Widersprüchen zu finden. Doch der Verstand war nie dafür erschaffen worden. Seine ursprüngliche Aufgabe war, eurem Höheren Selbst zu dienen und von der Weisheit und Führung eures heiligen Herzens geleitet zu werden.

Dieses wahre Wissen scheint seit langem vergessen zu sein, denn ihr habt kollektiv einen Punkt erreicht, an dem ihr nur mit eurer physischen Form identifiziert seid und euer Verstand euer Leben lenkt. Wenn ihr spirituell interessiert seid, studiert ihr vielleicht die Farben eurer Aura oder lest von der Existenz eines höheren Selbst, doch für die meisten von euch bleiben diese feineren, subtileren Realitäten nur abstrakte Konzepte. Die Folge ist, dass viele Suchende ihre Macht an Priester, Mönche, Religionen, Führer und spirituelle Lehrer abgeben, die vorgeben, eine direktere Verbindung zum Licht zu haben.

Wir haben euch gesagt, dass wir die Grundlagen eures Glaubenssystems erschüttern werden. Wir sind immer der Wahrheit verpflichtet und möchten euch darauf aufmerksam machen, dass die meisten eurer Konzepte auf Angst und Unwissenheit basieren. Sie haben nur einen Zweck euch von der Quelle getrennt zu halten, getrennt von dem, was ihr wahrhaftig seid. Deshalb sehnt ihr euch nach Macht. Doch alles was ihr findet, ist weltliche Macht, die den Hunger eurer Seele niemals stillen kann. Nur wahre Macht kann diese Sehnsucht stillen; sie entsteht durch das völlige Verschmelzen mit eurem höheren Selbst. Dann werdet ihr Freiheit, Frieden und bedingungslose Liebe finden.

Ihr müsst mehr Interesse für die Wahrheit entwickeln, lernen, wie ihr euren physischen Körper, eure Emotionen und euren Verstand richtig behandelt und euch gleichzeitig auf euer göttliches Licht ausrichtet. Es gibt keine andere Möglichkeit! Raumschiffe sind zwar da, aber nicht, um einige wenige Auserwählte zu retten, wie so mancher apokalyptischer Kult euch glauben machen möchten. Die Erde und die Menschheit haben niemals zuvor so viel Unterstützung bekommen, wie jetzt, zu einer Zeit, in der fast das ganze Universum eure ersten Schritte in die Selbst-Verantwortung und spirituelle Reife beobachtet. Indem ihr eure Emotionen heilt, einen besseres Zugang zur Beherrschung eures Geistes erlangt und euren physischen Körper mit Lebenskraft enthaltender Nahrung versorgt, indem ihr schlechte und industriell verarbeitete Nahrung meidet, wird eure Angst vor dem Altern abnehmen. Botox und plastische Chirurgie werden der Vergangenheit angehören und ihr werdet mit dem Verständnis, dass eure Unwissenheit die Ursache für diese Irrwege war, ungläubig auf diese Zeiten zurück blicken. Ihr habt einfach nicht gelernt, wie ihr in

Harmonie mit euch selbst lebt und eure Göttlichkeit in eurem Leben widerspiegeln könnt.

Alles im Universum entwickelt sich, wie das älteste Symbol auf Erden - die Spirale - von innen nach außen und niemals anders herum. Äußere Erscheinungen oder Manifestationen zu verändern wird Fehler und Ungleichgewichte, die auf den inneren und feineren Schwingungsebenen, die als Blaupause dienen, entstanden sind, niemals korrigieren. Nur wenn ihr diese Blaupause verändert und euch den wirklichen Ursachen von Krankheiten und des Alterns zuwendet, werdet ihr Heilung finden können. Wir ermutigen euch, den wahren Sinn des Lebens zu studieren.

Wir, die wir in der Vergangenheit in vielen Formen und unter vielen Namen als Meister, wie ihr uns heute nennt, oder als Erleuchtete erschienen sind, möchten noch einmal klar stellen, dass wir gekommen sind, um euch alle zu ermutigen, unseren Spuren zu folgen und die Meisterschaft über euch selbst zu erlangen. Dann werdet ihr in eurem wahren Heimat willkommen geheißen und euren rechtmäßigen Platz als ‚Kinder der Sonne', die dem Einen dienen, einnehmen können.

5

WIR SIND DAS HERZ GOTTES

Ihr findet es vielleicht ungewöhnlich oder sogar undenkbar, zu verstehen, dass euer Schöpfer zu euch spricht. Eure etablierten Glaubenssysteme gehen im Allgemeinen davon aus, dass dieser direkte Kontakt für die Menschen von heute unmöglich ist, sondern nur den Propheten der Vergangenheit vorbehalten war. Diesen Denkfehler möchten wir gern korrigieren und euch versichern, dass jeder von euch in der Lage ist, sich mit Gott – der Göttin – dem Schöpfer – der Quelle – dem Göttlichen – zu verbinden. Ihr seid alle ein Teil von uns und wir sind ein Teil von euch.

Wie könnt ihr also glauben, dass direkter Kontakt mit dem Göttlichen das Privileg weniger Auserwählten sei? Noch einmal, dies ist nichts als ein beschränkter Glaube, der von den Institutionen der Religionen verbreitet wurde, die sich in äußeren Ritualen und Gesetzen verloren und die heiligen Lehren der Wahrheit vollkommen missverstanden haben. Als Folge von der Trennung von eurer höheren Macht habt ihr fast alles missverstanden, was wir euch gegeben haben, um euch zu wahrer Freiheit zu führen. Alle Religionen, die nicht in der Wahrheit verwurzelt sind, werden vergehen. Vielleicht seid ihr schockiert, dies zu lesen, doch es ist die Wahrheit.

Vielleicht fragt ihr euch wieder: Wer spricht hier und behauptet, die Quelle allen Lebens zu sein – das Herz Gottes? Wir wissen, dass ihr noch nicht ganz verstanden habt, wer hier zu euch spricht, daher möchten wir unsere Identität weiter erklären, obwohl wir uns darüber klar sind, dass unsere Antwort einige von euch vielleicht noch mehr verwirrt, weil sie eure Konzepte und Überzeugungen weiter sprengen wird. Genau das ist unsere Absicht! Wir möchten euch provozieren, damit ihr die Wahrheit erkennt. Noch einmal, wer sind wir? Wir sagten, wir sind das Herz Gottes, wir sind die Quelle allen Lebens, wir sind der Namenlose Eine, wir sind euer Schöpfer und wir sind die Liebe selbst.

Was heißt das? Wir sind das unendliche Feld des Bewusstseins, aus dem alles geboren wurde, einschließlich aller Meister, wie Buddha, Jesus, Mohammed, Krishna, Moses. Sie alle sind Ausdruck des Einen, nur unterschiedliche Erscheinungen All Dessen Was Ist. Alles Was Ist, ist alles, was existiert. Alles Was Ist spricht zu euch – spricht direkt zu euch. Auch wenn ihr das bezweifelt, ist es doch genau das, was passiert: Gott der Schöpfer selbst spricht in menschlicher Sprache zu der ganzen Menschheit. Ihr glaubt vielleicht nicht, dass das möglich ist, doch es geschieht hier und jetzt, vor euren Augen, um euch zu beweisen, dass ihr nicht Recht habt. Wir haben entschieden, dass es Zeit ist, die Menschheit direkt zu kontaktieren, um der Welt unsere Botschaft mitzuteilen.

Vielleicht denkt ihr jetzt: Moment mal, habt ihr gerade gesagt, dass Gott zu uns spricht und dass Gott, von dem Jesus, Buddha, Mohammed, Krishna und Moses abstammen, sagt, dass es nur ein Bewusstsein gab, das alle diese heiligen Männer geboren hat? Und dass sie alle nur unterschiedliche Ausdrücke des einen Göttlichen Bewusstseins sind? Das ist richtig. Das ist genau, was wir sagen. Das trifft auch auf alle anderen bekannten, unbekannten oder lange vergessenen Meister zu. Wir sind immer in verschiedenen Formen, Verkleidungen und unter verschiedenen Umständen zu euch gekommen. Und doch waren wir immer dasselbe ICH BIN DER ICH BIN – EYEH ASHER EYEH.

Daraus ergibt sich, dass alle Debatten der Geschichte, darüber, welche Religion Recht hatte, völlig sinnlos waren. Es ist so, als wenn man sagt, dass ein Teil Gottes dem anderen überlegen ist, was lächerlich ist. Wir verstehen, dass ihr auf eurer Stufe des tiefen Bewusstseins von Trennung nicht in der Lage wart, das Angesicht des Ewig Einen in anderen spirituellen Lehren zu sehen. Ihr konntet die Wahrheit nur in der Lehre erkennen, die ihr als eure eigene eure eigene gewählt hattet. Wenn die Menschheit bereit ist, die Konsequenzen dieser Aussage zu akzeptieren, wird eure Welt einen riesigen Sprung in Richtung Einheitsbewusstsein machen. Wenn wir also von ‚wir' sprechen, dann wisst ihr jetzt, dass das Bewusstsein, das Buddha, Krishna, Moses, Jesus, Mohammed und alle anderen Meister geboren hat, als Einheit zu euch spricht.

Es ist uns klar, dass ihr das nicht leicht annehmen könnt. Diese Ankündigung widerspricht all euren etablierten Glaubensvorstellungen, aber wie ihr inzwischen wisst, schätzen wir eure begrenzten Überzeugungen nicht allzu sehr, denn wir erkennen den Schmerz und die Angst, die sie verursacht haben. Unsere Liebe und Fürsorge für eure Seele führt uns dazu, euch zu provozieren und wenn nötig, zu zerstören, was unwahr ist. Ihr nennt das ‚Tough Love' im Englischen. Wir glauben, dass nun die Zeit für diese Art der Liebe für die Menschheit gekommen ist. Ihr werdet nicht in der Lage sein, in ein erweitertes Bewusstsein und in eine höhere Schwingung einzutreten, wenn alles so bleibt, wie es ist. Wir möchten euch tatsächlich darauf aufmerksam machen, dass nichts so bleiben wird wie es ist.

Darum haben wir uns entschlossen, euch zu kontaktieren, da ihr schon ein ganzes Stück weit in der Vorbereitung für die größte Bewusstseinsveränderung, die die Menschheit je erlebt hat, seid. Obwohl zahllose Bücher über diese Veränderungen geschrieben wurden, versteht die Mehrheit von euch immer noch nicht, was diese Transformation wirklich bedeutet. Manche von euch erwarten vielleicht große Katastrophen, doch ist eure Welt nicht schon eine Katastrophe?

Bitte, schaut euch die Welt an. Was habt ihr diesem Planeten und einander angetan? Es scheint, als sei es euch egal. Ihr könnt euch selbst nicht lieben, darum könnt ihr auch einander nicht lieben. Ihr glaubt immer noch an den Krieg, als eine legitime Möglichkeit, Konflikte zu lösen. Außerdem ist es besorgniserregend, dass die meisten von euch mit der Tatsache leben können, dass ihr in den entwickelten Ländern mehr als genug habt, manchmal sogar zu viel, wohingegen ein Drittel der Menschheit, die eure Brüder und Schwestern sind, nicht einmal genug zu essen haben, ganz abgesehen von sauberem Wasser, medizinischer Versorgung, Bildung und grundlegenden Menschenrechten.

Wenn ihr euch selbst lieben würdet und euer Herz geöffnet hättet, das eure heilige Verbindung zu eurem Höheren Selbst ist – euer telefonischer Kontakt zu Gott sozusagen, dann würdet ihr diese Ungerechtigkeit nicht länger tolerieren und etwas tun, um diese Situation zu verbessern. Ihr würdet innerhalb von kürzester Zeit Lösungen für dieses Ungleichgewicht finden, die schrecklichen Lebensbedingungen verändern und mehr Interesse daran haben, einander zu helfen, um eine bessere, fairere und liebevollere Welt zu erschaffen.

Eure Gleichgültigkeit den unfairen Verhältnissen zwischen der sogenannten ersten und dritten Welt gegenüber ist nur ein Aspekt unserer Sorge. Wir möchten, dass ihr euch anschaut, wie ihr die Erde, eure Mutter, wie die Naturvölker sie von je her genannt haben, behandelt. Glaubt ihr wirklich, dass ihr überleben könnt, wenn ihr eure Lebens- und Überlebensgrundlage weiterhin missachtet und ausbeutet? Wir denken, dass ihr alle die Antwort kennt. Es gibt eine endlose Liste von Beispielen der Verletzung von Menschenrechten und der Umwelt. Eure Welt ist in einem katastrophalen Zustand – und damit sprechen wir auch euch an, als Schöpfer dieser Welt. Worauf wartet ihr noch?

Unser Aufruf zur Veränderung und dazu, die Probleme anzupacken, geht an die ganze Menschheit hinaus. Ihr müsst erkennen, dass ihr alle miteinander verbunden seid; ihr seid alle Eins. Wenn ein Land leidet, fühlt der Rest der Welt die Auswirkungen. Wenn ein Land hungert, wenn ein Land die Gesetze der Gerechtigkeit verletzt hat, dann werdet ihr alle von dieser Tragödie beeinflusst. Ihr seid alle aufgerufen, Fehler und Missstände zu korrigieren, um eine bessere Zukunft zu erschaffen. Während ihr euren Mitmenschen eure helfende Hand reicht, müsst ihr euch selbst gleichzeitig heilen und euch auf eure wahre Natur ausrichten. Nur dann wird eure Welt heilen. Nur dann werdet ihr alle in der Lage sein, euch in die höhere Schwingung der neuen Erde hinein zu begeben.

Versteht ihr jetzt, warum nichts so bleiben kann, wie es ist? Nichts wird so bleiben wie es ist, weder ihr, noch eure Welt. Alles muss sich den höheren Frequenzen anpassen, die den Planeten jetzt umfangen. Was ist dies doch für eine aufregende Zeit, in der wir Zeugen der größten Bewusstseinsveränderung werden, die die Menschheit je erlebt hat! Seid mutig und folgt eurem Herzen. Euch steht unsere ganze Unterstützung zur Verfügung!

6

HEILUNG

Habt ihr je die Möglichkeit in Betracht gezogen, dass ihr euch selbst völlig neu erfinden könnt? Der menschliche Körper erneuert sich ständig selbst. Tatsächlich habt ihr alle sieben Jahre einen vollständig neuen Körper. Unglücklicherweise erschaffen die meisten von euch ihren physischen Körper unbewusst auf eine Weise, dass er genauso aussieht und funktioniert wie zuvor. Ihr nutzt diese unglaubliche Möglichkeit, die zellulare Information zu modifizieren nicht, und folglich erneuern sich die Zellen entsprechend der alten Erinnerungen in eurer DNA. Wenn ihr diese Daten nicht willentlich umprogrammiert, wird euer Körperbewusstsein immer wieder dieselbe Zellstruktur reproduzieren wie zuvor.

Vielleicht möchtet ihr einen Moment lang eine Pause einlegen, um das, was wir gesagt haben zu verdauen. Ja, wir haben tatsächlich gesagt, dass ihr eure DNA neu programmieren könnt, indem ihr euren Zellen andere Informationen liefert – eine andere Blaupause sozusagen – und die Zellen werden sich entsprechend der neuen Daten erneuern. Das klingt spannend und das ist es zweifellos. Wie könnt ihr das also tun? Das Bewusstsein ist der Schlüssel und nicht die Gentechnik — die wie eine sehr primitive Heilungsform erscheint, wenn man die wahren Geheimnisse des Bewusstseins erst einmal verstanden hat.

Erlaubt uns nun, euch dabei behilflich zu sein, euch mit diesem neuen Konzept vertraut zu machen. Wir werden erklären, wie ihr die in der DNA gespeicherten genetischen Informationen beeinflussen und verändern könnt, da euer drei-dimensionales Denken solche Möglichkeiten im Moment noch nicht ganz zulässt. War es nicht einer eurer größten Physiker, Albert Einstein, der da sagte, dass alles Energie ist. Genauso nehmen wir eure Realität wahr. Folglich muss euer physischer Körper mit all seinen Zellen auch Energie sein. Daher müssen auch alle kleinsten Partikel jeder Zelle Energie sein, einschließlich ihres Informationszentrums, der DNA. Am Anfang des Kapitels haben wir die Möglichkeit erwähnt, eure DNA-Informationen durch Bewusstsein zu beeinflussen und verändern zu können. Aber was ist Bewusstsein? Ist Bewusstsein nicht auch Energie? Nun scheint es nicht mehr unmöglich zu sein, eure DNA, die Energie ist, durch Bewusstsein, das ebenfalls Energie ist, zu verändern.

Damit das passieren kann, müssen mehrere Dinge gleichzeitig geschehen. Zuerst müsst ihr euch mit eurem Höheren Selbst verbinden, das eins ist mit der Quelle, mit der höchsten Schöpfungsenergie. Durch diese Verbindung erhaltet ihr Zugang zu der reinsten Essenz der Liebe, zum Göttlichen, zur höchsten, allmächtigen Macht, die alles erschaffen hat. Heilungen, wie beispielsweise in der Bibel und anderen heiligen Schriften beschrieben, konnten nur geschehen, weil Christus oder ein anderer fortgeschrittener Heiler sich mit der unendlichen Quelle verbunden hat und sich darüber bewusst war, dass er eins war mit dem Göttlichen. In diesem Moment bestand kein Unterschied mehr zwischen dem Menschen und dem Göttlichen. Er erkannte seine eigene Göttlichkeit und die Schöpferkraft stand ihm vollkommen zur Verfügung. So erfüllte er die tiefere Bedeutung des Wortes ‚human' (hu = göttlich, man = Mensch, human = göttlicher Mensch). Eure eigentliche Bestimmung ist ‚"human" zu werden, ein göttlicher Mensch. Wenn ihr mit eurer Schöpferkraft verbunden seid, werdet ihr Heilung, Liebe, Frieden und Harmonie in eure physische Welt bringen.

Lasst uns nun dahin zurückkehren, wo wir angefangen haben, zu der Geschichte des Heilers, der sogenannte Wunder tat. Aus unserer Sicht gibt es keine Wunder. Das was ihr Wunder nennt, ist einfach nur die exakte Anwendung höheren, spirituellen Wissens. Der Heiler hat sich mit dem unendlichen Feld der Schöpfung vereinigt. Diese hohe Energie wurde durch seine Hände und sein Herz geleitet und floss in den Körper des Kranken. Was passierte genau bei diesem Prozess? Quellenenergie, die reinste Liebe ist, wurde in den disharmonischen, aus dem Gleichgewicht geratenen und somit kranken Körper übertragen und brachte Ordnung, Gleichgewicht und Harmonie in die zellulare Struktur und gleichzeitig gesunde, neue Information für die DNA.

Einige Heiler haben die göttliche Kraft durch ihre eigene Absicht gelenkt, während andere es dem Licht überlassen haben, die Heilarbeit zu tun. Das wirklich Entscheidende dabei war die Reinheit des Bewusstseins und des Herzens des Heilers und seine Fähigkeit, sich auf die Quelle auszurichten, ohne dass sein niederes Selbst dabei eingriff.

Ein reiner Kanal für das Göttliche zu werden, ist jedoch keine leichte Aufgabe und die Vorbereitung darauf dauert oftmals ein Leben lang, manchmal sogar mehrere Leben intensiven Trainings. Es ist dennoch möglich, wie wir bei vielen Gelegenheiten gezeigt haben. Unsere Absicht mit dieser Erklärung von Heilung war es, aufzuzeigen, dass das, was ihr als Wunder deklariert, nur ein Geschehen außerhalb eures gewöhnlichen Glaubenssystems ist.

Ihr müsst verstehen, dass diese Form der Heilung die präzise Anwendung göttlichen Wissens ist, das durch das intensive Studium der spirituellen Wissenschaft erlangt wurde. Dies kann von jeder Seele erlangt werden, die bereit ist, durch das erforderliche harte Training zu gehen. Oder würdet ihr es ein Wunder nennen, wenn eine Rakete zum Mond fliegt? Das hättet ihr noch vor 80 Jahren getan. Doch seit die Menschheit diesen Schritt getan hat, wird es nicht mehr als Wunder bezeichnet; anstatt dessen wird es als die Frucht wissenschaftlicher Errungenschaften verstanden. Was ihr unerklärliche Heilungen nennt, wird in der nahen Zukunft als die korrekte Anwendung höheren Wissens und göttlicher Macht angesehen werden.

Die Nutzung der ‚Macht des Lichtes' wurde seit jeher in den heiligen Mysterienschulen gelehrt. Die Studenten gingen durch ein intensives, spirituelles Training bis alle ihre Körper gereinigt und in voller Übereinstimmung mit der Quelle waren und dadurch darauf vorbereitet, diese heilige Energie zu nutzen. Wir möchten erklären, warum dieses gründliche Training nötig war. Wie zuvor erwähnt, brauchte die Schulung einer Seele, um eine Verkörperung des Höheren Selbst zu werden und als ihr Ausdruck auf Erden zu leben sich mit der Quelle in Übereinstimmung zu bringen, im Allgemeinen mehrere Leben der Vorbereitung. Dies war die einzige Möglichkeit, sicher zu gehen, dass der Student seine Macht nicht missbraucht, sich oder anderen keinen Schaden zufügt oder mit dieser machtvollen Energie sogar Zerstörung verursacht. Ihr müsst verstehen, dass die Energie selbst neutral ist und die Absicht des Schülers die Qualität ihres Gebrauchs bestimmt. Daher ist es nicht nur wichtig, sich mit der Quelle energetisch in Übereinstimmung zu bringen, in Harmonie zu leben, sich zu läutern und zu heilen. Es geht auch um die Reinheit des Herzens, um die korrekte und selbstlose Nutzung der Kraft sicher zu stellen. Ihr fragt euch vielleicht, warum wir euch Geschichten aus lange vergessenen Zeiten erzählen. Wir nennen diese Beispiele, um aufzuzeigen, dass die allzu übliche Ungeduld von den heutigen spirituellen Suchern gefährlich ist und potenziell weit reichende negative Konsequenzen für ihre eigene innere Entwicklung als auch für andere haben kann.

Versteht bitte, dass es keine 'instant' Erleuchtung gibt, auch wenn einige von euch gerne glauben möchten, dass das ausreichend lange Sitzen zu Füßen eines spirituellen Lehrers die Arbeit für euch erledigen würde. Wir versichern euch, dass das nicht der Fall ist. Niemand kann die Arbeit für euch tun. Ihr müsst Schritt für Schritt euren eigenen Weg gehen. Gebt eure Macht nicht ab. Verfallt niemals der Illusion, dass es jemanden gibt, der einen Aspekt symbolisiert, der nicht auch in euch lebt. Ihr habt diese Fähigkeiten vielleicht noch nicht voll entwickelt, doch ihr würdet sie in anderen nicht erkennen können, wenn ihr ihre Samen nicht auch in euch tragen würdet. Denkt daran, es gibt nichts außerhalb von euch. Alles was ihr in eurer Außenwelt wahrnehmt, ist eine Reflexion von euch selbst. Das gilt für die positiven sowohl als auch für die negativen Eigenschaften, die ihr in anderen beobachtet.

Öffnet also eure Augen und beginnt, wahrhaft zu sehen. Holt euch eure Macht zurück, wenn ihr sie an einen Lehrer, Heiler, Therapeuten, Partner, Freund, Heiligen oder Guru abgegeben habt. Christus, Buddha und all die Erleuchteten brauchen eure Kraft nicht. Wir sind eins mit der göttliche Macht. Ihr braucht eure Kraft, um zu wachsen, eure Ziele zu erreichen und eurem Herzens zu folgen. Dazu hat Gott euch eure Kraft gegeben. Sie ist nicht dazu bestimmt, anderen gegeben zu werden. Sie ist das Pferd, das euch durch die Stürme des Lebens trägt – und wir versichern euch, ihr werdet sie brauchen.

Ihr Lieben, unsere wahren Lehren wurden im Laufe der Geschichte bedeutend verändert und falsch interpretiert. Manchmal wurden unsere Lehren sogar ins Gegenteil verkehrt. Es wird Zeit, die

Aufzeichnungen eurer Heiligen Schriften zu berichtigen. Versteht, dass jeder innere Entwicklungsvorgang Zeit braucht, bis er eurem ganzes Wesen durchwirkt hat. Ihr könnt die Selbstverwirklichung nicht erreichen, indem ihr ein paar Seminare besucht, im Licht eines Lehrers badet und ihn mit der Überzeugung verlasst, dass ihr erwacht seid, weil ihr ein mystisches Erlebnis hattet. Euer tägliches Leben ist euer spiritueller Lehrer. Das Leben ermutigt euch, eurer Seele euer Herz zu öffnen und die hinter den täglichen Ereignissen verborgenen Botschaften zu entziffern. Die Göttliche Hand versorgt euch immer mit dem, was ihr braucht. Immer!

Wenn immer eine schwierige oder unangenehme Situation in euer Leben eintritt, denkt daran, es ist das Göttliche, das euch eine Botschaft schickt. Beginnt, mit unseren Augen zu sehen, mit den Augen Gottes, mit den Augen von Christus und Buddha, und euer Leben wird sich grundlegend verändern. Dann werdet ihr in die wirkliche Welt eintreten, die ganz anders ist als die Welt, die ihr jetzt real nennt, die in Wahrheit nur eine Illusion ist. Ihr werdet ein Mitglied der ‚Heiligen Mysterienschule des Herzens'. Eure inneren Augen werden sich der Wahrheit allmählich öffnen, Friede wird in eure Seelen eintreten und ihr werdet die göttliche Liebe spüren.

Wir haben nicht die Absicht, die Menschheit noch sehr lange auf zu rufen, mit uns zu gehen. Wir gehen, und wer auch immer mit uns kommen möchte, schließe sich uns an. Für diejenigen, die sich entscheiden in des Lebens Verstrickungen gefangen zu bleiben, so sei es. Hört, ihr Menschen, es ist Zeit sich zu entscheiden. Wisset, dass eure Entscheidung Konsequenzen haben wird. Das soll keine Drohung sein – das ist die Wahrheit. Niemals zuvor habt ihr irgendetwas in dieser Größenordnung gesehen oder durchlebt, wie es jetzt dabei ist, sich zu entfalten. Diese Wandlung wird das Leben auf der Erde für immer verändern. Bereitet euch vor, indem ihr euch auf eure wahre Natur ausrichtet, indem ihr eure Körper reinigt und indem ihr eure negativen Emotionen und Gedanken heilt. Überlasst den Rest dem Göttlichen. Ihr müsst verstehen, dass es nur zwei Richtungen gibt. Entweder geht ihr auf den Weg der Freiheit und Liebe oder ihr bleibt, wo ihr seid. Dazwischen gibt es nichts. Willkommen in der spannendsten Zeit der menschlichen Geschichte.

7

LIEBE

Lasst uns über die Liebe sprechen. Ihr benutzt dieses Wort sehr oft. Liebe ist all gegenwärtig – auf T-Shirts und Taschen gedruckt, und die meisten eurer Geschichten, Lieder und Filme drehen sich um dieses Thema. Die Menschheit scheint von der Liebe besessen zu sein — jedenfalls von dem Wort. Es scheint uns, dass ihr mit diesem Thema so sehr beschäftigt seid, weil ihr versucht, seine wahre Bedeutung zu finden.

Obwohl eure Welt voll von dem Wort Liebe ist, versteht ihr die Liebe dennoch nicht. Wenn ihr die Bedeutung der Liebe wirklich verstehen würdet, müsstet ihr euch mit dem Thema nicht dauernd befassen– ihr würdet einfach nur Liebe sein. Darum geht es – Liebe zu sein! Doch wie könnt ihr Liebe SEIN? Aus unserer Sicht, sucht ihr die Liebe an all den falschen Orten. Liebe kann nur im innersten

Kern eures eigenen Wesens gefunden werden, der selbst Liebe ist. Von dieser inneren Grundlage ausgehend, werdet ihr in der Lage sein, euch selbst und andere zu lieben.

Erinnert euch daran, was wir über die Spirale gesagt haben, das älteste Symbol auf Erden – unser Symbol, das Symbol der Quelle, das Symbol der großen Mutter, das Symbol der Schöpfung. Alles entwickelt sich von innen nach außen. Schaut euch die Natur an: Da ist zuerst ein Same, dann ein Schössling, eine zarte Pflanze, eine kleine Knospe, eine wunderschöne Blüte, eine Frucht, ein Same – und damit beginnt der Prozess wieder von Neuem. Das ist der heilige Kreislauf des Lebens. Die ganze Weisheit der Schöpfung liegt in der Natur ausgebreitet vor euren Augen. Doch wer von euch kniet nieder, um diese göttlichen Offenbarungen zu ehren?

Wo auch immer ihr in der Schöpfung sucht, werdet ihr dasselbe Prinzip finden, und das gilt auch für euch und für eure Suche nach Liebe. Ihr könnt Liebe nur tief in eurem eigenen Herzen - in eurer Seele finden. Ihr seid genau die Liebe, nach der ihr in der äußeren Welt sucht.

In Wahrheit ist eure verzweifelte Suche nach dem richtigen Partner der Ausdruck eures tiefsten Sehnens nach eurer eigenen wahren Natur. Wenn ihr diese Aussage wirklich verstanden habt, werdet ihr in der Lage sein, die ersten Schritte auf dem Weg zu machen, um euch von einer der größten Illusionen der Menschheit zu befreien – die Suche nach dem perfekten Seelengefährten. Es gibt nichts derartiges wie ‚den perfekten Partner'. Das ist nur ein romantisches Konzept, das von eurer Sehnsucht und inneren Unvollkommenheit erschaffen wurde. Zuerst müsst ihr euer eigener bester Freund werden, der beste Partner für euch selbst. Und dann wird eure Schwingung der Vervollkommnung ein anderes menschliches Wesen auf einer ähnlichen Stufe innerer Entwicklung anziehen. Und ihr werdet in Harmonie, Liebe und Respekt zusammen leben.

Die Beziehung, die ihr mit euch selbst habt, ist gekennzeichnet durch zwei wesentliche Aspekte. Erstens die Ausrichtung auf euer Höheres Selbst und zweitens die Verbindung zu eurem menschlichen Aspekt, der es erfordert, dass ihr euer bester Freund werdet. Damit das geschehen kann, müsst ihr sowohl alle eure Unvollkommenheiten heilen, verstehen, lieben und akzeptieren lernen, als auch euch selbst ermutigen, unterstützen und respektieren. Nur dann kann sich auf der Basis dieser inneren Grundlage, eine liebevolle Beziehung mit einem anderen Menschen entwickeln. Im Allgemeinen versucht ihr es anders herum. Ihr liebt euch nicht selbst, ihr habt keine bewusste Verbindung zu eurem Höheren Selbst, und aus dieser Position des Mangels sucht ihr verzweifelt jemanden, der euch schützt, alles an euch liebt, der die Aspekte liebt, die ihr an euch selbst nicht lieben könnt und der euch Sicherheit gibt. In dieser Hinsicht ist die Menschheit kollektiv in einem behaglichen, aber kindlichen Traum gefangen, der nicht funktionieren kann. Schaut euch die Scheidungsraten an und die Anzahl der gebrochenen Herzen – über die Liebe wird fast überall geschrieben, doch wird sie so selten gefunden.

Wir setzen das alte Symbol der Spirale, dieses kraftvolle, energetische Zeichen über den Planeten Erde, um eure falsche Wahrnehmung zu korrigieren. Wir werden die heilige Spirale über alle eure Konzepte legen, die eure Suche nach Liebe betreffen, denn ihr müsst verstehen, dass in der äußeren Welt nichts weiter als die Reflexion eures Inneren gefunden werden kann. Wenn euer inneres Leben unerfüllt und voller Angst ist, wie kann es da Raum für wahre Liebe geben? Unter diesen Bedingungen werdet ihr nur Menschen anziehen, die eure Unvollkommenheit reflektieren. Und trotz eurer verzweifelten Suche, werdet ihr wieder mit dem Gefühl der Leere und der Einsamkeit zurückbleiben. Warum versucht ihr nicht den anderen Weg? Verschließt für eine Weile eure Augen vor der äußeren Welt und richtet eure Aufmerksamkeit auf eure unbekannte innere Welt, wo alle Schätze, von denen ihr je träumen könntet, gefunden werden können. Sich nach innen zu wenden kostet nichts, außer eurer ernstlichen Bemühung – und es ist bei jedem dieselbe Bemühung, egal ob jung oder alt, reich oder arm, Mann oder Frau usw.. Nur im Innersten eurer Seele könnt ihr die Liebe finden, die ihr alle im Außen sucht.

Wir sehen, wie sehr ihr euch anstrengt, geliebt zu werden – jemand zu sein, der wichtig ist, jemand Liebenswertes. Die meisten eurer Leistungen im Leben habt ihr tatsächlich erbracht, um euch selbst zu beweisen, dass ihr gut genug und liebenswert seid. Titel, Geld, Karriere, Besitz, schöne Partner usw. – alles nur, um zu bestätigen, dass ihr es wert seid, geliebt zu werden. Ihr brauchtet das alles nicht zu durchleben, wenn ihr die Geheimnisse eures Herzens kennen würdet. Entschleiert die Mysterien eurer Existenz, indem ihr nach innen geht, in das heilige Land eurer Seele. Heilige Bücher, spirituelle Lehren aller Nationen und die Weisheit der Naturvölker sprechen im Wesentlichen immer von dieser inneren Reise. Aber wer von euch hat zugehört? Seit vielen Tausenden von Jahren standen diese Geheimnisse auf den heiligen Wänden eurer Herzen geschrieben, doch nur wenige sind dort hingereist, um ihre Bedeutung zu entziffern.

Die Zeit, in der Menschen lächerlich gemacht werden, die dem Ruf ihrer Seele folgen und ihr Leben integer leben, geht dem Ende zu. Die Zeiten ändern sich. In der nahen Zukunft, werden diejenigen, die nicht hören wollen, als ignorant angesehen werden, denn ihre Wahl wird als Ignoranz erkannt, die nur Schmerz und Disharmonie erzeugt. In der nahen Zukunft werden unsere Lehren zum Allgemeinwissen aller Erdenbewohner gehören, und ein jeder wird aufgerufen, Verantwortung für sich selbst zu übernehmen.

Lasst uns wieder zur Liebe zurückkehren. Was bedeutet Liebe? Heißt das, dass ich für jemanden, den ich liebe, alles tue, oder dass ich meine Macht an jemanden abgebe, den ich liebe? Heißt das, dass ich meine eigenen Träume vergesse und anfange, die Träume dessen zu träumen, den ich liebe? Heißt das, dass ich bereit bin extrem zu leiden, nur um mit jemandem zusammen zu sein, den ich zu lieben glaube? Heißt das, dass ich Ungerechtigkeit, Gewalt, verbalen, emotionalen und physischen Missbrauch toleriere, weil ich überzeugt bin, dass das Ausmaß des Leidens, das ich fähig bin zu ertragen, der Tiefe meiner Liebe entspricht, die ich für jemanden empfinde?

Wir denken, dass wir jetzt genügend Beispiele möglicher Vorstellungen von Liebe gegeben haben, um zu zeigen, dass das, was die meisten von euch erfahren haben oder erfahren, nicht Liebe sein kann. Ja, die meisten von euch waren irgendwann in ungesunde Beziehungen verwickelt und viele sind es immer noch. Diese Tatsache zeigt nur das Ausmaß eurer Trennung von eurer wahren Natur. Wir können nicht oft genug betonen, dass die einzige Möglichkeit, diese unnötigen Schmerzen zu beenden ist, nach innen zu gehen und zuerst eine Beziehung zu euch selbst herzustellen. Ihr müsst euer eigener bester Freund werden und mit der Reise zu eurem wahren Selbst beginnen. Liebe, die den Namen Liebe verdient hat, strahlt von innen nach außen. Nur, wenn ihr euch selbst bedingungslos liebt, seid ihr in der Lage andere zu lieben. Dann wird das Göttliche – die reinste Liebe – aus eurem Herzen scheinen und die Welt erleuchten. Doch die Liebe ist nie gefällig. Liebe gibt, was ihr braucht. Liebe sieht alles. Liebe ist zart und Liebe kann streng sein. Liebe IST einfach. Die Liebe hat alles erschaffen und die Liebe erhält alles. Liebe ist was IST. Ihr seid Liebe, wir sind Liebe. Liebe ist ALLES WAS IST.

Die Liebe hat nichts nötig. Fühlt die Aspekte in euch, die noch bedürftig sind und nehmt sie an eurem Herz. Die meisten von euch vermeiden ihre Schmerzen zu fühlen, denn ihr habt noch nicht gelernt, eure ungeheilten Aspekte zu lieben. Niemand wird diese Aspekte für euch lieben – ihr müsst lernen, eure eigenen Wunden zu lieben. Jedes Mal, wenn ihr feststellt, dass ihr reaktiv seid, euch verletzt fühlt, eifersüchtig, bedürftig, wütend oder gierig seid, dann nehmt diesen Aspekt buchstäblich in eure Arme und bringt ihn zu eurem Herzen. Liebt diesen Teil, so wie eine Mutter ihr leidendes

Kind tröstet. Dann bittet das Göttliche, diesen verstoßenen Teil zu heilen, indem es ihn in weiß-goldenes Licht einhüllt. Ihr alle seid in der Lage, diese einfache, aber grundlegende Übung zu machen, die euer Leben positiv verändern und euch zu größerem, inneren Frieden führen wird. Ihr alle seid auf der Suche nach dem Einen, und das ist Liebe. Wisst ihr, dass ihr nur das bekommen könnt, was ihr euch zuerst selbst gebt und bereit seid, anderen zu geben? Das ist eines der universellen Gesetze. Seid ihr bereit, in größerer Übereinstimmung mit den Weisheiten aller Zeitalter zu handeln, die sich in diesen Gesetzen widerspiegeln? Das heilige Wissen und die Wahrheit der alten Schriften haben sich niemals verändert, aber nur wenige haben diese Lehren angenommen. Jetzt ist die Menschheit an einer entscheidenden Weichenstellung angelangt und kann es sich nicht mehr leisten, nicht zuzuhören. Jetzt ist es an der Zeit für euch zu handeln.

8

WIE OBEN SO UNTEN

Wir möchten das Göttliche Gesetz ‚Wie oben, so unten' beleuchten. Auch hier geht es um eine Spiegelung: ‚Was ihr aus der äußeren Welt empfangt, ist ein Spiegelbild eurer inneren Welt.'. Dieses Gesetz ist wie ein lebendes Hologramm. Wenn ihr beginnt, dieses heilige Prinzip zu erforschen, scheint es anfangs zweidimensional zu sein. Doch in Wahrheit reflektiert dieses Gesetz eine multidimensionale Realität und ist - wie alle universalen Gesetze - lebendig. Diese universellen Gesetze sind Ausdruck des lebendigen Atems Gottes.

Auf der Erde scheinen eure Gesetze abstrakte Konzepte zu sein, die auf dem Papier geschrieben stehen – ohne Feuer und ohne Leben. Doch so funktioniert die Schöpfung nicht und dies zeigt nur, dass euer

Ansatz nicht in Übereinstimmung mit den wahren Lebenskräften ist. Das ist auch der Grund dafür, warum von einem Richter auf Erden gefordert wird, dass er sich einer so langen Ausbildung unterziehen und in einem zeitaufwendigen Vorgang über komplizierte, legale Sachverhalte Recht sprechen muss. Dies alles wäre unnötig, wenn ihr mit eurem Herzen und dadurch auch mit dem Göttlichen verbunden wäret. Ihr würdet beim Urteilen über eine Situation oder über eine Person und deren Verhältnisse aus einer Perspektive höheren Wissens in kurzer Zeit zu weisen Einsichten und Entscheidungen kommen. Ein Urteil, das auf diese Weise gefällt wird, würde für alle Beteiligten eine Gelegenheit für inneres Wachstum und eine angemessene Unterstützung bedeuten, die falschen Überzeugungen zu korrigieren, die zu jeglicher Form von Fehlverhalten geführt haben.

Diese Richtung wird eure Justiz in der Neuen Welt einschlagen. Die neue Gesellschaft wird Menschen unterstützen, die gegen das Gesetz verstoßen haben, um ihr Verhalten zu korrigieren. Darüber hinaus werdet ihr diese Menschen dabei unterstützen, ihre Wunden zu heilen, die der eigentliche Grund für ihre verletzenden Handlungen waren, damit in ihrem Leben wieder innere Harmonie einkehren kann. In der neuen Welt werdet ihr Zeugen für das Verschwinden von Verurteilung, Verdammung und Kriminalität sein. In der Übergangsphase wird Kriminalität als Aufschrei der Seele verstanden werden, die ihr inneres Zentrum verloren hat und von ihrer wahren Natur getrennt ist. Mit diesem neuen Verständnis wird es nicht mehr möglich sein, eine Haltung des Vorwurfs und der Verurteilung beizubehalten. Eure Herzen werden sich für diese Menschen öffnen, die in ihrer Kindheit nicht genügend liebende Unterstützung hatten. Könnt ihr erkennen, dass es dies war, was Jesus meinte, als er sagte: ‚Liebt eure Feinde'? Es sind verletzte Menschen, die Menschen verletzen. Wenn ihr die wahre Bedeutung dieses Satzes ganz verstanden habt, wird eure Wahrnehmung anderer sich grundlegend verändern und das ursprüngliche Bedürfnis zu urteilen wird sich schließlich auflösen.

Es geht immer um Gleichgewicht. Wenn jemand aus dem Gleichgewicht geraten ist, d. h., nicht in Übereinstimmung mit seinem Wahren Selbst lebt, wird sich Disharmonie im Außen zeigen, sogar bis zu dem Extrem, dass einer das Leben des anderen auslöscht. Eure zukünftige Gesellschaft wird die Hauptaufmerksamkeit auf die Verhinderung von Kriminalität lenken, indem sie Eltern in der Kunst einer respektvollen, harmonischen und ausgeglichenen Erziehung unterstützt und unterrichtet. Eltern, die nicht in ihrer Mitte sind, werden in ihrem Heilungs- und Wachstumsprozess unterstützt. Wie ihr nun schon wisst, muss alle Wandlung von innen nach außen geschehen. In der höheren Dimension sind wir daran interessiert, die Ursache von Problemen zu untersuchen, und es ist aus unserer Sicht nicht sinnvoll, gegen Symptome anzukämpfen.

Die Art und Weise, wie ihr Menschen behandelt, die nicht im Gleichgewicht sind und der Gesellschaft Schaden zufügen, ist nicht effektiv und vollkommene Zeitverschwendung. Die Behandlung eurer Mitmenschen durch Verurteilung, sie aus der Gesellschaft auszustoßen und die Weigerung ihre innere Heilung zu unterstützen, zieht lediglich nur noch mehr Unheil und Leiden nach sich. Die Motivation dieser Art von Behandlung entspringt der Angst. Daher ist die Effektivität eures Gefängnissystems sehr zu hinterfragen. Seine Erfolglosigkeit wird gerade durch die hohe Rückfallquote besonders verdeutlicht. Euer Rechtssystem basiert auf der Angst und es funktioniert nicht. Nur ein Rechtssystem, das auf Liebe, wahrer Einsicht, Heilung und den festen Willen, euren Brüdern und Schwestern zu helfen, sich wieder in die Gesellschaft zu integrieren, gegründet ist, wird langfristig erfolgreich sein.

Vielleicht habt ihr den Eindruck, dass wir unerbittliche Kritiker sind, doch das ist nicht unsere Absicht. Unser Wunsch ist, Einsichten in die verschiedenen Schichten und Funktionen eurer Gesellschaft zu vermitteln, um deren energetischen Ursprung aufzuzeigen – Angst oder Liebe –, um euch in die Lage zu versetzen, zu beurteilen, warum einige Methoden funktionieren und andere nicht. Alles, was aus der Angst geboren wird, wird schlicht und einfach mehr Angst erzeugen – es wird niemals zu langfristiger Heilung führen oder euch in die Lage versetzen, eine stabile, gesunde und harmonische Gesellschaft zu etablieren. Ihr müsst alles mit eurem inneren Auge betrachten und die Wissenschaft der Wahrheit studieren. Lernt mit den Augen Gottes zu schauen und ihr werdet schneller, als ihr es für möglich gehalten habt, Lösungen für all eure Probleme finden.

Untersucht die energetischen Muster, die eure Regierungen, eure Justiz, Schulen und Gesundheitseinrichtungen, die Institution der Ehe usw. begründet haben. Schaut euch alles an, was wichtig ist in eurem Leben, erforscht den energetischen Ursprung und stellt die Frage: Ist diese Organisation in Übereinstimmung mit den Göttlichen Prinzipien oder ist seine zugrundeliegende Motivation Angst?

Kinder der Erde, wir machen keine Witze, wenn wir euch sagen, dass sich alles verändern wird und die Welt, so wie ihr sie kennt, aufhören wird zu existieren. Alle herrschenden, leitenden und regierenden Institutionen auf diesem Planeten, deren energetischer Ursprung auf Angst beruht, können nicht in die Neue Welt übernommen werden. Alles – und wir meinen alles was aus Angst geboren wurde, wird diese umfassende Verwandlung nicht überstehen. Es ist für die hohe Frequenz der Liebe energetisch unmöglich, mit der niedrigen Frequenz der Angst im Einklang zu sein.

Wir haben dieses Gespräch mit ‚Wie es oben ist, so ist es auch unten' begonnen, oder wie es manchmal ausgedrückt wird: ‚Was ihr in der äußeren Welt wahrnehmt, ist nur eine Reflexion dessen, was in eurem Innern ist.'. Wir haben das Beispiel eures Verhaltens Kriminellen gegenüber benutzt, um zu zeigen, wie man dieses universelle Gesetz anwendet. Es gilt für das ganze Universum und auch für eure äußeren und inneren Welten. In eurer äußeren Welt pickt ihr

Menschen heraus, die sich den etablierten Gesetzen nicht unterordnen und verurteilt, bestraft und schließt sie aus. Nicht viele von euch sind in der Lage einem Menschen wirklich zu vergeben, der gefehlt hat und geben ihm noch eine zweite Chance. Die Meisten von euch etikettieren und brandmarken sie für immer als Kriminelle. Dieses Verhalten entspringt der Unwissenheit und reflektiert nur die Art und Weise, wie ihr mit euren eigenen Unzulänglichkeiten umgeht, mit den Teilen von euch, die mit den unrealistisch hohen Erwartungen an euch selbst nicht mithalten können.

Es hat etwas gedauert, bis wir euch an diesen Punkt herangeführt haben. Wir hatten das Gefühl, dass es nötig war, ausreichend Zeit für euer Verhältnis zu Kriminellen zu verwenden, um zu zeigen, dass dieses Verhalten nur spiegelt, wie ihr eure eigenen unliebsamen Anteile behandelt. Wie könnte es auch anders sein?

Haben wir nicht gesagt, dass die äußere Welt nichts als eine Reflexion eurer inneren Welt ist? Oder, anders gesagt, alles, was ihr anderen erlaubt euch anzutun, fügt ihr euch zuerst selbst zu. Es heißt auch: Man behandelt andere genauso, wie man sich selbst behandelt. Nehmt diese Prinzipien der Wahrheit bitte tief in euch auf und meditiert darüber.

Das meiste Leid der Menschheit könnte verhindert werden, wenn ihr die volle Bedeutung dieser Wahrheit verstehen würdet. Lasst uns noch einmal das Beispiel gebrauchen, wie ihr Kriminelle behandelt. Wir glauben, dass sich jeder einigermaßen vernünftige Mensch dessen bewusst ist, dass jemand, der ein Verbrechen begangen hat, aus dem Gleichgewicht geraten ist und sehr wahrscheinlich keine stabile, liebevolle und unterstützende Kinderstube hatte. Traurigerweise verurteilt, verstoßt und dämonisiert ihr diese Mitmenschen trotz dieser Erkenntnis immer noch. Wir müssen euch darauf aufmerksam machen, dass ihr euch euren eigenen Verletzungen gegenüber genauso verhaltet. Es sind die Teile, die ihr an euch nicht leiden könnt und für die ihr euch schämt.

Die Meisten von euch verurteilen sich selbst hart und verleugnen diese Aspekte. Sie können eure unrealistischen Perfektionserwartungen nicht erfüllen und ihr verbannt sie – die heimlichen Boten eurer Seele – in euer inneres Verlies. Dort verrotten sie und verursachen von Zeit zu Zeit innere Tumulte, sabotieren euer Leben durch Depressionen, Drogenabhängigkeit, Essstörungen, Alkoholmissbrauch, sexuelle Abhängigkeit und andere Krankheitsformen. Ihr eigentlicher Sinn jedoch ist, euch daran zu erinnern, dass ihr nicht der perfekte Mensch seid, den ihr der Welt, oder auch euch selbst, gern präsentieren möchtet. Ihr seid menschlich, und ihr müsst diese ungeliebten Teile verstehen und lieben lernen.

Es gibt keine andere Möglichkeit. Schaut euch eure Welt an. In den entwickelten Ländern habt ihr eine explosive Zunahme von Depressionen, Krebs und Herzkrankheiten, die alle mit dem eben besprochenen Thema in Zusammenhang stehen. Diese Krankheiten werden hauptsächlich von unterdrückten Emotionen verursacht, die im Körper gespeichert werden und Ungleichgewicht schaffen. Unterdrückte Emotionen führen, wenn sie ausreichend stark sind und lange genug andauern, auf der körperlichen Ebene zu Krankheiten. Negative Emotionen gehen nicht einfach weg. Entweder sie werden befreit und losgelassen, indem ihr sie ausdrückt, oder aber sie werden in euren Körpern gespeichert. Tatsächlich entdecken Psychologen, Wissenschaftler und Mediziner heute den Zusammenhang von Emotionen und physischer Krankheit. Allmählich werden nicht verarbeitete blockierte Emotionen als wesentliche krank machende Faktoren erkannt.

Wir glauben, um die Heilung von Krankheiten zu finden, die in den entwickelten Ländern am häufigsten zum Tod führen, müsst ihr verstehen, dass es keine andere Möglichkeit gibt als die Wissenschaft der Liebe zu erlernen und die wahre Bedeutung von menschlichen Emotionen wieder zu entdecken und wie ihr auf gesunde Art und Weise damit umgehen könnt. Nur wenn ihr euch von dem wohlbekannten Weg der Verdammung, Verurteilung und der Verweigerung zu vergeben abwendet, werdet ihr die Schwelle in die Neue Welt überschreiten. Auf der Neuen Erde werden alle ihre Bewohner in der Kunst des Liebens unterrichtet und werden so die Heilung für die Flüche finden, die das 21. Jahrhundert plagen: Depressionen, Krebs und Herzkrankheiten.

Wir sind hier, um euch zu begleiten und zu führen. Wenn wir sehen, dass ihr entsprechend unserer grundlegenden Botschaft handelt, werden wir euch zur gegebener Zeit weiterführende Informationen liefern. Dann werden wir fortgeschrittenere, spirituelle Heilungstechniken erklären. Manchmal, wenn wir uns die Menschheit anschauen, erscheint es uns, als wenn ihr euch ähnlich verhaltet wie ein widerwilliger Teenager, der sich weigert, die Einsichten seiner Eltern zu akzeptieren. Während dies in der Natur der Teenager liegt, seid ihr in einer gefährlichen Phase, in der ihr dabei seid, euch selbst zu zerstören. Und das ist der Grund dafür, warum wir unsere Stimme erheben, so wie jede liebende Mutter oder jeder liebende Vater es tun würde. Ihr könnt uns mit euren Eltern vergleichen – diese Parallele ist der Wahrheit viel näher, als ihr vielleicht glaubt.

9

IHR LIEBT EUCH SELBST NICHT

Wir wollen unsere Gedanken über eure Beziehung zu euch selbst und darüber, wie ihr mit euren verletzten Aspekten umgeht, gern fortsetzen. Wir sehen die Tatsache, dass die große Mehrheit der Menschen sich selbst nicht liebt als eine der tiefsten Ursachen aller Konflikte und Probleme auf der Erde. Ohne die Anerkennung dieses wichtigen Themas gibt es für keines eurer Probleme eine Antwort, und ihr werdet keine langfristig zufriedenstellenden Lösungen finden können. Diese negative Einstellung euch selbst gegenüber hat euer kollektives emotionales Feld energetisch infiziert wie ein wucherndes Krebsgeschwür.

Wie wir zuvor schon erklärten, glauben die meisten von euch, dass ihr Einzelwesen seid, die voneinander getrennt sind. Das ist jedoch unmöglich und eine Illusion, doch ihr seit es gewohnt, euch selbst und das Leben auf diese Weise wahrzunehmen. In Wahrheit seid ihr alle miteinander verbunden, und alles was ihr tut, denkt und fühlt, hat Auswirkungen auf die ganze Menschheit. Wir wissen, dass diese Aussage für einige von euch nicht neu ist, doch wir sehen auch, dass die Mehrheit dies noch nicht voll und ganz verstanden hat.

Erlaubt uns, dies zu erklären. Stellt euch vor, dass jemand das morphogenetische Feld speist, in dem alle kollektiven Gedankenformen und Emotionen schwingen. Lasst uns annehmen, dass dieser Mensch liebevoll ist, sodass die Energie, die in das Feld eingebracht wird, positiv und voller Liebe, Verständnis und Frieden ist. Wir könnten auch sagen, dass der Beitrag dieses Menschen nährend und erleuchtend ist und die Frequenz des ganzen Feldes beschleunigt, was folglich allen nützt. Obwohl die meisten von euch die direkte Wirkung nicht bemerken, wird diese dadurch nicht verringert.

Lasst uns jetzt jemanden anderen nehmen, der unbewussten Schmerz, Hass, Wut und Selbstsabotage ausdrückt. Diese Art der Emotionen entstammen der Angst und schwingen daher auf einer niedrigeren Frequenz. Die Farben in der Aura dieses Menschen erscheinen dunkel und chaotisch. Diese negativen Energien werden ebenfalls in das morphogenetische Feld eingespeist, doch mit genau entgegen gesetzter Wirkung. Auf die eine oder andere Weise tragen alle Menschen, ohne das sie es wissen, in jeder Sekunde ihres Lebens zum morphogenetischen Feld bei. Ihr könnt entscheiden, ob ihr mehr Licht und Liebe beitragt oder eine negative Schwingung. Das Licht, das ihr hinzufügt, wird euch selbst und andere immer erheben und erleuchten, wohingegen die Negativität, die ihr ins Feld einspeist, die umgekehrte Wirkung haben wird.

Lasst uns mit unserer Aufmerksamkeit zum ursprünglichen Thema zurück kommen – zu der Aussage, dass die meisten Angehörigen der menschlichen Rasse sich selbst nicht lieben. Milliarden von Menschen treten daher ins morphogenetische Feld ein und speisen es mit sich immer wieder bestätigenden, negativen Gedanken und Gefühlen. Auf einer unterbewussten Ebene sind sie alle davon überzeugt, dass sie nicht gut genug sind und nicht liebenswert. Was passiert also, wenn Milliarden von Menschen dieses Verhalten von Generation zu Generation kontinuierlich wiederholen? Die Antwort ist einfach: Was sie glauben, wird Realität werden. So erschafft ihr Realität. Doch eure Definition von Realität ist ganz anders als unsere, denn wir definieren Realität im Sinne von absoluter Realität.

Die Art und Weise, wie ihr den Begriff ‚Realität' gebraucht, bezieht sich lediglich auf eine Ansammlung sich bestätigender Gedanken und Überzeugungen. Wenn genügend Menschen lange genug bei einer festen Überzeugung bleiben, dann ist die Konsequenz, dass sie euch real erscheinen wird. Mit der Zeit wird solch eine Überzeugung nicht mehr in Frage gestellt, sondern als Tatsache betrachtet, und schließlich wird sie zur so-genannten Realität und beeinflusst euch täglich. In Wahrheit heißt das nur, dass genügend Menschen lange genug intensiv an dieselben Begrenzungen geglaubt haben. Wir haben zuvor erwähnt, dass wir die Grundlagen eurer Weltanschauungen erschüttern werden, und wir glauben, dass euch allmählich klar wird, warum das nötig ist.

Von jetzt ab seid ihr vielleicht vorsichtiger damit, irgendetwas als Tatsache zu akzeptieren, nur, weil die Mehrheit der Leute einer bestimmten Überzeugung ist, denn das allein heißt noch nicht viel. Milliarden von euch lieben sich nicht selbst und sind sich ihrer negativen Einstellung, die im Unterbewusstsein gespeichert ist, leider nicht bewusst. Dennoch wirkt dieser Glaube für euch selbst und für andere wie ein Gift. Alle neugeborenen Kinder tauchen in dieses Feld ein und nehmen diese destruktive Information wie Muttermilch in ihr eigenes Aurafeld auf, und sie verhalten sich entsprechend. Das ist eure ganze Geschichte hindurch von Generation zu Generation so gewesen. Jetzt ist es an der Zeit, diese Kettenreaktion zu unterbrechen, durch die ihr dieses unheilvolle Erbe an eure Kinder weitergebt. Ihr seid die erste Generation, die die Möglichkeit, das Wissen und das Werkzeug dazu hat, diese riesige Wunde in der menschlichen Psyche insgesamt zu heilen.

Wenn ihr lernt, eure Unvollkommenheiten zu lieben, werdet ihr diese Kettenreaktion der Selbstzerstörung beenden und die zukünftigen Generationen können unbelastet von dieser schweren Bürde aufwachsen. Eure Gedanken und Taten beeinflussen ständig euch selbst und alle anderen, zum Guten, als auch zum Schlechten, weil ihr alle Eins seid. Wenn ihr dies als Wahrheit anerkennen würdet, könntet ihr erkennen, dass ihr alle – auch die, die ihr Meister oder Erleuchtete nennt - Zellen in dem großen Körper Gottes seid. Der einzige Unterschied zwischen uns ist, dass wir wissen, dass wir Eins und göttlich sind, während ihr das noch nicht erkannt habt. Aus diesem Grund erinnern wir euch daran, was ihr vergessen habt, als ihr die physische Ebene betreten habt und durch den Schleier des Vergessens gegangen seid.

Ihr Lieben, ihr kommt nicht darum herum zu lernen, euch selbst mit allen euren Unvollkommenheiten zu lieben. Die abgelehnten Aspekte von euch selbst verursachen Chaos und Krankheit in eurer Welt, um euch daran zu erinnern, dass eure Handlungen nicht weise sind. Die meisten von euch identifizieren sich mit der wohlgeformten Maske einer künstlich kreierten Persönlichkeit. Doch hinter dieser Maske versucht ihr eure Verletzbarkeit und eure Unfähigkeit, die unrealistisch hohen Erwartungen der Gesellschaft und euch selbst zu erfüllen, zu verstecken. Die abgespaltenen Teile schreien euch durch Depression, Krebs, Herzattacken und zahllose andere Formen von Krankheiten zu, und bitten inständig darum, endlich gehört zu werden. Sie sprechen die Wahrheit. Sie sind die Tränen, die ihr nie geweint habt, die Schreie die ihr nie habt hören lassen, die Verzweiflung und der Kummer, den ihr herunterschlucken musstet. Liebt diese Aspekte, hört ihnen zu, denn das ist die einzige Möglichkeit, sie zu integrieren und euch ganz werden zu lassen.

Wenn ihr das tut, werden alle um euch herum sich leichter fühlen, denn ihr speist das Feld durch eure Taten, Gedanken und Gefühle mit Liebe. Indem ihr ein wahrhaftiges Leben führt, werdet ihr ein lebendiges Beispiel für Heilung, was andere inspirieren und ermutigen wird, sich auf die eigene innere Reise zu begeben. Alles was ihr tut, tut ihr für euch selbst und für eure Geschwister. Wir sind alle Eins und wir sind alle Liebe. Ihr alle seid zutiefst geliebt. Lernt, euch selbst zu lieben und tragt zu der Revolution der Liebe bei, die über diesen Planeten fegt. Das ist es tatsächlich, was geschieht. Die Revolution der Liebe hat begonnen. Kommt mit uns und liebt euch selbst - dann könnt ihr euch wahrhaftig auch gegenseitig lieben.

10

DIE QUINTESSENZ ALLER LEHREN

Steht es in euren heiligen Schriften nicht geschrieben, dass Jesus, der den Aspekt der Liebe des Göttlichen verkörpert hat, ‚wie ein Dieb in der Nacht' zurück kommen wird? Die Zeit des ‚Wiedererscheinens des Christus' ist jetzt! Wir halten unser Versprechen. Doch unser Kommen geschieht nicht auf die Art und Weise, wie ihr es vielleicht erwartet. Unser Geist kehrt auf so viele verschiedene Weisen zur Erde zurück, doch wir stehen immer noch als Einheit zusammen, um die Wahrheit der ewigen Lehren zu offenbaren. Wir möchten es von den Dachgiebeln herunter rufen und in euren Kirchen, Tempeln und Moscheen verkünden: ‚Mohammed, Jesus, Moses, Krishna und Buddha sind Eins, ein und dasselbe Bewusstsein, das unterschiedliche Erscheinungsformen angenommen hat, um die vielen Gesichter des Göttlichen hier auf der Erde auszudrücken.'

Doch wir kehren nicht in weiße Roben gekleidet mit langen Bärten zurück, um auf den Thronen zu sitzen, die die meisten Religionen für uns errichtet haben. Wir werden eure von Menschen gemachten Throne und Konzepte zerstören, nicht aus Ärger, sondern aus Liebe zur Wahrheit. Kinder der Erde, ihr müsst das, was eurem wahren Wohlbefinden und dem Wohlbefinden der Erde nicht dient, auflösen. Die etablierten Religionen haben weitgehend Trennung geschaffen, anstatt Einheit, die die Quintessenz aller wahren spirituellen Lehren ist. Noch einmal, wir müssen die heilige Spirale der Wahrheit auf all eure religiösen Institutionen legen, um die wahre Essenz unserer Lehren wieder herzustellen, die alle dieselbe uralte Wahrheit enthalten.

1. Es gibt ein Höchstes Bewusstsein, das ihr Gott, Allah, die Große Leere, die Universelle Mutter, das Absolute, das Höchste Wesen oder einfach Liebe nennen könnt, in dem die gesamte Schöpfung ihren Ursprung hat.
2. Die ganze Menschheit ist ein einziges Wesen.
3. Wahrheit, Liebe, Frieden und wahre Kraft können nur im Inneren eines jeden Wesens gefunden werden.
4. Bringt euch mit eurem Göttlichen Selbst in Einklang und werdet der wahre Ausdruck eurer Göttlichen Natur, die Liebe, Frieden und Wahrheit ist.
5. Verhaltet euch anderen gegenüber so, wie ihr möchtet, dass sie sich euch gegenüber verhalten.
6. Freiheit ist euer unvergängliches Recht von Geburt an.
7. Projiziert eure ungeliebten Teile nicht auf eure Brüder und Schwestern und erschafft so keine Feinde.

8. Ihr seid alle gleichwertig und habt alle euren Ursprung im Göttlichen und seid daher ein Teil davon.
9. Liebe ist es, was ihr wirklich seid.
10. Es gibt nichts, wovor ihr Angst haben müsstet. Es gibt nur Liebe. Entscheidet euch daher für die Liebe und nicht für die Angst.

Dies sind die Kernprinzipien aller spirituellen Lehren. Könnt ihr uns sagen, was eure Tempelvorschriften und Kirchengesetze mit diesen ewigen Wahrheiten gemein haben? Wir haben euch vor langer Zeit gelehrt, dass euer Tempel im Inneren ist. Wir erfinden das Rad nicht noch einmal, noch möchten wir euch neue Lehren präsentieren. Es ist unser Wunsch, die spirituellen Lehren von heute von unwahren Interpretationen zu befreien, die Millionen auf den falschen Weg geführt haben. Erkennt ihr, dass, wenn eine Religion euch sagt, dass ihr besser seid als jemand anders, wenn ihr ihren Regeln folgt, dass diese Lehre nicht aus dem Geist der Einheit kommen kann – von Gott? Eine solche Aussage widerspricht dem grundlegenden Göttlichen Prinzip der Einheit.

Ihr Lieben, wie viele von euch sind in dieses sinnlose Spiel der Überlegenheit verwickelt: ‚Ich bin besser als du, ich habe Recht, du hast Unrecht' oder ‚ich bin spiritueller als du'. Wie kann irgendjemand, der die heiligen Schriften studiert hat, wirklich an Überlegenheit glauben, ohne das ganze Konzept in Frage zu stellen? Diese Einstellung drückt das Gegenteil von Demut, Einssein und Gleichwertigkeit aller Menschen aus, was jede Religion als ihre Hauptgrundlagen proklamiert. Traurigerweise trägt fast jeder diesen Samen der Spaltung in sich.

Es sind nicht nur die orthodoxen Juden, die glauben, dass sie die Auserwählten sind, oder die fundamentalistischen Moslems, die zum Jihad gegen Ungläubige aufrufen. Nein, liebe Freunde, es steckt in allen von euch und wirkt wie ein schleichendes Gift. Wir möchten euch auffordern, dieses Gift zu identifizieren und es aus euren Gedanken zu eliminieren. Immer wenn ihr euch dabei ertappt, Gedanken der Überlegenheit zu hegen, erinnert euch an die Einheit, die wir alle teilen. Dann schenkt dieser Einheit eure ungeteilte Aufmerksamkeit und fühlt und umarmt sie wahrhaft, anstatt euch auf das zu konzentrieren, was euch offensichtlich voneinander trennt. Wenn ihr diese inner Haltung kollektiv praktizieren würdet, würden Kriege und destruktive Auseinandersetzungen ein für alle Mal unmöglich werden. Das allein würde dem Hass, den Vorwürfen, Angriffen und Kämpfen ein Ende setzen, und ihr würdet aufhören zu stehlen, einander zu verraten und eure Mitmenschen zu belügen. Seht ihr, alle eure komplizierten religiösen Gesetze waren nur nötig, weil ihr diesem ersten Gesetz, wonach ihr alle Eins seid, nicht gefolgt seid. Die Menschheit ist ein Wesen! Wenn ihr dies wirklich verstehen würdet, wären alle anderen Gesetze nicht erforderlich.

Viele warten auf unser Kommen. Doch unser Kommen ist ganz anders, als ihr erwartet habt. Wir kommen als Friede, Wahrheit und Liebe. Alles, was nicht in Übereinstimmung mit Frieden, Wahrheit und Liebe ist, kann seine Existenz in dem Göttlichen Licht, das auf die Erde herab strömt, nicht erhalten.

Dennoch sind wir nicht daran interessiert, eure physischen Tempelmauern einzureißen. Unsere Aufmerksamkeit ist allein darauf ausgerichtet, euch zu helfen, unnötige, einschränkende Überzeugungen loszulassen, die euch voneinander trennen, Männer von Frauen, Schwarze von Weißen, Reiche von Armen, Länder von anderen Ländern, Religionen von anderen Religionen usw.. Wir kommen, um das Schwert der Wahrheit zu schwingen. Alles was nicht im Einklang mit der Wahrheit ist, wird fallen. Jetzt sagt ihr vielleicht: ‚Das sind nur Worte auf dem Papier – ein Buch, das jemand schrieb, der behauptet, dass es aus dem Herzen Gottes kommt, ein Licht, das auch Jesus, Mohammed, Moses, Krishna, Buddha und andere Meister hervorgebracht hat. Wie können wir glauben, dass das wahr ist?' Wir schreiben nicht nur dieses Buch, wir sind auch alle hier: Doch diesmal kehren wir nicht in der Form des Lammes zurück. Wir kommen als die göttlichen Wesen, die wir sind. Unser Kommen, das schon vor langer Zeit prophezeit wurde, geschieht jetzt! Vielleicht erwartet ihr, dass unsere Ankunft anders aussieht, und der Gebrauch unserer Göttlichen Macht fühlt sich vielleicht nicht angenehm für euch an. Doch was glaubt ihr, benutzen wir in diesem Moment, in dem wir zu euch sprechen? Liebe Freunde, es ist die heilende Kraft der Liebe, die wir euch bringen, um euch zu ermutigen, die Wahrheit zu erkennen und entsprechend zu handeln. Wir müssen euch aufrütteln, um euch aufzuwecken aus eurem Traum der Begrenzungen.

In der Bibel wurde prophezeit, dass eine Zeit kommen wird, in der Viele behaupten, dass sie Christus sind. Doch sie sind falsche ‚Christuse', und es wird eine große Verwirrung geben. Schaut euch um – sind da nicht viele, die sagen, sie sprächen im Namen von Christus, die aber nicht nach seiner Botschaft handeln? Versteht bitte, dass der Geist, der vereint, der Geist von Christus ist, der Geist der Liebe, des Friedens und der Wahrheit. Das wird niemals anders sein und war niemals anders. Nehmt dies als Maßstab, wenn ihr Unterscheidungsfähigkeit lernen möchtet. Wenn eurem Gefühl nach etwas richtig klingt, dann folgt ihm mit ganzem Herzen und ganzer Seele und werdet ein lebendiges Beispiel für Wahrheit, Frieden und Liebe.

11

MACHT

Viele Menschen scheinen ganz besessen zu sein von ihrem Streben nach Macht. Dieses Streben ist offensichtlich vom Gefühl der eigenen Machtlosigkeit motiviert. Wir möchten euch bewusst machen, dass ihr am falschen Ort sucht. Wahre Macht kann nicht außerhalb von euch selbst gefunden werden und kann nicht durch Leistungen in der Außenwelt erlangt werden. Macht kann nur tief in eurem innersten Wesen offenbar werden. Und wieder erscheint das Symbol der Spirale auf der Erde – die Energie der Quelle zeigt ihre Spuren der Wahrheit in allem, sodass ihr euch daran erinnert, dass sich alles von innen nach außen entwickelt.

Zeichne eine Spirale und folge ihrer Bewegung. Allmählich vergrößert sie ihren Radius und erweitert ihren Einfluss, bis eine zentrierte Energiewelle entsteht, die vom Kern ihrer Essenz aus mühelos ausstrahlt. Wahre Macht kommt wie alles von innen. Menschheit, erwache und erkenne, dass deine Aufmerksamkeit sich nach innen wenden muss.

Der nach innen gerichtete Blick wird eine natürliche und allgemein verbreitete Tugend der Menschen eurer zukünftigen Welt sein. Ihr werdet diese Selbst-Reflexion überall üben – in der Geschäftswelt, in der Politik, in Krankenhäusern, Schulen und zu Hause. Ruhe und Stille, die gegenwärtig selten zu finden sind auf eurem Planeten, werden ein natürlicher und hoch geschätzter Seinszustand sein. Meditation, Selbst-Reflexion und innere Heilung werden allgemein übliche Praxis sein und von sehr jungem Alter an unterrichtet werden. Diese Praxis wird die Grundlage für inneres Wachstum und Grundlage für eure spirituelle Reise sein.

Ihr mögt in diesem und in vorhergehenden Leben vielleicht unterschiedliche Stufen von Macht und Machtlosigkeit erfahren haben und habt jetzt eine gewisse Ebene des Verständnisses bezüglich dieses Themas erreicht. Dennoch haben diese Erfahrungen euren Hunger nach Macht nicht wirklich gestillt oder euch zufriedenstellende Antworten geliefert. Wahre Macht kann nur durch die Beherrschung eurer drei niederen Körper und die Ausrichtung auf euer Höheres Selbst gefunden werden. Vielleicht seid ihr jetzt ja schon weit genug durch das Labyrinth des Lebens gegangen und habt euch genug in euren Illusionen verloren, dass ihr nun für die wahre Suche, die im Inneren beginnt, bereit seid.

Zuerst müsst ihr euch selbst kennen lernen. Die meisten von euch sind geneigt zu glauben, dass sie sich selbst gut kennen. Dem stimmen wir nicht zu. Was die Mehrheit von euch als ‚sich selbst kennen' beschreiben würde, ist nicht einmal ein Kratzer an der Oberfläche des unendlichen Wesens, das ihr in Wahrheit seid. Ihr identifiziert euch mit der Maske, die ihr geschaffen habt, um zu verhindern, dass euer Schmerz an die Oberfläche aufsteigt, und um ihn vor andern zu verbergen. Menschen haben es bisher vorgezogen, sich sogar vor sich selbst zu verstecken. Ihr seid so konditioniert, dass ihr euch geschickt eine Maske erschafft, die euch Schutz und Sicherheit verspricht. Im Allgemeinen identifiziert ihr euch mit dieser Fassade, bis ihr euch mit den Herausforderungen eines Unglücks wie einer ernsten Krankheit, Trennung, Tod oder finanziellen Problemen konfrontieren müsst, die euch zwingen, eure Werte neu zu definieren und ehrlicher und wahrhaftiger zu werden.

Wir würden es gern sehen, wenn ihr euch bewusst für nackte Ehrlichkeit entscheiden würdet, denn das ist für euch selbst und für andere hilfreicher. Reflektiert einmal, wie viel Energie ihr in das Erschaffen einer perfekten Maske steckt. Einige von euch geben sich mit einer nicht funktionierenden Ehe zufrieden oder mit einem Job, den sie nicht mögen, denn das gibt ihnen das gewünschte Prestige und dient als Eintrittskarte in eine bestimmte Gesellschaftsschicht. Andere quälen ihre Körper, indem sie hungern und sich in enge Kleidung zwängen, die einem Teenager passen würde, aber für einen gesunden Erwachsenen nicht angemessen ist. Und das alles, um den unausgesprochenen Wettbewerb der auf vielen Ebenen existiert, erfolgreich gegen euresgleichen zu gewinnen. Reflektiert einmal, wie viel Aufmerksamkeit ihr der Erschaffung eurer Maske schenkt, und im Vergleich dazu, wie viel ihr für die Heilung eures verwundeten Herzens, die Ernährung eures physischen Körpers und die Zügelung eurer ständig umherschweifenden Gedanken tut, um dem Göttlichen Geist zu erlauben, euch durch die Herausforderungen des Lebens zu führen. Wir wissen, wie viel Prozent das sind, und wir möchten, dass ihr erkennt, dass ihr euer kostbares Leben vergeudet, indem ihr Illusionen hinterher jagt, die nicht halten können, was sie versprechen. Egal wie ausgefeilt diese Maske auch erscheinen mag und wie viel Mühe, Geld und Zeit ihr investiert habt, diese Fassade kann euch langfristig nicht vor Leiden schützen. Sie kann euch keine Sicherheit geben, weder inneren Frieden noch wahre Macht oder Liebe. Und war nicht eure ursprüngliche Motivation, diese Maske zu erschaffen, der Mangel an Liebe und die Suche nach Macht? Obwohl die meisten eurer Mitmenschen sich in dieser Beschäftigung verloren haben, rufen wir euch auf, aufzuhören, eure Lebensenergie mit diesen sinnlosen Bemühungen zu verschwenden. Richtet eure Aufmerksamkeit anstatt dessen auf die wahren Werte. Beginnt mit eurer inneren Reise und mit der Zeit werdet ihr wahre Sicherheit in eurem eigenen Herzen finden.

Liebe, innerer Friede und wahre Macht entspringen der Meisterschaft über euch selbst. Wir sind nicht gegen die Vergnügungen der materiellen Welt. Doch wir unterstützen den Gebrauch dieser Freuden nicht, wenn sie als Maske dienen, hinter der ihr euren Schmerz versteckt und ihr euch selbst verliert. Was wir gegenwärtig beobachten ist eine Vortäuschung von Stärke, scheinbarer Macht und eine unbekannte innere Welt, die von Angst und Chaos dominiert wird. Was die Menschheit jedoch braucht, ist, ihre Stärke von innen her aufzubauen.

Wie nehmen euch auf ähnliche Weise wahr wie ihr eure Kinder, wenn sie sich verkleiden und so tun als ob sie gefährliche Piraten wären, furchtbar stark und sogar ein bisschen grausam. Alles was ihr in einem solchen Moment seht, sind eure verletzbaren, goldigen Kinder im Alter von vier oder fünf Jahren. Ihr jedoch seid sozusagen aus dem Alter des Verkleidens herausgewachsen, beschäftigt euch aber immer noch mit diesem Zeitvertreib. Jetzt wird es Zeit, dass ihr diesen Teil eurer Evolution zurück lasst. So wie ein Kind bestimmte Stadien des Wachstums und der inneren Entwicklung durchläuft, ist es auch für die Menschheit als Ganzes, die jetzt die Schwelle in eine höhere Schwingung überschreitet. Wir haben schon erwähnt, dass eure Kindheit zu Ende ist und können diese Tatsache nur energisch betonen. Es ist wichtig für uns, dass ihr größere Achtsamkeit und Reife in Bezug auf die wahre Natur des Lebens entwickelt und wisst, was das für euch bedeutet. Ihr müsst bewusst aus dem Traum der Illusionen heraus treten und aufwachen!

Wahre Macht kann nur im Inneren und durch die Meisterschaft über sich Selbst gefunden werden. Vielleicht glaubt ihr zu wissen, was Macht ist, doch aus unserer Sicht sind auch die machtvollsten Menschen eurer Welt, in Bezug auf ihr Bewusstsein, nur kleine Kinder und weit von wahrer Meisterschaft entfernt. Ihr glaubt, dass Macht bedeutet, Macht über eine Nation zu haben, über eine Armee, über eine Firma oder wenigstens über eure Kollegen, eure Frau und Kinder. Was für ein grundlegend irreführender Gedanke. In Wahrheit habt ihr niemals Macht über irgendjemanden. Dieses ganze Konzept basiert auf Angst und ist illusionär. Ihr könnt jemandem euren Willen aufzwingen, und das kann mit einem Menschen oder mit einer Nation gemacht werden, denn die meisten Menschen sind nicht mit ihrem Göttlichen Selbst verbunden – mit ihrem wahren Machtzentrum und deswegen ist so mancher vielleicht gewillt, euch wie ein Schaf zu folgen, doch das ist nicht wahre Macht. Es ist wie bei kleinen Kindern, die so tun, als ob sie Macht hätten, doch in Wahrheit ist das nichts anderes als auf Angst beruhende Kontrolle. Die Macht, die wir meinen, ist die Macht die aus der Meisterschaft über sich selbst entsteht. Die Definition eines Meisters ist: Jemand, der sich selbst gemeistert hat. Wenn ihr euch selbst vollkommen gemeistert habt und in absoluter Verbindung mit der Quelle allen Lebens seid, steht nichts mehr zwischen euch und eurer wahren Natur – Egofilter begrenzen das göttliche Licht nicht mehr, und ihr erkennt eure eigene Göttlichkeit. Es gibt keine inneren Hindernisse mehr, die die Übertragung des göttlichen Lichtes in eure physische Welt beeinträchtigen. Dann seid ihr und das Göttliche Eins, und das Licht, das alle Welten und Universen erschaffen hat, steht euch als wahren Meistern zur Verfügung.

Auf diese Weise haben wir, die Meister der Vergangenheit, Wunder bewirkt. So hat Moses das Rote Meer geteilt und Christus die Kranken geheilt, die Toten auferweckt und Brot und Wein vermehrt. Menschen der Erde, wir möchten, dass ihr versteht, dass euch allen wahre Macht zur Verfügung steht, wenn ihr euch selbst meistert. Dem, der sich selbst gemeistert hat, liegen alle Mächte der Schöpfung zu Füßen, um ihm zu dienen. Alles wird – und muss – seinen Gedanken gehorchen. Diese Art von Macht erscheint euch vielleicht wie ein Wunder. Dennoch, göttliche Macht wird nur jenen gegeben, die ihre niedere Natur überwunden und sich völlig von allen Begrenzungen und der Illusion der Trennung befreit haben.

Das ist die Macht Gottes. Sie kann nur jenen gegeben werden, die sich nicht nach Macht sehnen, die Liebe sind, die Frieden ausstrahlen und in jeder Sekunde ihrer Existenz in der Wahrheit leben. Das trifft für alle Meister zu. Nehmt dies als Einladung zu reflektieren, wie viel Zeit ihr mit dem Aufbau eurer Illusion – eurer Maske – und dem Applaus der Gesellschaft verbringt, im Vergleich zu der Zeit, die ihr auf eurer inneren Reise seid. In Zukunft wird die Menschheit ihre meiste Zeit mit Letzterem verbringen. Werdet zu einem Pionier der Neuen Welt und beginnt eure Reise zur Meisterschaft über euch selbst.

12

DIE VERBINDUNG ZU EUREM HÖHEREN SELBST

Wir möchten uns eure Verbindung zur Quelle und damit zu eurer wahren Natur etwas genauer anschauen. Manchmal ist diese Verbindung anscheinend mühelos vorhanden, und zu anderen Zeiten fühlt ihr euch, trotz aller Anstrengungen, von eurer ICH BIN Gegenwart wie abgeschnitten. Doch zu angestrengtes Bemühen ist eine der Hauptursachen dafür, dass diese Verbindung verhindert wird. Dieses Verhalten wird oft von unbewussten Gefühlen der eigenen Wertlosigkeit, anderen negativen Emotionen oder von dem inneren Druck „das Richtige" tun zu müssen ausgelöst.

Ihr müsst verstehen, dass jede Art von auf Angst basierender

Anstrengung euch nur von dem trennt, was ihr wirklich seid. Wir möchten, dass ihr versteht, dass ihr bedingungslos, so wie ihr seid, geliebt werdet, mit all euren offensichtlichen und versteckten Unvollkommenheiten. Entspannt euch – und atmet tief durch. Das ist tatsächlich der erste Schritt – sich zu entspannen, vertrauen und sich sicher sein, dass ihr geliebt werdet — mehr als ihr euch vorstellen könnt. Nur wenn ihr in diesem Zustand der Liebe seid, wird wahre Offenheit und somit Verbindung möglich. Dann seid ihr wie eine wunderschöne Blume, die ihr Gesicht der Sonne zuwendet. Die Sonne steht hier analog für die Leben spendende Kraft eures Höheren Selbst – ihr öffnet euch eurer eigenen inneren Sonne.

Rigide Anstrengung, als auch alle auf Angst basierende Handlungen, Gedanken und Emotionen schaffen eine Energie, die euch von dem, was ihr in Wahrheit seid, abschirmt. Ihr könnt dieses Verhalten mit dem Bild einer geschlossenen Faust vergleichen. Wie kann eine geschlossene Faust jemals empfangen? Ihr müsst wie eine Blume werden und eure Hände öffnen – euer Energiefeld – um empfangen zu können. Alles was Anspannung, Anstrengung und Unruhe verursacht, entspringt der Angst und trennt euch daher von eurer wahren Natur. Sogar spirituelle Übungen, wie Meditation oder Yoga können von schädlicher Anstrengung durchdrungen sein und werden daher nicht zu dem gewünschten Frieden und innerer Anbindung zum Göttlichen Selbst führen. In jedem Moment eures Lebens ist es eure innere Einstellung, die eure Verbindung zu oder Trennung von eurem Höheren Selbst bestimmt.

Wir möchten, dass ihr die Schönheit des Lebens, die durch die Verbindung mit eurer Göttlichen Natur kommt, entdeckt. Wir sagen nicht, dass dies nicht eure konzentrierte Aufmerksamkeit und euer ganzes Engagement erfordert, oder dass Bemühung nicht notwendig wäre. Aber es ist hilfreich, sich des Unterschiedes zwischen rigider Anstrengung, die von der Angst angetrieben ist, und innerer Aufmerksamkeit und Fokus, die aus dem Vertrauen in euch selbst und in das Universum geboren wird, bewusst zu werden. Die letztgenannte Einstellung entspringt dem tiefen inneren Wissen, dass alles in dieser weiten Schöpfung euch unterstützt.

Erinnert euch an die gegensätzlichen Bilder der Faust und der offenen Hand. Wie könnt ihr erwarten zu empfangen, wenn euer Energiefeld durch Angst und Anspannung verschlossen ist, oder, um es anders auszudrücken, wenn eure Hände geschlossen sind. Lasst uns untersuchen, welche innere Haltung euch vom Göttlichen trennt und welche euch für immer währenden Frieden öffnet. Angst, die Mutter aller negativen Emotionen, hat viele Kinder geboren. Alle negativen Emotionen, Gedanken und Taten trennen euch von der Quelle. Jedes Mal, wenn ihr euch selbst oder andere verurteilt, jedes Mal, wenn ihr auf euch selbst oder andere Wut empfindet, oder euch selbst oder andere hasst, jedes Mal, wenn ihr Eifersucht oder Neid spürt, trennt ihr euch vom Göttlichen. Das gilt auch für alle Gedanken der Überlegenheit, bei denen ihr euch selbst von eurem inneren Licht abschneidet. Die Liste ist endlos lang.

Die Quelle ist reine Liebe, Wahrheit und Frieden. Um mit der Quelle in Übereinstimmung zu leben, müsst ihr dieselbe Frequenz wie die Quelle ausstrahlen – die Frequenz des Friedens, der Wahrheit und der Liebe – sonst ist eure Schwingung nicht kompatibel und kann sich nicht mit dem Göttlichen verbinden. Das bedeutet, dass ihr alle auf der Angst beruhenden Emotionen, Gedanken und Taten gegen solche austauschen müsst, die liebe- und verständnisvoller sind, bis ihr reine, bedingungslose Liebe und immerwährenden Frieden erlangt habt. Dann werdet ihr wissen, dass ihr nach Hause zurückgekehrt und mit dem Göttlichen Eins geworden seid. Die Glücksgefühle, die ihr während eines Orgasmus erlebt, können euch nur einen flüchtigen Eindruck der Ekstase vermitteln, die euch erwartet, wenn ihr wirklich wisst, wer ihr seid.

Positive Gefühle wie Liebe, Mitgefühl, Verständnis, Unterstützung, Geduld, Frieden, Wahrheit und Vertrauen öffnen euch wie eine

Blume in der Sonne und verbinden euch mit eurem wahren Selbst. Diese Gefühle inspirieren und führen euch und geben euch das tiefe innere Wissen, dass ihr bedingungslos geliebt werdet, was euch umso mehr verbindet.

Wir haben jetzt verschiedene innere Einstellungen und Emotionen erforscht und beobachtet, dass die Frequenz eurer Emotionen und Gedanken eure Verbindung zur oder Trennung von der Quelle bestimmt. Lasst uns jetzt eine andere Komponente untersuchen, die sich auf die Zeit bezieht – oder, um genauer zu sein, auf die Geschwindigkeit. Was wir in diesem Zusammenhang mit Geschwindigkeit meinen, ist die Geschwindigkeit, in der ihr eure Zeitachse durchschreitet und die Schnittfläche überquert, auf der wir uns mit euch verbinden können, wo eure Zeitachse und unsere Energie sich treffen können. In der westlichen Welt werdet ihr ermutigt, so viel wie möglich an einem Tag zu erledigen. Um eure Verpflichtungen erfüllen zu können, müsst ihr euch fast den ganzen Tag über beeilen. Die Anforderungen an euer Privat- und Berufsleben, die durch eure eigenen Erwartungen noch verstärkt sind, üben auf die meisten von euch enormen Druck aus. Ihr scheint in einem Hamsterrad zu laufen, aus dem es kein Entrinnen gibt. Diese Illusion bestimmt das Leben fast aller Menschen. Wir müssen euch sagen, wenn ihr euch mit eurem wahren Potential verbinden möchtet, dann gibt es keine andere Möglichkeit, als aus diesem Hamsterrad auszusteigen und still zu werden – sehr still. Ihr rennt so schnell durch euer Leben, dass ihr alles das verpasst, was das Universum für euch bereithält, um euer Leben zu vervollkommnen und es mit Freude und Liebe zu erfüllen. Tatsache ist, ihr lebt zu schnell! Das Leben ist zu einer Anstrengung geworden, die eine enorme innere Anspannung und Stress verursacht, die euch in einem solchen Ausmaß verschließt, dass Empfangen zu einem unmöglich erscheinenden Traum geworden ist. Schaut euch um – es bleibt keine Zeit für Ruhe und Stille. Warum, glaubt ihr, nehmen Krebs, Depressionen und Herzkrankheiten in den entwickelten Ländern explosionsartig zu? Es ist ein Aufschrei eurer Seelen, der mit eurem unausgewogenen Lebensstil in Zusammenhang steht. Es wird Zeit eure Einstellung zum Leben zu überdenken.

Für jeden von euch gibt es auf der höheren Ebene tatsächlich eine Blaupause für einen perfekten Lebensplan. Indem ihr euch mit eurer Göttlichen Natur verbindet, zieht ihr diese göttliche Blaupause in eure physische Existenz. Bedauerlicherweise sind die meisten von euch so sehr mit negativen Gedanken und Emotionen beschäftigt und daher nicht in Übereinstimmung mit ihrem Höheren Selbst und dadurch getrennt von diesem perfekten Göttlichen Plan. Das Ergebnis ist, dass euer Leben in Anstrengung, Stress und Unglücklich-Sein ertrinkt, was nur noch mehr negative Emotionen und eine stärkere Trennung auf den Plan ruft. Traurigerweise ist das die Situation, in der die Mehrheit der Menschen sich heute befindet. Um euch mit der Quelle zu verbinden – mit eurem Göttlichen Selbst – müsst ihr aufhören durch das Leben zu rasen, als ob es kein Morgen gäbe, und still werden. Entschleunigt euer Leben, entspannt euch, atmet und lächelt – ein leises Lächeln. Das ist der Anfang. Das sind die ersten Schritte, damit ihr euch wieder erinnern könnt, wer ihr seid. Es gibt nicht nur ein Leben nach dem Tod. Es gibt als Blaupause für dieses Leben auch einen wunderbaren Plan Göttlicher Vollkommenheit eurer eigenen ICH BIN Gegenwart. Doch dieses Leben kann sich erst manifestieren, wenn ihr euch für eure Wahre Natur öffnet.

Wenn Geschwindigkeit euch von eurem Wahren Selbst trennt, was kann euch dann verbinden? Es ist Entschleunigung und Leben in der Gegenwart. Der einzige Moment, der in der ganzen Schöpfung wirklich existiert ist das – Jetzt. Weil ihr mit wahnsinniger Geschwindigkeit durch das Leben rast, verpasst ihr dieses heilige Portal – das Ewige Jetzt. Dies ist die einzige Tür in der Illusion der Zeit, durch die ihr euch mit Allem Was Ist verbinden könnt. Wir warten auf der anderen Seite des Schleiers – in der zeitlosen ewigen Realität – an der Schwelle des Jetzt, um euch zu helfen, eure göttliche Blaupause zu manifestieren. Unglücklicherweise treffen wir uns nur selten für kurze Momente, wenn ihr eure Negativität los lasst und endlich einhalten- dann können euch kurze Einblicke ins Paradies gegeben werden.

Stellt euch vor, dass ihr euch selbst und die Schöpfung lieben würdet, im Frieden wäret und Frieden in die Welt hinaus senden würdet, euch selbst und anderen gegenüber wahrhaftig wäret und in der Gegenwart leben würdet – dann würdet ihr das Leben im Paradies, in der Fülle, in Freude und müheloser Leichtigkeit erfahren. Ihr würdet die volle Entfaltung des Göttlichen Plans erleben. Durch eure Ausrichtung auf die Quelle könntet ihr den perfekten Plan umsetzen, der von eurem Höheren Selbst kreiert wurde. So ist das Leben für jeden von euch gedacht. Das ist der Himmel auf Erden und das ist, was euer Schöpfer für euch wünscht und was ihr wahrlich für euch selbst wünscht.

Bedauerlicherweise werden die meisten von euch nur langsamer, wenn sie durch Krankheit oder andere herausfordernde Umstände dazu gezwungen werden. Ihr glaubt auch, dass negative Gedanken und Emotionen eine ganz ‚normale' Erscheinung des menschlichen Leben sind. Daher kann dieses wundervolle Leben, das für jeden von euch gedacht ist, sich in der physischen Welt nicht manifestieren. Durch euer eigenes destruktives und wenig hilfreiches Verhalten verschließt ihr euch selbst dem Himmel. Wir, die Erleuchteten, die Bewohner des Himmels sind immer da – buchstäblich in jeder Sekunde – um eure Reise zur Meisterschaft zu unterstützen – um euch zu helfen, euren physischen, emotionalen und mentalen Körper zu meistern und euch auf euer spirituelles Selbst auszurichten. Das ist die einzige Möglichkeit, den Himmel auf die Erde und Frieden in eure Herzen und Seelen zu bringen.

13

SELBSTLIEBE

Im vorhergehenden Kapitel sprachen wir über eure Verbindung zu eurem Höheren Selbst und über die Schwierigkeiten, diese vitale Verbindung zu etablieren und zu erhalten. Wir würden gern noch einen anderen Grund für eure Trennung von der Quelle erwähnen, und der liegt in eurem Verhältnis zu euch selbst. Die große Mehrheit der Menschen liebt sich selbst nicht und damit verleugnet sie die Liebe – die Essenz des Göttlichen.

Gott liebt euch bedingungslos, so wie ihr seid. Mag das Göttliche euer Handeln auch nicht immer als weise betrachten, lieben wir euch deshalb nicht weniger. Im Gegensatz dazu würdet ihr euch, wenn ihr entdeckt, dass ihr auf eine unangemessene Art und Weise gehandelt habt oder einen Fehler gemacht habt, im Allgemeinen verurteilen und euch selbst die Liebe entziehen. Wenn ihr eure eigenen Erwartungen nicht erfüllt und ein Ziel nicht erreicht, reagiert ihr ebenso. Genauso ist es, wenn ihr die Fassade der Perfektion und euren Rang in der künstlichen Hierarchie der Gesellschaft verliert; dann bezeichnet ihr euch als Versager. Ihr lasst euch selbst fallen, verurteilt euch streng, bestraft euch und entzieht euch selbst jegliche emotionale Unterstützung und Aufmunterung.

Bedauerlicherweise zeigen nicht nur Menschen mit weltlichen Ambitionen dieses selbstzerstörerische Verhalten. Man findet es auch in der großen Mehrheit der spirituellen Sucher. Wir möchten euch gern ein paar Beispiele geben, die genauer erklären, was wir meinen. Zum Beispiel, wenn ihr friedvolle Meditationen erfahrt oder Yoga oder Chi Gong übt, seid ihr mit euch selbst zufrieden. Doch wenn negative Emotionen, wie Ärger, Wut und Angst aufsteigen – euren friedlichen Seins-Zustand unterbrechen – fangt ihr an, euch selbst zu verurteilen.

Im Allgemeinen verleugnen die meisten von euch diese unerwünschten Gefühle, missbilligen sie und glauben nicht spirituell genug zu sein, wenn negative Emotionen an die Oberfläche kommen. Genauso reagiert ihr, wenn ihr glaubt eure Erwartungen in Bezug auf spirituelle Ziele nicht erreicht zu haben und bemerkt nicht, dass ihr diese Ziele benutzt habt, um Minderwertigkeitsgefühle zu verdecken. Ihr gebt euch selbst auf, wenn die Dinge nicht so laufen wie geplant, oder wenn ihr nicht in der Lage seid, in Übereinstimmung mit eurem inneren Diktator zu handeln, der oft die Maske eines Mönches oder einer Nonne trägt. Dann entzieht ihr euch selbst die Liebe und das Verständnis, anstatt diesen Teil, der eure Liebe so sehr benötigt, zu unterstützen und zu ermutigen. Dieser Teil ist in Wirklichkeit aber der fehlende Aspekt für eure umfassendere Ganzheit.

Wir möchten euch ermutigen, genau da zu beginnen – genau da – in dem Moment, in dem Enttäuschung über eure Unzulänglichkeiten und über euer sogenanntes Versagen euch zu überwältigen scheint und zu liebloser Verurteilung führt. Haltet inne und macht euch bewusst, dass dieses Verhalten euren Unvollkommenheiten gegenüber euch nicht nur vom Göttlichen trennt, sondern auch von euch selbst als Mensch. Öffnet euer Herz für diesen verstoßenen Teil. Liebt, haltet und umarmt ihn buchstäblich – ruft das Göttliche an und bittet, diesen verletzten Aspekt mit weiß-goldenem Licht heilend zu umhüllen. Das zu tun ist nicht schwierig, im Gegenteil, diese einfachen Schritte werden die Blockade der Verbindung zwischen uns und euch wieder lösen. Dann kann die göttliche Energie wieder zwischen uns fließen, denn ihr habt euch für die Liebe, die machtvollste Verbindung zwischen uns, wieder geöffnet.

Alle Menschen sehnen sich nach Liebe. Doch die meisten von euch glauben, dass es die Sehnsucht nach jemandem ist, der euch liebt. In Wahrheit ist es euer tiefes unbewusstes Sehnen danach, euch mit allen euren Unvollkommenheiten selbst zu lieben. Nur wenn ihr euch selbst bedingungslos liebt, werdet ihr heil werden. Meistens jedoch projiziert ihr dieses Sehnen in eure äußere Welt und erschafft dadurch die Geschichten vom ‚weißen Ritter' oder ‚von der schönsten Frau der Welt', der/die euch ‚erlösen' wird. Auf einer tieferen Ebene können sich die meisten von euch mit dem Prinzip dieser Geschichten identifizieren, obwohl es nur wenige offen zugeben würden. Wie viele von euch glauben insgeheim, dass, wenn nur die richtige Frau oder der richtige Mann in ihr Leben käme, alles gut würde? Doch ‚die richtige Frau/der richtige Mann' sind eure eigenen inneren weiblichen/männlichen Energien, die in euch wieder integriert werden müssen. Es geht darum, dass ihr euch selbst wieder nach Hause liebt. Das kann keiner für euch tun, nicht einmal der charmanteste Prinz oder die schönste Frau der Welt.

Ihr seid aufgerufen, aus eurem hypnotisierenden Traum zu erwachen, in dem ihr eure Aufmerksamkeit ganz auf die Außenwelt gerichtet habt. Die Welt der äußeren Manifestationen ist nur eine Reflexion eurer inneren Welt. Wenn ihr eure Perspektive nicht ändert, werdet ihr dabei stehen bleiben, euch damit zu beschäftigen, euren Schatten zu bekämpfen, und euer Sehnen nach eurem Wahren Selbst weiterhin auf andere Menschen in eurem Leben zu projizieren. Dieses Spiel kann nur zu Enttäuschungen führen, gefolgt von Beschwerden darüber, dass die Opfer eurer Projektionen eure Träume nicht erfüllen. Wacht auf und erkennt, dass ihr euch selbst nicht so behandelt, wie ihr euch von anderen wünscht behandelt zu werden. Was ihr wahrhaftig braucht, ist euch selbst zuerst bedingungslos zu lieben. Eure Umgebung kann nur widerspiegeln, wie ihr euch selbst behandelt. Das ist universelles Gesetz.

Es ist wirklich Zeit für die Menschheit, sich aus ihrer Ignoranz zu erheben und die Gesetze des Universums zu studieren. Ihr wisst zwar, wie man Raketen baut und zu anderen Planeten fliegt, kennt euch aber immer noch selbst nicht, noch versteht ihr die spirituellen Prinzipien, auf denen diese Welt und alle anderen Welten erbaut sind. Wir laden euch ein, diese Unwissenheit zu überwinden und ein friedvolles und erfüllendes Leben zu führen, indem ihr übt, die Einsichten, die ihr gewonnen habt, in die Praxis umzusetzen.

14

Die Gesetze des Lebens

Wir haben bereits über das Thema der Ausrichtung auf die Quelle gesprochen – wie dies eure göttliche Blaupause manifestieren wird und über die Notwendigkeit der spirituellen Vorbereitung auf allen Ebenen, damit dies geschehen kann.

Erinnert euch, nur das Göttliche, der Eine, der nie geboren wurde und niemals stirbt, ist der Anbetung wert. Deshalb, verehrt nicht die Meister, die ihren Weg nach Hause gefunden haben. Das wäre wie bei einem kleinen Kind, das sich vorstellt, dass sein Vater allmächtig ist, denn es weiß es nicht besser. Genau das ist es, was Christus, Buddha und anderen erleuchteten Lehrern geschehen ist. Wir verurteilen euch wegen dieses Verhaltens nicht, denn wir sind uns darüber im Klaren, dass eure Handlungen von eurer Bewusstseinsebene bestimmt werden. Die große Mehrheit der Menschen ist fast völlig im kollektiven Unterbewusstsein verloren und nicht in Verbindung mit ihrer göttlichen Natur. Erleuchtete Wesen wie wir führen, wenn wir beispielsweise als Jesus, Mohammed, Buddha oder andere inkarnieren, ein außergewöhnliches Leben. Doch es war nie unsere Absicht angebetet zu werden. Wir wollten unter gar keinen Umständen, dass ihr uns folgt wie blinde Schafe, und eine immer weiter wachsende spirituelle Doktrin aus unseren ursprünglichen Lehren entwickelt. Diese Kern-Lehren haben die grundlegenden Gesetze des Universums und der Schöpfung erklärt, sowohl ihre Anwendung, als auch unterschiedliche Wege zu wahrer innerer Freiheit. Zuerst wurde euch gelehrt, wie ihr diese Gesetze auf euch selbst beziehen könnt und dann, wie ihr entsprechend mit der Welt interagieren könnt. Das ist unser wahres Vermächtnis. Beispielsweise haben wir nicht gelehrt, die von eurem Herzen gewählte Frau nicht zu lieben, aber wir haben euch geraten, euch nicht in dieser starken, als Liebe wahrgenommenen Emotion zu verlieren. Wir haben auch nicht empfohlen, eine gelbe, weiße, schwarze, braune oder rote Robe zu tragen – was später jedoch in den meisten Religionen, die in unserem Namen gegründet wurden, der Fall war, und eine Farbe der anderen vorzuziehen und dann eine eindeutige spirituelle Erklärung für diese Wahl abzugeben, was sich dann im Laufe der Jahre zu einer Ordensregel entwickelt hat.

Menschheit, erwache und erkenne, dass die seit Jahrtausenden überlieferten Lehren geändert, zensiert und manipuliert wurden und heute nur noch wenig Ähnlichkeit mit unseren ursprünglichen Lehren haben, die als Quintessenz der Wahrheit seit Ewigkeiten existieren. Und doch kann die Essenz unserer heiligen Lehren immer noch in allen euren heiligen Büchern gefunden werden. Ihr habt euch in den Übersetzungen, in äußeren Ritualen und in den Steinmauern eurer Tempel verloren. Das war es nicht, was Buddha wollte, auch Jesus, Mohammed, Krishna, Moses oder irgendein anderer Erleuchteter nicht. Wir sind auf die Erde gekommen, um euch den

Weg zur Freiheit zu lehren, inneren Frieden, Stille des Geistes und ein liebendes Herz. Dies sind die grundlegenden Erfordernisse für eure Wiederanbindung an die Quelle.

Wir erheben jetzt gemeinsam unsere Stimmen, und bitten euch zu überdenken, was die Wahrheit in euren religiösen Lehren ist. Beantwortet für euch selbst die folgenden Fragen: ‚Was ist der eigentliche Grund für diese oder jene spirituelle Praxis? Wohin führen mich diese Lehren?' Wenn die spirituellen Lehren euch anleiten, liebevoller zu werden, friedvoller, Mitgefühl und Wahrheitsliebe zu entwickeln, dann ermutigen wir euch fortzufahren. Doch wenn die Lehren euch zu Selbstgerechtigkeit, Arroganz und künstlicher Überlegenheit führen, dann streicht sie aus eurem Leben. Diese Lehren und Übungen sind in den Augen des Allmächtigen wertlos.

Es gefällt unseren Herzen nicht, wenn wir sehen, wie ein Bruder physisch, emotional oder mental gegen einen anderen Bruder kämpft. Traurigerweise beobachten wir das weitgehend. Ihr scheint große Angst voreinander zu haben. Ihr seid im Krieg mit euch selbst, genauso wie mit euren Mitmenschen. Wie kann irgendeine Religion Liebe, Frieden und Wahrheit fordern und in Wirklichkeit Krieg gegen eine andere religiöse Gruppe predigen oder segnen. Trotzdem haben fast alle Religionen alle Zeitalter hindurch in unseren Namen genau diese Einstellung anderen gegenüber eingenommen. Wir wünschen uns, dass diese unmoralische Tradition endlich ein Ende findet.

Das Licht der Wahrheit scheint schon hell auf der Erde. Bald wird dieses Licht der Wahrheit, des Friedens und der Liebe ein für alle Mal Kriege unmöglich machen. Jeder Pfeil der Aggression, den ihr ausschickt, um einen anderen Menschen zu verletzen, egal ob auf der physischen, emotionalen, mentalen oder spirituellen Ebene, wird wie ein Bumerang sofort zu euch zurück kehren. Es wird keine ‚Gnade der Zeitverzögerung' mehr geben. Wenn wir dieses Werkzeug der Gnade entfernen, wird jede Tat für alle von euch quasi sofort Konsequenzen haben. Taten haben faktisch immer Konsequenzen gehabt, doch die dazu eingerichtete Göttliche Gnade und Barmherzigkeit haben zugelassen, dass ihr die Folgen eurer Handlungen zeitverzögert erfahren habt. Wir entfernen dieses ‚Instrument der Gnade' nach und nach, denn ihr habt nichts gelernt. Die Göttliche Gnade hat euch vor den sofortigen Konsequenzen eures Verhaltens geschützt, so wie eine Mutter ein Kissen auf den Boden legen würde, um das Fallen ihres Babys abzufangen.

Doch wie wir zuvor schon erwähnt haben, ist eure Kindheit zu Ende. Es wird keine Kissen mehr geben, die euch weich fallen lassen. Wenn ihr fallt, werdet ihr fallen und den Boden als hart erfahren. Dadurch werdet ihr Gelegenheit haben zu lernen, wie ihr Schmerz in Zukunft vermeiden könnt. Ihr müsst den direkten Zusammenhang zwischen euren Handlungen und den daraus resultierenden Ereignissen erkennen, die sich später in eurem Leben – scheinbar zufällig – ergeben. Es gibt keine Zufälle! Dieser von euch erfundene Begriff bezieht sich auf eine mentale Konstruktion, die in Wirklichkeit nicht existiert. Jeder von euch zieht sowohl das an, was er am meisten liebt und wovor er am meisten Angst hat, als auch die Konsequenzen vorhergehender Handlungen. Das wird als ‚das Gesetz des Karma' bezeichnet. Es gibt also keine Zufälle. Da ist nur die Bühne des Lebens, auf der die universellen Gesetze wirken. Ob ihr nun glaubt oder bezweifelt, was wir gerade gesagt haben, wird nichts an der Tatsache ändern, dass jede Situation eures Lebens durch diese Gesetze kreiert ist. Warum solltet ihr also nicht wünschen mit den ‚Göttlichen Prinzipien der Schöpfung' vertrauter zu werden, damit ihr mit den Herausforderungen des Lebens besser umgehen könnt?

Ihr studiert um Arzt zu werden, Techniker, Zahnarzt, Lehrer usw. und ihr schickt eure Kinder in die Schule, um Lesen, Schreiben, Literatur, Mathematik, Sport, Physik, Biologie, Geschichte, Kunst und viele andere Fächer zu lernen. Doch nur wenige sehen die Dringlichkeit ‚das Handbuch des Lebens' zu verstehen, das die Geheimnisse des wahren Lebens offenbart. Alle eure heiligen Bücher enthalten die

Weisheit und das Wissen für eure Rückkehr zur Quelle. Doch da man die Lehren zu wörtlich genommen hat, gingen die wahren spirituellen Traditionen in der Übersetzung verloren. Auf der anderen Seite wurden die wahren Lehren von Mystikern und geheimen Orden lebendig gehalten. Sie bewahrten die Wahrheit seit Anbeginn der Zeiten. Sollte die ‚Wissenschaft des wahren Lebens', nicht das Erste sein, was ihr lernt, wenn ihr mit eurer Ausbildung beginnt? Würde dieses Wissen euch nicht helfen, euch selbst, eure Mitmenschen und das Leben besser zu verstehen? Wir schlagen nicht vor, dass ihr keine gute Ausbildung und Karriere zum Ziel haben sollt. Doch wenn ihr die ‚wahren Gesetze des Lebens' studiertet, wären die von euch als Menschen gewählten Beschäftigungen gewinnbringender. Denn ihr wäret ein weiserer Arzt, ein liebenderer Lehrer, ein mitfühlenderer Geschäftsmann und ein wirklich zufriedenerer Mensch.

Wir sind uns bewusst, dass wir vielleicht als schwer zufrieden zu stellen erscheinen und als übermäßig kritisch wahrgenommen werden könnten. Das ist nicht unsere Absicht. Wir verurteilen euch nicht. Wir möchten nur unsere Beobachtungen hinsichtlich des wahren Ursprungs eurer Probleme mit euch teilen, denn wir sehen, dass selbst Menschen mit den besten Absichten an den falschen Orten nach Lösungen suchen.

Wie euer großer Wissenschaftler Albert Einstein einmal sagte: „Wir können unsere Probleme in demselben Bewusstseinszustand, in dem wir sie geschaffen haben, nicht lösen." Diese Aussage hat die Essenz unserer Botschaft erfasst, den Sinn dieses Gespräches. Es ist unser Wunsch, dass wir euch dabei unterstützen, euer Bewusstsein weiter zu entwickeln. Denn ihr könnt die Lösungen, die eure Welt dringend braucht, um ihre gegenwärtigen Schwierigkeiten zu beheben, nicht finden, wenn die Mehrheit ihrer Bewohner völlig aus dem Gleichgewicht geraten ist. Ihr müsst diesen Bewusstseinssprung wagen, wenn ihr als Spezies überleben wollt. Es wäre weise, eure spirituelle Unwissenheit zurück zu lassen und ‚die ewigen Gesetze des

Lebens' zu studieren, die die ganze Schöpfung regieren.

Dieser Aufruf ist mehr als eine Einladung – sie ist ein Ruf des Himmels! Wir rufen alle Seelen auf, aus ihrem Schlaf zu erwachen – und die existentiellen Fragen zu stellen: „Wozu bin ich geboren?" – „Wer bin ich?" – „Was ist der Sinn meines Lebens?"

15

ES GIBT NUR LIEBE

Es gibt nur Liebe. Liebe ist Alles Was Ist. Für einige von euch mag diese Erklärung - in Anbetracht der Grausamkeit und des Leidens auf der Erde — zu idealistisch — fast zynisch klingen. Aber es ist nicht unsere Absicht, euren Schmerz nicht ernst zu nehmen und lächerlich zu machen. So leiht uns euer Ohr, öffnet eure Herzen und hört, was wir mitzuteilen haben. Diese Einsichten helfen euch möglicherweise, schwierige zukünftige Ereignisse in einem anderen Licht zu sehen – Situationen, die ihr als Katastrophe bezeichnet hättet, werden dann womöglich als weniger schmerzhaft gesehen – vielleicht sogar als lohnende Chancen für inneres Wachstum.

Leiden entsteht durch den Widerstand gegen das, was ist. Wir möchten euch lehren, euren Widerstand gegen unerwünschte Lebenssituationen aufzugeben und euch ermutigen, mit unseren Augen zu sehen, die ungeachtet aller äußeren Umstände immer nur Liebe wahrnehmen. Ihr wundert euch vielleicht, wie das möglich sein kann, wenn man sich des entsetzlichen Ausmaßes der Schmerzen und Leiden auf diesem Planeten bewusst ist. Wisst, dass wir für jede menschliche Seele tiefes Mitgefühl haben und wir stellen die Authentizität eures Leidens nicht in Frage. Doch hauptsächlich entsteht euer Leiden durch Widerstand gegen das, was ist und durch einen anderen Faktor – Unwissenheit. Die Unwissenheit erkennt nicht die weise Führung eurer Seele und die liebenden Hände des Göttlichen, die euch als Lernaufgabe für bedingungslose Liebe genau die richtigen Umstände liefern. Versteht – das Göttliche hat nur euer inneres Wachstum im Sinn und wird alles tun, was nötig ist, um euch dahin zu führen.

Als Konsequenz eurer Unwissenheit dem gegenüber, was das Leben euch lehren möchte, sind viele von euch im Schmerz gefangen und nicht in der Lage, hinter die Kulissen zu schauen, wo ein liebender Elternteil eine Art von Schauspiel inszeniert, damit ihr eine wichtige Lektion lernen könnt. Doch in diesem Fall ist das Elternteil eure eigene Seele und euer Höheres Selbst. Heißt das, dass ihr selbst diese schmerzlichen Ereignisse in die Wege geleitet habt? Allerdings, genauso verhält es sich! Eure Seele kreiert unter der Führung eures Höheren Selbst all diese Situationen, um euer größtmögliches Wachstum zu unterstützen. Eure Seele und euer Höheres Selbst tun dies aus Liebe zu euch, sodass ihr, als ihre inkarnierte Seelen, heilen und euch wieder auf euer Höheres Selbst ausrichten und dahin zurückkehren könnt, wo ihr euren Ursprung habt – im unbegrenzten, allmächtigen Ozean Göttlichen Bewusstseins.

Wenn ihr das Leben mit unseren Augen sehen könntet, würdet ihr zum Beispiel entdecken, dass der Tod eines von euch geliebten Menschen vielleicht in euer Leben gekommen ist, damit ihr etwas über das große Mysterium des Todes lernen könnt. Vielleicht spürt ihr diesen geliebten Menschen noch oder habt sogar seelischen Kontakt zu ihm, nachdem er seinen physischen Körper verlassen hat. Folglich überprüft ihr euren Glauben in Bezug auf den Tod noch einmal und entdeckt, dass der Tod in dem Sinne, wie ihr zuvor geglaubt habt, gar nicht existiert. Oder ihr müsst euch entgegen eurem Willen von einem Menschen trennen, und ihr erlangt durch diesen schmerzlichen Vorgang ein tieferes Verständnis davon, wer ihr seid. Dann erkennt ihr vielleicht, dass ihr euch geirrt habt zu glauben, dass wahre Liebe bedeutet, eure Macht abzugeben. In Folge dieser Einsicht begebt ihr euch auf eine heilende innere Reise, um euch auf einer tieferen Ebene wieder zu finden als je zuvor. Was zuerst eine Katastrophe zu sein schien, hat sich rückblickend als wahrer Segen offenbart. Haben einige von euch nicht ähnliche Situationen erlebt?

Jede Situation und jeder, der in euer Leben kommt, ist ein Segen und dazu da, damit ihr wachsen könnt – damit ihr lieben lernt, euch und andern vergebt und ehrlich euch selbst gegenüber werdet. Alles in eurem Leben ist in göttlicher Perfektion arrangiert, um euch heil zu machen und euch eurer wahren Natur näher zu bringen. Also, jedes Mal, wenn ihr Widerstand jemandem gegenüber spürt oder eine beängstigende und schmerzvolle Situation eintritt, atmet tief durch und macht eine Pause. Zieht eure Aufmerksamkeit aus der äußeren Welt zurück und geht nach innen. Findet das heilige Portal eures Herzens zum Reich der Weisheit und des Friedens. Tretet in den Raum der Stille eures Herzens ein. Nur dort werdet ihr in der Lage sein, die wahre Absicht eurer Seele und eures Höheren Selbst zu verstehen, die bereits vor eurer Inkarnation damit einverstanden waren, was geschehen wird. Um euch mit uns zu verbinden, müsst ihr euch vom Lärm der Welt zurückziehen und den heiligen Raum eures Herzens betreten. Ihr werdet mit unseren Augen sehen, und ihr werdet erkennen, dass sich sogar hinter dem tiefsten Schmerz nur Gottes Liebe und Weisheit befinden, die euch zu größerer Achtsamkeit – zu einem größeren Leben führen.

Ruft uns, wenn Widerstand und Schmerz euch im Ozean der Angst zu ertränken drohen und ihr für das, was real ist, blind werdet.

Wir werden da sein, um eure Augen für die tiefere Bedeutung die hinter den äußeren Ereignissen liegen, liebevoll zu öffnen und euch eure Entwicklungsmöglichkeit zu offenbaren. Dann werdet ihr erkennen, wie sehr euer Vertrauen gewachsen ist – beispielsweise, nachdem ihr eure finanzielle Sicherheit verloren habt. Vertrauen, das zuvor in materieller Sicherheit verankert war, ist jetzt in innerer Sicherheit verankert, geboren aus dem Glauben an euch selbst und an das Göttliche. Ihr werdet bemerken, dass euer Herz sich wirklich geöffnet hat, seit es gebrochen wurde, weil ihr jemanden verloren habt, den ihr liebt. Ihr werdet all des Segens, der aus unerwünschten Situationen geboren wurde, gewahr werden, und beginnen, die wahre Welt zu sehen, die hinter dem Lärm eurer äußeren Welt liegt. Euer äußeres Leben ist nichts als eine perfekte Bühne, eine Illusion, ein von euch — für euch — erschaffenes lebendes Hologramm, – um euer Bewusstsein zu erweitern. Wenn ihr die wahre Welt betretet, werdet ihr erkennen, dass da nichts als Liebe ist. Da ist nur Liebe. Liebe ist Alles Was Ist.

Wir laden euch ein, in jeder Situation um innere Führung zu bitten, in der Widerstand und Verwirrung euch überschwemmen und Leiden erzeugen. Verbindet euch durch euer Herz mit uns und ihr werdet Antwort erhalten. Ihr werdet schmerzliche und schwierige Situationen erleben, die sich dann als Werkzeuge für eure Heilung entpuppen. Tiefste Wunden werden sich in eine Quelle größter Stärke verwandeln. Ihr werdet mit immer weniger Widerstand durch euer Leben gehen, bis nur noch ein bedingungsloses ‚Ja' zum Leben da ist. Wenn es nichts und niemanden mehr gibt, den ihr nicht lieben könnt, werdet ihr jeden und alles durch die Augen der Liebe wahrnehmen und wissen, dass ihr wahrlich zu Hause seid.

Wir fühlen schon die unsagbare Freude, die alle Universen erfassen wird, wenn ihr nach Hause kommt! Wir sind uns gewiss, dass ihr früher oder später in eurem Bewusstsein an diesen Punkt kommen werdet. Wo wir herkommen, gibt es keine Zeit, die gibt es nur hier auf dieser Bühne, die Erde genannt wird. Wir warten im Himmel auf euch.

16

IHR BEFINDET EUCH IN DER TRANSFORMATION

Wir möchten euch zu dem, was sich im Bezug auf die prophezeite Wandlung auf Erden schon entwickelt hat, weitere Erklärungen anbieten. Die gegenwärtige Situation könnte mit einer globalen Baustelle verglichen werden. Stellt euch euren Planeten als einen schönen, aber alten Palast vor – ein bisschen heruntergekommen und ohne moderne Einrichtungen, wie ein Badezimmer, sanitäre Anlagen und Elektrizität. Ihr möchtet diesen wundervollen Palast restaurieren, denn ihr liebt seine Atmosphäre und Schönheit. Doch das ganze Gebäude muss verbessert und dem modernen Standard angepasst werden. Wart ihr einmal in einem alten Haus, das gerade restauriert wird? Wir nehmen an, dass die meisten von euch dies einmal gesehen haben und bitten euch, euch an euren ersten Eindruck zu erinnern. Sah es zu manchen Zeiten nicht eher wie ein Abriss aus als eine Baustelle? Genau darauf möchten wir hinweisen, sodass ihr das Ausmaß dieser die ganze Welt und euch persönlich betreffende Transformation wirklich versteht.

Ihr Lieben, ihr werdet alle 'umgebaut' – der ganze Planet wird umgebaut. Das ist der Grund dafür, dass vieles keinen Sinn mehr zu machen scheint. Nur noch wenig funktioniert so wie zuvor – nicht einmal das Klima. Es sieht so aus, als ob alles auf allen Ebenen erschüttert und die Grundlagen des Lebens zunehmend instabil würden. Das ist tatsächlich der Fall, und es passiert mit voller Zustimmung eurer Seelen. Ihr mögt euch vielleicht wundern, warum eure Seelen zugestimmt haben, solche verunsichernde Zeiten zu erfahren. Was könnte der mögliche Nutzen davon sein?

Lasst uns, um eine befriedigende Antwort zu finden, zu der Analogie mit der Baustelle zurückkehren. Bevor die Restaurierung beginnen kann, müsst ihr alles entfernen, was lose und unbrauchbar ist. In manchen Fällen muss das elektrische Leitungssystem erneuert werden und neue Stromleitungen müssen gelegt werden. Ihr müsst vielleicht das Dach abreißen und ein neues bauen, die Dachbalken, alte Fenster und sogar Türen ersetzen. Um mit der Restaurierung beginnen zu können, müsst ihr das Alte zuerst abbauen und den Schutt von der Baustelle entfernen. Dieser Vorgang kann als Vergleich zu dem herangezogen werden, was auf der physischen, emotionalen, mentalen und spirituellen Ebene mit euch passiert, um euch bei eurem Erwachen und eurer Ausrichtung auf die Quelle zu unterstützen.

Noch nie dagewesene Ereignisse erschüttern das Zentrum eurer Identität selbst oder was ihr als solches wahrnehmt, mit dem einzigen Zweck, euch von falschen Konzepten zu befreien und euch zu ermutigen, eure Maske durch euer wahres Selbst zu ersetzen. Es kommen zum Beispiel Menschen in euer Leben, die euch herausfordern und eure ‚Knöpfe drücken', damit ihr mit euren tiefsten Ängsten und eurem versteckten Schmerz in Kontakt kommt. Und das nur aus einem Grund, dass ihr euch eurer nicht geheilten Wunden bewusst werdet, die euer Ganzwerden verhindern. Euer Leben ist ein lebendiges Hologramm, in dem die Illusion, in der hinduistischen Tradition ‚Lila' oder ‚Maya' genannt, mit Göttlicher Perfektion eingebaut ist. Das himmlische Spiel hat nur ein Ziel: euch vollständiger und heiler werden zu lassen und euch zu ermöglichen, begrenzende Verhaltensmuster, Bindungen und Ängste loszulassen. Das euren Planeten überflutende Licht der Quelle bewirkt diesen Prozess.

Was individuell und auch kollektiv mit euch passiert steht in engem Zusammenhang mit diesen Frequenzen. Die Frequenz dieses Planeten hat sich während der letzten Jahrzehnte allmählich aber beständig erhöht. Ihr habt jetzt einen Punkt erreicht, ab dem nichts so bleiben kann und wird, wie es war. Die Zeit, in der ihr euch ein 'spirituelles Nickerchen' leisten konntet und euch vor euch selbst verstecken konntet, ist vorbei. Bald wird jede einzelne Seele die Wirkung des einströmenden Lichtes fühlen.

Ihr erlebt den Abbau all dessen, was euch auf der physischen, emotionalen, mentalen und spirituellen Ebene nicht mehr länger von Nutzen ist. Diese Demontage kann entweder mit eurer Zustimmung und Einsicht in ihre heilende Natur und Notwendigkeit dieses Vorgangs stattfinden, oder sie wird sich ohne eure bewusste Einwilligung entfalten und Verwirrung sowie das Auftauchen anderer beunruhigender Emotionen verursachen. Ihr habt die Wahl, diesen Vorgang entweder willkommen zu heißen, oder dieser machtvollen Veränderung, die sich unabhängig von eurer Entscheidung entfaltet, weiterhin blind gegenüber zu stehen. Auf einer höheren Ebene haben alle eure Seelen bereits zugestimmt, sich an dieser außergewöhnlichen spirituellen Wandlung zu beteiligen. Erinnert euch, nichts kann ohne die Zustimmung des freien Willens eurer Seele geschehen – das ist Göttliches Gesetz.

Lasst uns jetzt zu dem Bild der Baustelle zurückkehren. Einige von euch sind in dem Stadium, alles zu entfernen, was nicht mehr funktioniert. Auf den ersten Blick sieht das Ganze chaotisch aus, so, als ob ihr das Haus zerstören würdet – doch in Wirklichkeit zerstört ihr, was euch nicht mehr dienlich ist. In der hinduistischen Tradition wird dieser göttliche Aspekt Shiva oder Kali genannt. In alten Zeiten wurde dieser Aspekt der Zerstörung als notwendig und sinnvoll erachtet – vorausgesetzt er fand zum Zweck der Erneuerung und Wiederbelebung statt. Wenn das auf die Geschehnisse auf der Erde übertragen wird, heißt das, dass die mit der Zerstörung des Alten einhergehende Verunsicherung notwendig und unvermeidbar ist, aber vorübergehender Natur. Dieser Prozess wird nur so lange andauern, wie ihr benötigt, euch von euren alten schädlichen Bindungen und falschen Identifizierungen zu lösen. Er bereitet euch auf eine neue Art und Weise vor, sich auf die Welt, auf eure Mitmenschen und euch selbst zu beziehen. Dies ist bei der Erneuerung eures Hauses der erste, notwendige, auf den Prinzipien der Wahrheit und der Liebe basierende Schritt, um euch wahre innere Stabilität zu verschaffen. Ihr müsst euch nicht mehr länger auf die leeren Versprechungen eurer Masken verlassen und die daraus resultierenden Enttäuschungen hinnehmen.

Doch viele von Euch verhalten sich wie Hausbesitzer, die nicht bemerkt haben, dass ihr Gebäude umgebaut wird. Ihr beklagt euch über den Schmutz und den Lärm, möchtet alles so lassen, wie es war und vergießt sogar Tränen über die ‚offensichtliche' Zerstörung eures Hauses. Ihr könnt den entscheidenden Sinn dieses Vorgangs nicht verstehen und seid folglich nicht in der Lage zu erkennen, dass er in Wirklichkeit der Verbesserung eures Heims dient. Demgemäss fahrt ihr mit euren zwecklosen Klagen fort und bleibt in einem Zustand der Verwirrung und des inneren Widerstandes, was nur zu weiteren Fehlinterpretationen und Unzufriedenheit führt. Diese Analogie reflektiert, wie die meisten Bewohner der Erde auf die zur inneren und äußeren ‚Erneuerung' dienenden Ereignisse reagieren.

Wir möchten euch daran erinnern, dass ihr euch alle dafür entschieden habt, zu dieser Zeit hier zu sein und dadurch euer Einverständnis gegeben habt, an dieser Transformation teilzuhaben. Ihr wart alle geradezu erpicht darauf, euch zu inkarnieren und in diesen außergewöhnlichen Zeiten dabei zu sein. Wir laden euch ein uns zu Hilfe zu rufen, wann auch immer ihr euch von negative Emotionen überwältigt fühlt. Dann werden wir euch Klarheit und Einsichten höherer Weisheit schicken.

Versteht, dass die Menschheit und der Planet Erde erneuert werden, um ihre Frequenz zu erhöhen. Dieser Prozess ist in vollem Gange. Es gibt kein Zurück. Metaphorisch gesprochen haben wir die Wände schon eingerissen, die kaputten Rohre herausgerissen und das Dach abgedeckt. Wir wissen, dass ihr euch nicht wohl fühlt – unbehaglich – und das ist gut so, denn in einer bequemen Komfortzone wachst ihr nicht, lernt ihr nicht. In einigen von euch hat der ‚Vorgang der Neuverdrahtung' schon begonnen und es wurden ‚neue Wände' gebaut. Bei einigen wenigen von euch wurde schon ‚ein neues Dach' gebaut und die Renovierung geht der Vervollständigung entgegen. Es entfaltet sich alles entsprechend eurer Bereitschaft oder eures Widerstandes, beides wird bestimmt durch euren Bewusstseinszustand.

Alle Ereignisse in eurem Leben dienen dazu, dass ihr zu eurem wahren Potential erwacht. Wie wir zu Beginn unserer Konversation erwähnten, versprechen wir euch keinen Spaziergang im Rosengarten. Jedenfalls jetzt nicht, denn ihr seid mitten in der größten kollektiven Umgestaltung, die der Planet je erlebt hat. Nachdem die Schwerarbeit getan ist, werden eure innere und äußere Welt wie ein Rosengarten sein, in dem Frieden, Liebe und Wahrheit herrschen. Ihr werdet durch euer eigenes Sein den Himmel auf die Erde bringen. Bis dahin gibt es noch viel Arbeit. Diese Arbeit kann jedoch nur gelingen, wenn ihr gut informiert seid und euch selbst bewusst heilt und dadurch euren Widerstand dieser heiligen Transformation gegenüber aufgebt.

Denkt daran, alles in eurem Leben wird vom Göttlichen mit nur einem Ziel eingerichtet – euch zu tieferer Liebe, zu Frieden und Wahrheit zu führen und euch nach Hause zu geleiten. Ihr könnt auf dem schnellsten Weg in den Himmel gelangen, indem ihr euren inneren Widerstand auflöst. Indem ihr dem, was ist, nicht widerstrebt, werdet ihr eure Herzen und eure inneren Ohren öffnen und das Lied eurer Seele hören, das euch sicher durch die Stürme des Lebens führt. Zusammen mit eurer eigenen Seele singen wir dieses Lied für euch.

17

Integrität

Wir wissen, dass es nicht leicht für euch zu verstehen ist, dass das Göttliche direkt zu euch spricht. Nur wenige von euch können wirklich glauben, dass das geschieht. Für uns ist das nicht wichtig. Es ist nur wichtig, dass ihr unsere Lehren voll und ganz versteht und sie in eurem täglichen Leben anwendet. Wissen, das nur im Kopf gespeichert ist, das man diskutiert und bespricht, hat in den Augen des Ewigen keinen Wert – es gehört euch nicht. Ihr müsst leben, was ihr wisst und glaubt, dann ist es integriert. Dann besitzt ihr das Wissen und die Lehren werden lebendig in euch. Ihr werdet ein lebendes Beispiel für den Frieden, die Liebe und die Wahrheit. Das ist die wahre Bedeutung des Begriffs ‚die lebendige Bibel'. Das ist was wir sind, und wir laden euch ein, auch zu dem zu werden.

Lebt das, von dem ihr glaubt, dass es die Wahrheit ist. Hört auf, euren überlasteten Verstand mit noch mehr Wissen zu füttern, wenn ihr nicht in der Lage seid, dieses Wissen in die Praxis umzusetzen. Außerdem, haltet euch fern von fruchtlosen und theoretischen spirituellen Diskussionen. Versucht nicht, andere mit Worten zu überzeugen; lebt stattdessen entsprechend eurer Überzeugungen und werdet so ein lebendiges Beispiel der Wahrheit. Das wird die Aufmerksamkeit eurer Mitmenschen auf sich ziehen. Sie werden die Andersartigkeit in euch spüren und möchten vielleicht wissen, wo euer Friede, eure innere Kraft und Liebe herrühren. Dann könnt ihr über eure spirituelle Reise sprechen und eure Worte werden Macht haben. Könnt ihr den Unterschied zwischen sinnlosem Predigen und wahrem Lehren sehen? Ein wahrer Lehrer predigt nie, denn er weiß, wann eine Seele so weit ist. Ein wahrer Lehrer lebt so wie er redet, wohingegen ein Prediger darüber redet, wovon er noch träumt. Woher kann er das Gefühl kennen und den Blick von der Spitze des Berges beschreiben, wenn er den Gipfel selbst noch nicht erklommen hat? Er kann es nicht. Ein Prediger bezieht sich nur auf das Wissen anderer, die den Weg zur inneren Freiheit gefunden haben. Wisset, dass ein Lehrer euch nur bis zu dem Punkt im Bewusstsein führen kann, den er selbst persönlich erreicht hat. Alles Übrige besteht aus Interpretation und Spekulation.

Bedauerlicherweise wurden alle religiösen Systeme in unseren Namen auf diese Weise etabliert. Wir sind auf den Berggipfel gestiegen, haben unseren Schülern den Weg beschrieben und ließen sie an dem Blick teilhaben, den wir genossen, als wir die Spitze erreichten. Im Laufe der Zeit interpretierten und spekulierten die Anhänger der Anhänger, deren Anhänger usw. über den Blick vom Berggipfel. Sie konnten die Wahrheit von ihren Geschichten nicht mehr unterscheiden. Wie könnten sie? Es ist unmöglich zu wissen, wie man sich auf dem Gipfel fühlt, wenn man erst das erste Drittel des Anstiegs hinter sich gebracht oder die Reise kaum angetreten hat. Selbst im letzten Drittel sind die Freude, die Freiheit und die atemberaubende Sicht, die ihr auf dem Gipfel erlebt, noch unvorstellbar.

So wie bei einer Bergbesteigung ist es auch bei eurer spirituellen Reise: das letzte Drittel ist das steilste und der Schüler muss sich sehr stark auf jeden Schritt konzentrieren. Er muss Minute für Minute leben und sich vollkommen darauf vertrauen, dass er überleben wird. Nur das Leben im ewigen Jetzt wird die Tore zum universellen Wissen, die der Eingeweihte im letzten Teil seiner Reise durchschreiten muss, öffnen. Er muss alles geben, um auch nur noch ein bisschen weiter klettern zu können. Wir fragen euch jetzt, wie kann ein Schüler, der diese extreme Erfahrung macht, wissen, wie die Sicht ist und wie es sich anfühlt, wenn man auf der Spitze des Berges ist? Er kann es nicht wissen – seine Interpretation wird immer von seinen Bemühungen gefärbt sein, von Erschöpfung und Konzentration, die auf dem letzten Teil der Reise absolut notwendig sind. Wenn euer Bewusstsein seinen Höhepunkt erreicht hat und ihr ‚die Meister der Welt' – eurer eigenen Welt – seid, fallen alle Anstrengungen von euch ab. Ihr habt euch selbst erobert; ihr habt euch selbst gemeistert. Ihr seid frei von der Knechtschaft der Illusion. Jetzt versteht ihr; es bedarf keiner Worte mehr. Ihr seid dann Alles Was Ist, War und Jemals Sein Wird.

Nur ein erleuchteter Lehrer kann euch die Lehre klar vermitteln. Jemand mit einem niedrigeren Bewusstsein als dem eines Erleuchteten muss sich auf Interpretation und Spekulation verlassen. Er hat möglicherweise interessante Philosophien über den Weg und das Ziel zu bieten, doch seine Sichtweise ist nicht durch direkte Erfahrung und absolute Freiheit untermauert. In Wirklichkeit wissen sie nicht, worüber sie reden. Niemand weiß, was er nicht selbst erfahren hat. Wohlmeinende Schüler haben mit unseren Lehren Organisationen gegründet, die sich dann zu Religionen entwickelt haben. Sie haben uns zu ihren Führern gemacht haben und somit euch mit Wissen aus zweiter Hand versorgt. Doch dieses Wissen entspricht nicht der Realität. Manchmal ist das sogar so weit gegangen, dass unsere Lehren in ihr genaues Gegenteil verkehrt wurden. Jemand, der die Meisterschaft über sich selbst nicht erlangt hat, kann euch nicht lehren, ein Meister zu werden. So einfach ist das. Die Wahrheit spricht immer für sich selbst.

Doch unsere wahren Lehren haben – im Untergrund versteckt – überlebt. Sie wurden von Eingeweihten einer hohen Ebene an deren Schüler vermittelt – oft mit Angst um die Sicherheit ihres Lebens. Gegen diese Mysterienschulen hat das religiöse Establishment, das die Massen geführt und kontrolliert hat, opponiert und ihre Mitglieder wurden oftmals verfolgt. Wie wir bei verschiedenen Gelegenheiten zuvor erwähnt haben, kann nichts, das nicht in Übereinstimmung mit der Wahrheit, dem Frieden und der Liebe ist, mit in die neue Welt hinüber genommen werden, denn die neue Erde schwingt auf einer höheren Frequenz. Die etablierten religiösen Systeme müssen sich grundlegend verändern oder sie werden vom Erdboden verschwinden. Alle Religionen, die dem Paradigma der Wahrheit nicht dienen, werden fallen — ebenso alles, was seine Schwingung nicht erhöht.

Vielleicht fragt ihr euch, wer wird uns denn lehren? Wir – die Quelle, das Göttliche selbst und all unser Wissen, zu dem ihr durch Gebet und Meditation einen direkten Zugang habt. Wir sind für jede menschliche Seele da, die bereit ist, die Gesetze des wahren Lebens zu studieren. Euer Herz ist wie ein Handy und unsere Nummer ist schon darin gespeichert. Ihr braucht nur eure Herzen zu öffnen und uns zu rufen – wir hören euch, egal wo ihr seid. Wir werden immer zuhören und unsere Führung anbieten. Ihr müsst es vielleicht erst üben, unsere Stimmen klar zu hören, denn eure Ohren sind so sehr an den Lärm der Welt gewöhnt. Ihr braucht Geduld, Ausdauer und Übung, um die Stimme der Stille in euren Herzen flüstern zu hören, doch nur durch das Herz ist direkte Kommunikation mit dem Göttlichen möglich.

Ihr könnt euch auch einer Studiengruppe für spirituelle Entwicklung anschließen, die immer beliebter werden. Doch achtet darauf, eure Macht nicht abzugeben, denn die Zeit der Gurus ist zu Ende. Wisset, dass spirituelle Lehrer und Gurus nur eure älteren Brüder und Schwestern sind, die euch zu eurem eigenen Licht führen. Lernt zu unterscheiden. Seid vorsichtig, wenn jemand versucht, eure Aufmerksamkeit auf den Schein seines eigenen Lichtes zu lenken. Seid euch bewusst, dass diese Person etwas über die Illusion ihres spirituellen Egos lernen muss. Lernt tief nach innen zu gehen, öffnet, weitet, heilt und reinigt euer Herz, und ihr werdet unsere Stimme jedes Mal, wenn ihr uns ruft, ein bisschen klarer hören. Ihr werdet unsere Gegenwart durch den Frieden in euren Herzen wahrnehmen, während wir mit euch kommunizieren. Schließt das Fenster zur äußeren Welt – was nicht heißt, dass ihr ein Einsiedler werden müsst – doch betretet den Eingang zu der heiligen Welt eurer Herzen. Wählt unsere Nummer, indem ihr euer Herz öffnet, und ihr werdet geistige Führung erhalten.

Wir möchten euch ein Geheimnis offenbaren. Es ist das ewige Versprechen, das der Menschheit von Anbeginn gegeben wurde, dass Gott für euch da ist. Jede wahre spirituelle Lehre sprach von dieser einfachen Hinwendung in die innere Welt. Da, im innersten Zentrum eures Herzens, wartet euer wahrer Göttlicher Lehrer geduldig darauf, dass ihr bereit seid. Das Göttliche war und ist immer da. Doch viele von euch haben es vorgezogen, den Irrungen des äußeren Lebens zu folgen oder sich in religiösen Regeln und Vorschriften zu verlieren. Und indem sie das taten, vergaßen sie dieses einfache Versprechen Gottes an seine Schöpfung. Gottes Liebe ist immer für euch da! Wenn ihr dies tief in eurer Seele wirklich glauben und wissen würdet, dann würdet ihr schon jetzt im Paradies leben. Ihr findet es nicht nur schwer zu glauben, dass ihr persönlich mit dem Göttlichen Kontakt aufnehmen könnt, und zwar ohne die Hilfe eines Priesters, Gurus oder eines anderen spirituellen Lehrers, sondern die meisten Menschen vertrauen Gott einfach nicht. Ihr bezweifelt, dass Gott sich um euch kümmert, euch liebt, und euch in Göttlicher Vollkommenheit alles geben wird, was ihr braucht. Lasst uns jedoch unsere Gedanken zu anderer Zeit diesem tiefen Schmerz widmen, der in allen von euch sitzt. In der Zwischenzeit nehmt unsere Liebe einfach an.

18

IHR VERTRAUT GOTT NICHT

Ihr vertraut Gott nicht. Ihr vertraut eurem Allmächtigen Schöpfer nicht. Dies ist eine provokative Aussage. Trotz aller Gebete, Meditationen und verschiedenster spiritueller Übungen, haben die meisten von euch ihre tiefste Wunde noch nicht geheilt, den Ursprung eurer inneren Zerrissenheit – euer Misstrauen Gott gegenüber – den Schmerz über die Trennung von der Quelle allen Lebens. Die meisten von euch vertrauen mehr ihrer Versicherungsgesellschaft als Gott. Hier liegt die Grundursache eures Schmerzes. Unbewusst glaubt ihr alle zutiefst an die Illusion, dass ihr vom Göttlichen getrennt seid. Ihr seid überzeugt, dass ihr nicht gut genug seid und dass ihr hart arbeiten müsst, um der Liebe Gottes wert zu sein. Wie absurd, wo ihr doch als menschliche Eltern eure Kinder liebt, ungeachtet dessen, was sie tun. Wie könnte es möglich sein, dass wir als eure ‚göttlichen Eltern' Bedingungen an unsere Liebe knüpfen. Müssen eure Kinder perfekt sein? Müssen sie hart arbeiten, um eure Liebe zu verdienen? Oder liebt ihr sie, so wie sie sind?

Diese Liebe war vom Moment ihrer Geburt an da. Diese Liebe entstand mühelos in eurem Herzen, ohne eure Willensanstrengung. Ja, so fühlt sich das auch für uns an. Wir lieben euch. Manchmal schütteln wir, wie alle Eltern das tun, vielleicht mit dem Kopf, wenn wir euch betrachten. Bei anderen Gelegenheiten sind wir sehr stolz auf euch, wenn ihr euch mehr und mehr darauf besinnt, wer ihr wirklich seid. Doch weder unser Stolz auf euch, noch unsere kritischen Beobachtungen beeinflussen die Liebe, die euch allen ununterbrochen aus dem Herzen Gottes zuströmt.

Warum zweifelt ihr also daran, dass ihr geliebt werdet, dass Gott sich um euch kümmert und für euch da ist? Die Verbindung zwischen uns ist unsererseits immer intakt. Seit eurer Schöpfung war das Göttliche immer offen und in kontinuierlichem Kontakt mit euch. Doch eurerseits war das anders. Wir sehen, wie ihr davon rennt, versucht euch zu verstecken, euch wertlos, nicht spirituell genug, unvollkommen oder nicht liebenswert fühlt. Dies sind nur einige wenige Beispiele der zahllosen negativen Botschaften, die ununterbrochen aus dem Unterbewusstsein der Menschheit aufsteigen. Wisst ihr, was energetisch geschieht, wenn ihr diese negativen Gedanken mit den entsprechenden Emotionen aussendet? Das ist wie bei einer Blume, die sich dem Sonnenlicht total verschließt. Ihr verschließt alle eure Blütenblätter, die sich im Sonnenlicht eigentlich baden sollten. Wenn ihr glaubt, dass ihr unvollkommen, nicht liebenswert, der Liebe Gottes nicht wert seid, dann schneidet ihr euch vom Göttlichen ab und bestätigt mit diesen negativen Gedanken eure bestehenden falschen und limitierenden Überzeugungen. Als Ergebnis dieser negativen Schwingungen fühlt ihr euch umso mehr getrennt und allein, und Gott scheint nicht zu existieren. Es fühlt sich so an, als ob sich niemand um euch kümmert und ihr euch sehr anstrengen müsst, um überhaupt etwas zu erreichen, irgendetwas. Diese destruktiven, verinnerlichten Glaubenssätze bestätigen weiterhin eure Ängste und werden sich als sich selbst erfüllende Prophezeiungen in eurem Leben manifestieren.

Der einzige Ausweg aus diesem Dilemma ist, damit aufzuhören, diesen limitierenden Gedanken und Gefühlen Energie zu geben und sie durch positive, wahrhaftige Affirmationen wie beispielsweise diese zu ersetzen:

1. Ich werde in jeder Sekunde meines Lebens seit jeher und für immer vom Göttlichen mit allem, was ich bin, bedingungslos geliebt.
2. Es gibt keine Trennung zwischen dem unendlichen Bewusstsein, das ich Gott nenne, und mir – wir sind eins.
3. Ich bin von meinem Schöpfer umsorgt und geliebt.
4. Ich bin Liebe.

Alles was ihr tun müsst, ist euch für das Göttliche zu öffnen, indem ihr euch selbst bedingungslos liebt. Ihr müsst euch wieder mit der Liebe verbinden, und diese Affirmationen werden euch erlauben, genau das zu tun. Liebe, Unterstützung, Ermutigung, Stille, Verständnis, Freundlichkeit, Geduld und Frieden mit euch selbst, öffnen euch für die Quelle. Selbstverurteilung, Minderwertigkeitsgefühle, das Streben nach unmöglicher Vollkommenheit, zu hohe Erwartungen und die Unfähigkeit zu vergeben, schneiden euch jedoch von der Quelle ab. Anders ausgedrückt könnte man sagen: Jeder negative Gedanke und jede negative Emotion trennt euch vom Göttlichen, das ihr in Wahrheit seid, wohingegen euch positive Gedanken und Gefühle für eure wahres Wesen öffnen.

Der Glaube, niemals gut genug zu sein, scheint tief in der

menschlichen Psyche zu sitzen. Wie können diese negativen Überzeugungen transformiert werden? Die einzige Möglichkeit, unerwünschte Emotionen zu verändern, ist sie anzunehmen. Wenn ihr sie bekämpft, werdet ihr nur das verstärken, was ihr ablehnt. Kämpft also nicht, liebt statt dessen den Teil, der an eure Unvollkommenheit glaubt. Solch ein Aspekt handelt nur auf diese Art und Weise, weil er so konditioniert wurde, um euer Überleben zu sichern, und dieses angelernte Verhalten hat euch einmal gedient. Doch heute sabotiert er euer Leben und braucht Heilung. Versteht den Aspekt, kommuniziert mit ihm, umarmt ihn und sendet ihm Liebe. Liebe! Liebe! Liebe! Wenn dieser Teil von euch genügend Liebe bekommen hat, wird die Wunde sich schließen und heilen. Dann werdet ihr in der Lage sein, diesen verstoßenen Aspekt in euer Wesen zu integrieren. Dies ist die einzige Möglichkeit, die Spaltung zu heilen, Schicht für Schicht, bis alle eure Aspekte wissen, dass ihr eins seid mit dem Göttlichen und ihr fühlt, dass ihr eurem Schöpfer unter allen Umständen vertrauen könnt. Dann werdet ihr mit Sicherheit wissen, dass euch die Quelle allen Lebens immer genau das gibt, was ihr braucht.

Es gibt für jede Seele eine Zeit, in der sie bewusst mit der Tatsache konfrontiert wird, dass sie Gott nicht vertraut. Wenn ihr bereit seid, euch dem zu stellen, wird das eine der lohnendsten inneren Reisen sein, die ihr je unternommen habt. Wir wünschen uns, dass ihr alle Mechanismen, die ihr eingerichtet habt, um euch sicher zu fühlen, gründlich prüft. Ihr müsst ehrlich all eure Bemühungen betrachten, einschließlich eurer subtilsten Techniken zur Kontrolle und Manipulation, die ihr für eure innere Sicherheit entwickelt habt, vergleichbar einem Sicherheitsnetz bei einem Seiltänzer. Um aber die innere Spaltung wirklich zu heilen, müsst ihr die tiefere Ursache eures Schmerzes heilen. Ihr müsst nicht nur eure ungeliebten Aspekte heilen, ihr müsst auch euer Sicherheitsnetz loslassen. Ihr müsst lernen ohne Netz auf dem Seil tanzen.

Wahres Vertrauen kann nur im Unbekannten gefunden werden:

in offensichtlicher Gefahr, nicht, wenn ihr wisst, dass ihr für den Fall, dass ihr fallt, ein doppeltes Netz unter euch habt. Wirkliche innere Sicherheit kann nur in eurem tiefsten, inneren Zentrum gefunden werden. Ihr könnt nur dort lernen zu vertrauen, wo kein Vertrauen ist, Geliebte. Dies ist eine Reise für das mutige Herz, der einzige Weg, der euch zu echtem Vertrauen führt, das die Freiheit selbst ist. Wer bis zum Ende auf dem Seil geht, hat seine Spaltung geheilt und sein Vertrauen in das Göttliche wieder hergestellt. Euer Gleichgewicht auf dem Seil wird von eurem Glauben an das Unmögliche und von dem Grad eures Vertrauens in die Möglichkeit, dass das Unmögliche eure Realität werden kann, bestimmt sein. Es wird von eurer Fähigkeit, eure alte Geisteshaltung loszulassen und euch mit dem Göttlichen zu vereinen, abhängig sein. Ihr seid die Einzigen, die diese Einheit vehement verleugnen. Geht in das Unbekannte, Ihr Lieben. Nur da werdet ihr die lang verlorenen Eigenschaften eines spirituellen Kriegers, eines Christus im Kindergarten-Stadium finden. Vertraut, dort wo kein Vertrauen ist. Dann werdet ihr entdecken, dass ihr in jeder Sekunde eures Lebens auf die liebevollste Art und Weise umsorgt werdet. Ihr wart niemals allein, denn wir trugen euch, als ihr zu schwach wart, allein zu gehen.

Ihr werdet dann auch erkennen, dass das Bewusstsein der meisten Menschheit durch den Glauben an die Trennung von der Quelle in einer der größten Illusionen gefangen ist. Ihr werdet mit uns lachen, wenn ihr auf der anderen Seite des Schleiers angekommen seid und diese Illusion durchschaut. Die innere Erfahrung, eure Einheit mit dem Göttlichen zu entdecken, die Tatsache, dass ihr Göttlich seid – die Liebe, die sich selbst umsorgt – ist durch den Weg der Einweihung schon in diesem Leben möglich. Ihr müsst diese Erkenntnis nicht bis zu dem Vorgang der Wandlung, den ihr Tod nennt, aufschieben, auch wenn dort diese Einsichten dann oft natürlich erscheinen. Dann werdet ihr die tiefere Bedeutung des Ausspruchs von Jesus wirklich verstehen, die besagt, dass der Mensch erst sterben und wieder geboren werden muss, um das Königreich Gottes zu betreten. Euer Lachen wird laut im Universum wieder hallen. Ihr werdet dann erkennen, dass ihr frei seid und euch darüber wundern, wie ihr jemals annehmen konntet, von der Quelle allen Lebens getrennt zu sein, wie es jemals möglich war, Gott nicht zu vertrauen. Wie in aller Welt konntet ihr jemals glauben, nicht gut genug zu sein, um geliebt zu werden. Es wird so sein, dass ihr euch selbst kaum mehr daran erinnern könnt.

19

IHR SEHNT EUCH NACH EUREM WAHREN SELBST

Ihr Lieben, ganz egal wonach ihr euch sehnt und was ihr im Leben versucht zu erreichen, es ist in seiner Essenz die verdeckte Sehnsucht zur Quelle allen Lebens heimzukehren – zu eurer Wahren Natur. Jedes Mal, wenn ihr euch einen Wunsch erfüllt, ein Ziel erreicht oder einen Traum materialisiert, werdet ihr dennoch unzufrieden sein und nach noch mehr streben. Tatsächlich kann keine menschliche Liebe oder materielle Errungenschaft euer tiefstes Sehnen wirklich stillen. Das kann nur das Einswerden mit dem Göttlichen.

Ihr reist auf dem Weg des Lebens von einem Wunsch zum anderen, von einem Ziel zum anderen, immer hungrig und unzufrieden, selten im Frieden mit euch selbst. Ihr werdet fortfahren diesen

Zyklus zu wiederholen, bis ihr euch nach innen wendet und erkennt, dass ihr das, wonach ihr in all eurem äußeren Bemühen wirklich gesucht habt, nicht finden konntet. Ein erfüllter Wunsch lässt euch immer begierig auf mehr zurück, bis ihr versteht, dass, wonach ihr euch in eurem Partner oder in eurer Karriere sehnt, in Wahrheit die Sehnsucht nach eurem Wahres Selbst ist. Dann erkennt ihr, dass es euch bei allem Streben, in der materiellen Welt etwas zu erreichen, darum ging Anerkennung und Liebe zu bekommen. Ihr habt durch das Erreichen eines wünschenswerten sozialen Status, finanzielle Sicherheit, Titel und anderem, versucht geliebt zu werden und liebenswert zu sein– und all dies nur, um den Teil in euch zu überdecken, der glaubt, dass er nicht liebenswert ist. Trotz allen äußeren Erfolgs und Anerkennung, fühltet ihr euch immer noch nicht nicht liebenswert und wert geliebt zu werden. All eure Errungenschaften im Leben haben euch nicht geholfen, wahren, inneren Frieden zu finden, noch wirkliches Glück und innere Freiheit zu erfahren.

Nur wenn die Menschheit auf ihrer ewigen Suche, sich dieser zu Grunde liegenden Motivation, die als Hauptantriebskraft in ihrem Leben agiert, gewahr wird, wird sie einen Punkt im Bewusstsein erreichen, an dem sie sich nicht mehr in Beziehungen engagiert, die als armseliger Ersatz für ihre fehlende Verbindung zu ihrem Wahren Selbst gelten. Von diesem Moment an werden sich eure Partnerschaften enorm verbessern, denn sie sind nicht mehr mit unrealistischen Erwartungen belastet, die vergeblich versuchen die Leere in eurem Inneren zu füllen. In der nahen Zukunft werden die Menschen ihr äußeres und auch ihr inneres Leben mit großer Sensibilität und Differenziertheit erforschen. Sie werden verstehen, dass sie am falschen Ort nach Erfüllung gesucht haben und erkennen, wie sie einander mit den Projektionen ihrer Wünsche und ihrer nicht gelebten und wunden Aspekte überlastet haben. Dann werdet ihr in der Lage sein, eine Beziehung als das anzunehmen, was sie ist – ein gleichberechtigter Austausch zwischen zwei Wesen auf ihrer inneren

Reise zu sich selbst, bei der die sich gegenseitig unterstützen und ihr Leben bereichern können.

Ihr Lieben, eure Beziehungen funktionieren nicht, weil die Verbindung zwischen eurem menschlichen Teil und eurer Göttlichkeit nicht funktioniert. Eure Partnerschaften sind nur eine äußere Reflexion eurer inneren Verbindung zu eurem Selbst. Die meisten Menschen sind sich der Notwendigkeit einer spirituellen Ausrichtung und emotionalen Heilung heutzutage nicht bewusst. Dadurch geschieht es, dass ein ungeheilter, unbewusster Mensch sich mit einem anderen nicht geheilten und unbewussten Menschen verbindet und beide projizieren ihre nicht gelebten Träume, Hoffnungen und Ängste aufeinander. Während der Flitterwochen scheint das für kurze Zeit gut zu funktionieren, weil eure Herzen offen sind und ihr, ohne es zu wissen in das volle Potential des wahren Selbst des anderen eintaucht. Doch mit der Zeit schließen sich eure Herzen und die Liebe, die ihr zu Anfang erfahren habt, klingt ab und Enttäuschung macht sich breit.

Was ihr tut, kann nicht funktionieren. Denn wenn zwei Wesen in einer lange andauernden und wahrhaftig mit Liebe erfüllten Beziehung zusammen leben wollen, müssen sich beide ihrer eigenen spirituellen Reise und inneren Heilung verpflichten. Auf diesem Weg könnt ihr einander unterstützen. Doch ihr müsst auch akzeptieren, dass ihr durch bestimmte Phasen allein gehen müsst. Das bedeutet nicht notwendigerweise eine Trennung, sondern erfordert gegenseitigen Respekt und Vertrauen. Unglücklicherweise entwickeln die meisten Paare unterschiedlich starke Kontrollmechanismen einander gegenüber. Doch Kontrolle entspringt der Angst und Angst ist das Gegenteil der Liebe. Wie könnt ihr eine liebevolle Beziehung erwarten, wenn ihr die Prinzipien der Liebe nicht lebt? Wenn ihr Liebe erfahren möchtet mit eurem Partner oder mit anderem, müsst ihr euch in der Liebe üben. Seid Liebe – atmet Liebe – lebt Liebe. Ihr müsst zu dem werden, wonach ihr sucht. Nichts kann gegeben werden, wenn ihr es nicht zuerst euch selbst gebt und es großzügig mit anderen teilt.

Wenn ihr Gefühle von Verärgerung, Vorwurf und Erwartung sowie auch eine Mischung von Angriff und Abwehr aussendet, was glaubt ihr wird die Erwiderung sein? Beziehungsprobleme, unergiebige Diskussionen, Angriffe und Abwehr von Seiten der anderen Hälfte des Paares sind die voraussehbaren Reaktionen. Wann auch immer ihr euch in solchen Situationen befindet, nehmt euch Zeit zu reflektieren und zu beobachten. Lasst euch nicht von starken Emotionen vereinnahmen. Werdet euch stattdessen eurer eigenen negativen Belastung bewusst und verändert eure innere Einstellung, wenn ihr die Situation verbessern wollt. Liebe kann nur erfahren werden, wenn ihr Liebe seid. Auch wenn euer Partner zu Anfang nicht bereit oder nicht in der Lage sein sollte zu kooperieren, sendet weiterhin Liebe, Verständnis und Freundlichkeit aus und haltet eure Herzen geöffnet. Bemerkt, wie oft ihr selbst euer Herz verschließt und doch Liebe und Offenheit von anderen fordert. Diese Haltung wird und kann niemals zum Erfolg führen.

Ein anderes weit verbreitetes Missverständnis in Beziehungen ist der Glaube, dass euer Partner Verantwortung für euch übernehmen kann. Niemand kann euren Weg für euch gehen. Eine Ehe oder oder eine intensive Beziehung bedeutet nicht, dass ihr ein einziges Wesen seid. Ihr seid zwei getrennte Individuen, die sich getroffen haben, um sich gegenseitig dabei zu unterstützen, ganz zu werden. Der Sinn eures Zusammenseins ist nicht, wie viele von euch unbewusst glauben, dass euer Partner dazu da ist, eure nicht gelebten Seiten zu leben. Die bewundernswerten Eigenschaften eures Geliebten sind nur dazu da, euch zu ermutigen, diese in euch selbst zu entwickeln. Das ist der Grund dafür, dass Gegensätze sich anziehen: Bereicherung durch die Gegensätze. In einer gesunden Beziehung inspirieren sich zwei Wesen, ihr Bewusstsein zu erweitern und so weit wie möglich in ihre eigene Ganzheit zu wachsen. Unglücklicherweise entwickeln die meisten Partnerschaften auf Erden unterschiedliche Grade von Co-Abhängigkeit und emotionalem Ungleichgewicht, was lediglich zu Machtspielen führt.

Wenn ihr euch eine liebevolle Beziehung wünscht, ermutigen wir euch, eure Unwisssenheit zu überwinden, indem ihr die wahre Bedeutung der Gesetze des Lebens studiert und mit eurer inneren Heilung beginnt. Nur auf der Grundlage fortwährender Entwicklung von Selbst-Liebe, Selbst-Wertschätzung, Selbst-Unterstützung und Selbst-Ermutigung kann wahre Liebe mit einer anderen Person möglich werden. Bis ihr diese Lektion versteht und umsetzt, werden eure Scheidungsraten weiter in die Höhe schnellen, und unnötiges Leiden und Schmerz in Beziehungen werden weiterhin gegenwärtig sein auf Erden.

Vor mehr als 2500 Jahren hat Buddha gelehrt, dass Leiden aus Unwissenheit entsteht. Alle heiligen, spirituellen Lehren sprechen über diese ewige Wahrheit. Es wird Zeit, die wahren Gesetze des Lebens zu lernen. Das Zeitalter, in dem Unwissen und Angst die Erde regierten, geht vorbei. Die Wahrheit steigt nun herab, die Liebe wird die Macht auf der Erde inne haben und eurem inneren Wachstum und Heilung zu widerstreben, wird Konsequenzen haben. Die Erde verändert sich – weit über das hinaus, was ihr euch vorstellen könnt. Wir sind hier. Wir dienen in Wahrheit und Liebe und bereiten euch auf die kommenden Zeiten vor. Ohne das entsprechende heilende Wissen und spirituelles Verständnis wird euer Leben sehr beschwerlich werden und nicht geheilte Emotionen werden lediglich weiter unnötiges Leiden und Instabilität verursachen. Wacht auf! Hört unseren Ruf! Es entsteht eine neue Welt und diese neue Welt braucht eine neue Menschheit.

20

GRENZEN

Wir betrachten die Fähigkeit, Grenzen zu setzen als eine der wichtigsten menschlichen Fähigkeiten, um ein gesundes Leben führen zu können. In der Tat, als Zeichen wahrer Liebe und des Respekts schuldet ihr es euch selbst und anderen, angemessene Grenzen zu setzen. Lasst uns dieses interessante Thema untersuchen, denn die meisten von euch haben Schwierigkeiten damit, die Notwendigkeit und den rechten Gebrauch von Grenzen zu verstehen. Ihr braucht Grenzen, um euch selbst zu schützen, um Selbst-Liebe und Selbst-Respekt auszudrücken und um anderen zu signalisieren, wenn man in euren Raum eindringt. Doch es scheint im Zusammenhang mit diesem Thema viel Verwirrung und Unklarheit zu geben, und nur wenige haben diese Herausforderung gemeistert.

Die Schwierigkeiten, die ihr damit habt, kommen größtenteils durch die Tatsache, dass euch niemand gelehrt hat, Grenzen zu setzen. Folglich wurden sich die meisten von euch ihrer Wichtigkeit nicht bewusst und ihr habt versucht, euch auf andere Weise zu schützen, wenn eure Grenzen verletzt wurden. Man könnte auch sagen, ihr wart auf eure eigenen Einfälle angewiesen, und als Konsequenz wurden Grenzen entweder zu spät gesetzt – und dann mit unnötiger Wucht – oder gar nicht. Wir wollen uns zunächst auf die Kindheit konzentrieren, in der euer Leben und Lernen begann. Die meisten Menschen erfahren Grenzüberschreitungen als kleine Kinder, denn euer Gefühl für Grenzen existiert noch nicht, wenn ihr geboren werdet. Bevor ihr einen menschlichen Körper annehmt, kommt ihr aus der Einheit und nehmt alle anderen als Teil dieser Einheit wahr. Als Baby habt ihr keine Grenzen und verlasst euch ganz und gar ganz auf die Liebe und Fürsorge eurer Eltern. Doch eure Eltern wurden nicht darin unterrichtet, sich selbst zu lieben, zu schützen und zu respektieren. Also sind sie trotz aller wohlgemeinten Bemühungen unbewusst in euren Raum eingedrungen. Für die meisten Eltern scheint eine Vereinnahmung auf der energetischen, emotionalen oder sogar auf der physischen Ebene ein völlig legitimes Verhalten ihren Kindern gegenüber zu sein. Diesbezüglich würden wir gern eine Veränderung eures Verhaltens sehen, denn die frühen Entwicklungsstadien in der Kindheit bilden die Grundlage für euer gesamtes Leben.

Wir möchten jetzt nicht alle Aspekte der Konditionierung in der frühen Kindheit untersuchen, sondern werden nur auf das Thema, wie man angemessene Grenzen setzt, eingehen. Lasst uns unsere Aufmerksamkeit also auf euer Leben als Kleinkind richten, eine Zeit, in der die meisten Eltern zu glauben scheinen, dass diese kleine Kreatur nur ihnen gehört und kein getrenntes, menschliches Wesen ist. Sie scheinen zu vergessen, dass ihnen dieses Leben nicht gehört, wie auch ihre Eltern es vergessen hatten. Dieses kleine Wesen braucht bedingungslose Liebe und Unterstützung, bis es sich allein versorgen kann. Eure Kinder gehören euch nicht. Sie träumen andere Träume und verfolgen ihre eigenen Ziele. Was sie brauchen, ist eure Liebe, eure Fürsorge und euren Respekt, und dass ihr eure Grenzen zeigt und auch ihre, während sie sich entwickeln, achtet.

Viele eurer gegenwärtigen, emotionalen Konflikte sind Konsequenzen eurer Unwissenheit in Bezug auf das Thema Grenzen, denn ihr wurdet in diesem Punkt nicht richtig geschult und als Kinder tatsächlich sogar daran gehindert, Grenzen zu setzen. Folglich halten manche von euch das Eindringen in den Raum eines anderen für Liebe, was in Wahrheit nichts mit Liebe zu tun hat. Dies ist nur ein Beispiel vieler falscher Annahmen, die später in eurem Leben Probleme mit euren Partnern nach sich ziehen werden, denn nicht alle werden eure Auffassung von Liebe akzeptieren, sondern sie offen als das bezeichnen, was es ist – eine Invasion. Wir wissen, dies ist ein schwer zu verstehendes Thema, denn viele von euch sind so sehr in diese und ähnliche Szenarien verwickelt. Einige von euch spielen die Rolle des Eindringlings, andere werden vereinnahmt oder tolerieren die Invasion, während wiederum andere mit starker Ablehnung reagieren und die Beziehung verlassen.

Um ein gesundes Leben führen zu können, müsst ihr euch ehrlich und wahrheitsgetreu ausdrücken können. Wenn jemand eure Grenzen überschreitet, müsst ihr die Fähigkeit entwickeln, diesem unerwünschten Verhalten Einhalt zu gebieten.

Lasst uns nun betrachten, was geschieht, wenn jemand in euren Raum eindringt und ihr nicht gelernt habt, angemessene Grenzen zu setzten. Zuerst werdet ihr Ärger empfinden. Bedauernswerterweise gibt es in allen menschlichen Gesellschaften Verurteilung und Missverständnisse in Bezug auf die Bedeutung von Ärger und wie damit konstruktiv umgegangen werden kann. Aus diesem Grund schlucken die meisten von euch ihren Ärger einfach runter, denn in den wenigsten Situationen würde das Ausdrücken dieser Emotion als angemessen betrachtet werden. Was passiert, wenn ihr Emotionen unterdrückt? Emotionen verschwinden nicht einfach, obwohl ihr gern glauben möchtet, dass das der Fall ist.

Alles ist Energie. Energie bleibt immer Energie. Sie kann ihre Form und ihren Aggregatzustand verändern, wird jedoch immer Energie bleiben. Das ist eines der grundlegendsten physikalischen Gesetze. Emotionen sind nichts als Energie, und sie bleiben in eurem Körper, wenn sie nicht ausgedrückt werden. Nicht ausgedrückte Ärger verwandelt sich in Aggression. Die Unterdrückung von Ärger ist anstrengend und blockiert eure Hals-, Herz- und Solarplexuszentren (Chakras). An einem bestimmten Punkt müsst ihr diese Emotionen, die sich von Ärger in Aggression verwandelt haben, loslassen, und einer eurer Mitmenschen wird das unglückliche Opfer eurer Entladung. In den meisten Fällen ist das nicht die Person, die euren Ärger verursacht hat. Könnt ihr erkennen, dass die ursprüngliche Emotion Ärger – die lediglich ein Alarmsignal ist – sich in Aggression, eine sekundäre und 'giftigere' Emotion verwandelt? Ärger könnte auch als die Kraft betrachtet werden, die den Eindringling aus eurem Raum hinausbefördert, wobei ihr eure Grenzen auf faire und angemessene Art und Weise ausdrückt, wohingegen Aggression eine energetische Prägung ganz anderer Natur hat.

Um ein besseres Verständnis zu gewinnen verwenden wir die Analogie mit Weintrauben, die sich, nachdem sie eine Weile im Fass gelegen haben, durch einen Fermentierungsprozess in Essig verwandeln, wonach das Endprodukt wenig mit der ursprünglichen Süße der Weintrauben gemein hat. Dasselbe Prinzip gilt, wenn wir Ärger mit Aggression vergleichen. Im Gegensatz zu der ursprünglichen Emotion des Ärgers hat die Aggression eine schärfere Energie und erfordert große Anstrengungen, sie unter Kontrolle zu halten. Und wenn der angestaute Druck entweicht, wenn die Emotion schließlich ausgedrückt wird, weil ihr einfach nicht mehr in der Lage seid, sie zu unterdrücken, fühlt ihr euch vielleicht erleichtert, doch die Freisetzung von Aggression verletzt immer einen zweiten Spieler in diesem Szenario. Könnt ihr den Unterschied sehen? Die Angemessenheit und Klarheit des ursprünglichen Ärgers ist in der Aggression verschwunden.

Was passiert jedoch, wenn ihr gelernt habt, euch in solch einem Maße zu kontrollieren, dass ihr nicht einmal mehr in der Lage seid eure Aggression auszudrücken. Ihr werdet diese schädlichen Energien weiterhin unterdrücken und in eurem Körper gebunden halten, wo sie sich von Aggression zu innerer Aggression verwandeln und sich gegen euch selbst richten. Lange aufgestaute Aggression schädigt euren physischen Körper schon in gewissem Maße; innere Aggression jedoch schwächt und verdunkelt euer emotionales und mentales Befinden sehr viel mehr. Die moderne Medizin erkennt innere Aggression allmählich als eine der Hauptursachen für Depressionen und andere schwerwiegende, gesundheitliche Probleme an.

Wenn ihr nicht lernt, wie man angemessene Grenzen etabliert und euch weigert, auf euren Ärger zu hören, werdet ihr diese machtvolle Energie in Form von Selbst-Hass, Selbst-Zweifel und Selbst-Sabotage gegen euch selbst richten.

Wir glauben, dass wir die Wichtigkeit gesunder Grenzen nun ausreichend erläutert haben, um euch zu zeigen wie ihr verhindert, dass ihr unbewusst die Grundlagen für zukünftige emotionale, physische und mentale Krankheiten legt. Der Mangel an dieser wichtigen Lebenskunst schafft erheblichen, aber vermeidbaren Schaden auf Erden. Um eine Richtungsänderung eures Verhaltens zu erreichen und für eine gesündere Umgebung empfehlen wir euch ein gründlicheres Wissen hinsichtlich der Wichtigkeit von Grenzen.

Zum Thema Ärger, der weitgehend als unerwünschte und zu verurteilende Emotion betrachtet wird, zu unangemessen, um ausgedrückt werden zu können, scheint es sehr viele Missverständnisse zu geben. Natürlich gibt es mehr oder weniger angemessene Möglichkeiten Ärger auszudrücken, doch das Gefühl selbst ist weder unangemessen noch nutzlos. Es ist ein wichtiges Warnsignal eurer

Seele, dass euch zeigt, dass etwas nicht in Ordnung ist.

Wir wünschen uns, dass ihr die eigentliche Bedeutung eurer Emotionen und wie ihr damit konstruktiv umgehen könnt, verstehen lernt. Wir sehen, dass sich in Zukunft wundervolle Veränderungen ereignen werden, von der Unkenntnis eurer Emotionen hin zu einem wahrhaft liebevollen Verständnis eurer selbst. Ihr werdet aufhören, euch an erwünschte Gefühle zu klammern und werdet negative Gefühle nicht mehr automatisch verdrängen. Stattdessen werdet ihr eure Gefühle ausdrücken und auf heilsame Weise integrieren lernen.

Denkt daran, nur wenn ihr das auch praktiziert, was ihr gelernt habt, könnt ihr die Früchte einer Lehre ernten. Wenn ihr euren Geist nur mit Informationen füllt, ohne entsprechend zu handeln, werden die Samen der Wahrheit auf unfruchtbaren Boden fallen. Lebt danach, wie ihr redet – das ist der Schlüssel zum Himmel.

21

SORGEN

Wir möchten euch unsere Sichtweise über eine weit verbreitete destruktive menschliche Verhaltensweise mitteilen – Sorgen. Ihr macht euch zu viele Sorgen. Die meisten von euch planen und denken die ganze Zeit über, stellen sich alle möglichen Szenarien des Lebens vor und verlieren sich schließlich völlig in diesen Gedanken. Wenn ihr ein erfülltes Leben leben wollt, müsst ihr diese ungesunde, zeitraubende Angewohnheit aufgeben, denn sie führt zu nichts. Sie raubt euch lediglich Energie und lässt euch nur erschöpft, von Misstrauen erfüllt und einsam zurück.

Dieses Verhalten entwickelte sich bei euch Menschen, weil ihr eure Verbindung zum Göttlichen vernachlässigt und verleugnet habt. Ihr habt vergessen, dass euer himmlischer Vater und eure himmlische Mutter sich um euch kümmern und euch alles geben, was ihr braucht. Wie zuvor erklärt, habt ihr das Vertrauen in das Göttliche verloren und glaubt nicht mehr, dass das Göttliche da ist und für euch sorgt. In Wahrheit tut das Göttliche nichts anderes, als sich um euch zu kümmern. Weil ihr vergessen habt, wie ihr euren Geist richtig nutzen und eure Emotionen meistern könnt, beschäftigt ihr euch weitgehend mit Mangel und Sorgen. Wie ihr wisst, liefert euch das Universum immer dass, was ihr energetisch aussendet, denn das wird vom Universum als euer Wunsch verstanden. Unglücklicherweise ist die Konsequenz des Aussendens eurer Schwingungen von Sorgen und Mangel, dass ihr nur noch mehr Mangel und mehr Situationen anzieht, über die ihr euch Sorgen machen könnt. Dies sind die Grundlagen des 'Gesetzes der Anziehung'. Durch den unbewussten Einsatz dieser eurer Emotionen und Gedanken habt ihr eine Welt des Mangels erschaffen, die nicht vom Göttlichen für euch vorgesehen war. Und doch ist es das, was ihr entsprechend eurer Schwingung angezogen habt.

Wir möchten euch gern mitteilen, wie das Leben auf der Erde aussehen würde, wenn ihr euch nur um eins 'sorgen' würdet, um das Eine, das wirklich zählt – eure Verbindung mit eurem höheren Selbst, was eure Hauptaufgabe auf Erden ist. Wenn ihr eure Aufmerksamkeit alle auf diese wichtige Suche richten würdet, würde sich das Leben auf Erden bald in ein Paradies verwandeln. Euer bisheriges Leben ist unnötigerweise von Anstrengung und Misstrauen belastet. Und so seid ihr der tief sitzenden Überzeugung, dass ihr hart arbeiten müsst, um glücklich zu sein und Liebe und Sicherheit zu erlangen. Die Anforderungen für das Erreichen der erwünschten Ziele sind sehr unterschiedlich, abhängig von den Bedingungen in den verschiedenen Gesellschaften und religiösen Strukturen, die wiederum die Bausteine eurer Glaubenssysteme formen. Wenn ihr jedoch diese Anforderungen nicht erfüllen könnt, fühlt ihr euch womöglich wertlos und verliert euch in der Angst, nichts im Leben zu erreichen.

Wir möchten euch jetzt fragen: wohin hat euch all diese Anstrengung geführt? Seid ihr wirklich glücklich, in Frieden mit euch selbst und der Welt und mit Liebe erfüllt? Gibt es Freude in eurem Leben? Wir sehen nicht, dass Sorgen und Anstrengung euch jemals zu innerem Frieden führen könnten. Wir möchten euch gern zeigen, wie ihr wahres Glück und inneren Frieden erreichen könnt, indem ihr eure Sorgen loslasst. Ihr müsst eure Aufmerksamkeit auf eure Anbindung an euer Göttliches Selbst richten und Vertrauen lernen, wenn ihr wahres Glück und Frieden in eure Realität bringen möchtet.

Es ist, wie Jesus sagte: 'Trachtet zuerst nach dem Königreich Gottes und nach seiner Gerechtigkeit, so wird euch alles andere zufallen. Darum sorget euch nicht um Morgen, denn der morgige Tag wird für das Seine sorgen.' (Matthäus, Kapitel 6, Vers 33 – 34). Diese Verse wurden während der letzten 2000 Jahre unzählige Male diskutiert, jedoch nur selten verstanden. Wir möchten euch gern die versteckte tiefere Botschaft hinter diesen Worten offenbaren. Hier liegt eines der Geheimnisse des wahren Lebens. Dies ist ein Teil des Codes um den Himmel auf die Erde zu bringen. Was könnt ihr also tun, um den Himmel auf Erden zu errichten und im Paradies zu leben? Zuerst müsst ihr eure Aufmerksamkeit auf alles richten, das nicht in Übereinstimmung mit eurer wahren Natur ist. Dann ersetzt dieses Verhalten durch innere Einstellungen, die mit der Liebe in Resonanz sind. Nur so kann euch das Göttliche, wenn ihr es zulasst, Sicherheit, Fülle, Freude und Frieden bescheren.

Es scheint so, als ob ihr eure Radios alle auf den falschen Sender eingestellt habt und jetzt bitterlich enttäuscht seid, dass ihr nicht bekommt, was ihr euch wünscht. Ihr müsst euch dessen bewusst sein, dass *ihr* euer Radio selbst einstellt – niemand anders. Es gibt kein böses Schicksal, das unerwünschte Ereignisse in euer Leben bringt. Es sind *eure* Sorgen, *euer* Misstrauen, euer Verhalten, *eure* nicht geheilten Emotionen und *eure* unkontrollierten Gedanken, die Disharmonie in *euer* Leben bringen. Um Harmonie, Liebe und Fülle zu erleben, müsst ihr lernen, euer Radio richtig einzustellen. Dies kann nur erreicht werden, indem jede innere Disharmonie durch heilende Liebe und Vertrauen ersetzt wird. Wenn ihr innerlich an einer Weggabelung steht, sollte eure einzige Frage sein: „Bin ich in Übereinstimmung mit meinem wahren Selbst, wenn ich diese Richtung in meinem Leben einschlage?" Wenn ihr diese Art des Seins mit Geduld und Ausdauer übt, werdet ihr zuerst kleine, und nach einer Weile große Veränderungen eintreten sehen. Darüber hinaus werdet ihr Zeugen bemerkenswerter Veränderungen in eurem Leben und plötzlich beobachten, wie sich die Dinge mühelos fügen und ordnen. Dann seid ihr im Fluss. Das universelle Gesetz der Synchronizität wird seine magischen Flügel ausbreiten und ihr werdet lernen, diesen Zeichen zu folgen.

Ihr Lieben, euer Leben sollte voller Freude sein. Schaut euch an, wie oft ihr das Leben wirklich so empfindet und ihr werdet erkennen, ob ihr wirklich in Übereinstimmung mit eurer wahren Natur seid oder getrennt davon. Wir haben bereits erwähnt, dass es einen Göttlichen Plan gibt. Je stärker ihr mit eurer eigenen Göttlichkeit verbunden seid, desto stärker wird sich dieser Plan manifestieren. Bedauerlicherweise jedoch wird der Plan von den meisten Menschen nicht manifestiert, weil sie sich nur selten dafür entscheiden, sich mit ihrer wahren Natur zu verbinden. Also bleibt dieser großartige Plan in den höheren Welten im Ruhezustand und wartet oftmals mehrere Leben lang, bis die Seele bereit ist, ihre spirituelle Reise zu beginnen. Folglich bleiben die meisten menschlichen Leben weiterhin sorgenvolle Leben, charakterisiert durch heftige Anstrengungen, Ängste und Hoffnungen, die nur vermeidbares Leiden und Begrenzung verursachen. Dies ist die Art von Leben, die die Menschheit seit Jahrtausenden kennt.

Wir möchten euch gern mitteilen, dass nun die Zeit gekommen ist, in der ihr in der Lage seid, euch zu verändern, mit eurer Heilreise zu beginnen und dem Pfad der Liebe zu folgen. Dabei ist niemand ausgeschlossen; jeder ist berufen. Werdet ihr unseren Ruf hören

– unsere Einladung in das Paradies? Wir haben die Türen zum Himmel geöffnet; werdet ihr uns folgen? Wir möchten euch dort alle willkommen heißen. Ein Leben voller Freude, Fülle, Frieden und Liebe wartet auf euch. Alle Träume, die ihr je geträumt habt, sind dort versammelt und warten darauf, dass ihr sie zum Leben erweckt. Doch ihr habt die Wahl. Seid ihr bereit, Vertrauen gegen Misstrauen zu tauschen, Angst gegen Liebe, Hass gegen Vergebung und vage Worte gegen die Macht der Wahrheit in Aktion? Denkt daran, wann immer ihr euch selbst gegenüber nicht ehrlich seid, trennt ihr euch von der Quelle und verschließt die Tore zum Himmel. Immer, wenn ihr euch selbst gestattet, bei negativen Gedanken und Emotionen zu verweilen, trennt ihr euch von eurer wahren Natur. Immer wenn ihr euch selbst oder andere verurteilt, wird euer eigenes Leben dunkler und ihr entfernt euch von der Erfüllung eurer Träume

Ihr Lieben, wacht auf und geht auf dem Weg der Erleuchteten, mit euren Brüdern und Schwestern, die den Pfad für euch vor langer Zeit bereitet haben. Kümmert euch nur um eins, dass ihr euch auf die Quelle ausrichtet und eure eigene Göttlichkeit entdeckt. Es gibt keine andere Möglichkeit der Welt Frieden, Wahrheit und Gerechtigkeit, Liebe und Freiheit zu bringen. Ihr müsst selbst zu einer Verkörperung dieser göttlichen Tugenden werden. Gott wird sich bestens um euer Leben kümmern, wenn ihr euch eurem Erwachen wahrhaftig widmet. Ihr werdet wie die Vögel leben, die sich über das Morgen keine Sorgen machen, denn der himmlische Vater und die göttliche Mutter werden sich um den nächsten Tag kümmern. Der göttliche Plan wird sich im Leben so manifestieren, wie ihr es zutiefst wünscht und verdient. Doch solange ihr die Sorgen dem Vertrauen vorzieht und glaubt, es alles allein machen zu müssen, kann dieses Wunder nicht geschehen. Solange ihr auf 'den falschen Sender eingestellt' seid, wird alles so bleiben, wie es ist. Also, es ist wie immer euch überlassen. Wir lieben euch und warten im endlosen Raum jenseits der Zeit auf eure Ankunft zu Hause.

22

ANGST

Angst ist die am weitesten verbreitete Krankheit auf eurem Planeten und Liebe wird die einzige Heilung sein. Traurigerweise sind die meisten menschlichen Handlungen von Angst bestimmt. Wie kann eure Welt in Harmonie und im Frieden sein, wenn ihr als ihre Schöpfer nicht in Harmonie seid und die grundlegende Motivation fast all eures Verhaltens die Angst ist? Könnt ihr erkennen, dass euer Wunsch nach einer besseren Welt ein unerreichbarer Traum bleiben wird, wenn ihr euch nicht verändert? Eure Welt ist eine Wiederspiegelung eurer Gedanken, Gefühle und Taten. Die meisten von euch verstehen immer noch nicht, dass ihr eure Welt selbst kreiert. Die meisten eurer Gebete für eine friedlichere Welt kommen von Herzen, die alles andere als in Frieden sind.

Ihr Lieben, ihr müsst ein wirklich tiefes Verständnis der Göttlichen Gesetze entwickeln, auf denen alles im Universum aufgebaut ist. Sonst werdet ihr eure Energie weiterhin mit Gebeten vergeuden, die nicht erfüllt werden können. Wie kann Frieden in eine Welt kommen, die mit sich selbst im Krieg liegt? Diese beiden Energien stehen im Gegensatz zueinander und passen folglich nicht zusammen. Ihr müsst zu dem werden, was ihr in eurem Leben und in eurer Welt erfahren möchtet. Ihr müsst euch in ein vollkommenes Ebenbild eurer Wünsche verwandeln, oder ihr werdet weiterhin energetisch zurückweisen, was ihr euch eigentlich ersehnt – so, wie zwei Magnete, die sich gegenseitig abstoßen. Das Universum ist immer bereit, euch das zu geben, was ihr braucht. Doch ihr selbst verschließt euch dem Segen des Himmels, weil ihr an die Angst glaubt. Wir beobachten, wie ihr betet, wünscht, sogar bettelt und fleht, doch gleichzeitig steht eure Energie dem entgegen, was ihr euch so sehnlichst wünscht. Wir raten euch nicht, das Beten aufzugeben – doch werdet euch darüber bewusst, dass es eure eigene inneren energetische Disharmonie ist, die die Erfüllung eurer Gebete verhindert.

Solange euer Glaube an die Angst größer ist als an die Liebe Gottes, werdet ihr in einer sehr begrenzten Welt leben und das Leiden wird euer treuer Begleiter bleiben. Solange ihr die Verantwortung, selbst Schöpfer eures Lebens zu sein, negiert, werdet ihr nicht in der Lage sein, wahre Freiheit und inneren Frieden zu kosten. Da ihr keinen Frieden finden könnt, zerstreut ihr euch durch zahllose Aktivitäten und verschiedene Arten der Unterhaltung, die eure wahren Gefühle abstumpfen lassen. Das ist der Grund dafür, warum die meisten von euch blind dafür sind, was wirklich in ihnen vorgeht. Ihr seid zu beschäftigt, als dass ihr die Stimme der Stille, die euch in das Land des Friedens führen möchte, hören könnt.

Doch wir möchten euch daran erinnern, dass wir nicht die Absicht haben, euch zu verurteilen. Verurteilung ist eine menschliche Verhaltensweise, die wir nicht teilen. Wir sind nur daran interessiert, die wahren Ursachen für eure offensichtliche Misere auf Erden zu offenbaren.

Lasst uns euch ein paar Beispiele negativer Überzeugungen geben, die euer Leben behindern. Solange ihr glaubt, dass ihr nicht gut genug, nicht schlau genug, nicht erfolgreich genug, nicht schön, spirituell oder reich genug seid, was alles deutliche Ausprägungen der Angst sind, wird euer äußeres Leben immer eine direkte Reflexion dieser begrenzten Haltung bleiben. Unsere Beobachtung ist, dass die meisten von euch täglich negative Gedanken wie religiöse Mantras wiederholen, sich jedoch der weit reichenden Konsequenzen dieser Handlung nicht bewusst sind. Solange ihr an auf Angst basierende Begrenzungen glaubt, wird eure Welt diese Überzeugungen mit alarmierenden Ergebnissen widerspiegeln. Ihr erntet, was ihr gesät habt.

Wenn ihr die Welt mit unseren Augen betrachten könntet, wäret ihr überrascht über das Ausmaß des weit verbreiteten Missbrauchs eurer menschlichen Energien und ihr könntet die verheerenden Konsequenzen klar und deutlich erkennen. Ihr würdet tiefes Mitgefühl für das Leiden auf Erden empfinden, sogar für euer eigenes Unwissen, und wir glauben, dass ihr euch wünschen würdet zu helfen. Dies ist der Grund dafür, warum wir viele Male in die menschliche Form herabgestiegen sind, um euch zu zeigen, wie ihr euch von der Unwissenheit und den Fesseln eures Leidens befreien könnt.

Wir haben die Lehren in diesem Buch absichtlich so einfach wie möglich dargestellt, damit euer Verstand nicht von neuen, spitzfindigen, spirituellen Theorien abgelenkt werden kann. Wir sind der Überzeugung, dass euer Verstand schon beschäftigt genug ist und dass ihr genug von diesen Theorien habt, in denen ihr euch verlieren könnt. Dies ist eine Aufforderung, eurem Reden entsprechend zu handeln, eurem Glauben entsprechend zu leben. Lippenbekenntnisse sind unnütz und kraftlos. Wir laden euch ein, die innere Stille jenseits aller menschlichen Vorstellungen zu betreten. Wir haben kein

Interesse an spirituellen Diskussionen. Lebt in Übereinstimmung mit eurem Herzen und werdet so ein lebendes Beispiel für die Wahrheit, den Friedens und die Liebe. Wir möchten keine neue Religion, Sekte oder Ashram gründen. Euer Herz ist euer Tempel. Dies ist der Ort, an dem euer Göttliches Selbst zu euch spricht. Das Göttliche ist in jedem menschlichen Herzen gegenwärtig, bereit, euch durch die Herausforderungen des Lebens zu führen. Ihr müsst nur die Türen des Tempels öffnen, um diesen heiligen Ort betreten zu können. Lasst euer tägliches Leben einen ständiger Gottesdienst sein, indem ihr wahrhaftig seid, alle Unvollkommenheiten liebt – egal ob in euch selbst oder in anderen – und Frieden ausstrahlt. Wenn ihr danach lebt, werdet ihr wahrlich empfänglich für den Göttlichen Segen.

Wenn ihr die Pflanzen in eurem Garten gießt, grüßt sie, nährt sie und seht ihre Bedürftigkeit als Aufforderung, dass ihr euch selbst nährt. Versteht, dass ihr nicht erblühen könnt, wenn ihr euch selbst nicht liebt und ermutigt. Wenn ihr euer Haus reinigt, denkt daran, welche eurer Aspekte in euch ebenfalls gereinigt werden müssen. Schaut euch an, welche eurer alten Gewohnheiten eurem höchsten Wohl nicht mehr länger dienen und lasst sie los. Wenn ihr ein Geschäft betretet und der Verkäufer unfreundlich ist, schenkt ihm ein Lächeln und euer Verständnis, anstatt ihn gleich zu verurteilen und wütend zu werden, was so leicht geschieht. Fühlt euch von dieser Person an eure eigene Unzufriedenheit und Unfreundlichkeit erinnert, die eure Liebe zur Heilung braucht.

Entdeckt, dass jedes Leben voller Wunder ist. Euer tägliches Leben ist euer spiritueller Guru, der euch alle notwendigen Lektionen gibt, damit ihr vollkommener werdet. Das Leben ist euer spiritueller Lehrer, und, es tut euch diesen perfekt und individuell auf euch zugeschnittenen Dienst ganz umsonst. Das Leben liebt euch. Gott liebt euch. Jetzt braucht ihr nur noch alles an euch selbst zu lieben. Erinnert euch daran, ALES WAS IST ist Gott. Wenn ihr euch danach sehnt, Gott näher zu kommen, müsst ihr einen einfachen, aber tiefgreifenden Schritt machen – alles an euch selbst zu lieben, ohne Ausnahme. Auf diese Weise liebt euch das Göttliche, wirklich jeden von euch. Liebt all eure Unvollkommenheiten, und ihr werdet Frieden und Intimität mit dem Göttlichen spüren.

Der Schönheitswahn und das 'jung sein wollen' in der westlichen Welt spiegelt nur wider, wie wenig ihr von wahrer Schönheit versteht. Wahre Schönheit kommt von innen – aus der vollkommenen Harmonie von Form, Farbe, Schwingung, innerem Gleichgewicht und Liebe. Künstliche Schönheit, wie sie von der neuerdings entstandenen Schönheitsindustrie zelebriert wird, kann als nichts anderes als ein Überdecken der innerer Disharmonie des Individuums betrachtet werden. Dieser Ansatz wird nie zu wahrer Schönheit führen, die nur von innen geboren werden kann.

Wir hoffen, dass ihr diesen Diskurs mit offenem Herzen gelesen habt und wir bitten euch, aus eurem Herzen heraus zu leben, denn ein offenes, liebendes Herz kann keine Angst beherbergen. Wie wir in der ersten Zeile dieses Kapitels erwähnt haben, ist Angst eure Krankheit, und Liebe wird die notwendige Heilung bringen. Euer Herz zu öffnen ist der erste Schritt auf eurer Reise in die Liebe. Liebe ist was ihr seid. Indem ihr an die Angst glaubt, verleugnet ihr eure wahre Natur, eure eigene Göttlichkeit.

23

FREUDE

Das Denken der breiten Masse der Menschen betrachtet Freude und Glück als reinen Luxus, oder verbindet diese Attribute im besten Fall mit glücklichen Kindheitserinnerungen, fast in innerer Unvereinbarkeit mit dem verantwortungsbewussten Leben eines Erwachsenen. Eure Gesellschaft fordert, sich an Pflicht und Karriere zu orientieren, und die Freude wird auf die Freizeit verschoben. Doch sogar an euren freien Tagen scheint ihr zu beschäftigt zu sein und habt die wahre Bedeutung und die grundlegende Wichtigkeit des Glücklichseins und der Freude vergessen. Wir betrachten das Erleben von Freude und Glück jedoch als Lebenskunst und als grundlegende Notwendigkeit für ein erfülltes Leben. Wenn ihr nicht gelernt habt, diesen inneren Zustand der Freude zu erreichen, werdet ihr in euren täglichen Pflichten und eurem Unglücklichsein untergehen.

Schaut euch kleine Kinder an, die wahren Meister von Freude und Glück. Lasst sie eure Lehrer sein. Sie empfinden für die kleinsten Dinge tiefe Freude, wenn sie zum Beispiel ein Insekt dabei beobachten, wie es sich seinen Weg durch eine Landschaft von Grashalmen bahnt, wenn sie Sonnenstrahlen beobachten, die durch die Blätter eines Baumes glitzern oder wenn sie mit Genuss Eis essen. Eines ihrer Geheimnisse ist, dass sie im gegenwärtigen Moment leben. Das heilige Jetzt wirkt als Tor zu eurem Höheren Selbst.

Wir möchten euch zu einem Experiment einladen. Widmet dem gegenwärtigen Moment jeden Tag eine Stunde, in der ihr der Heiligkeit des Jetzt gewahr werdet. Ihr werdet überrascht sein, dass sogar Routinearbeiten, wie zum Beispiel sauber machen, mit einer Leichtigkeit, die ihr nie zuvor erlebt habt, erledigt werden können. Nach einiger Übung werdet ihr Freude spüren, die anscheinend aus dem Nichts, aus keinem offensichtlichen Grund entsteht, denn wahre Freude ist weder an einen Grund noch eine Ursache gebunden. Freude ist das Lächeln der Liebe, die sich zeigt, wenn ihr frei und im Frieden seid. Freude hat nichts mit euren Lebensbedingungen zu tun. Freude entsteht aus dem Nichts und beflügelt euer Leben mit ihrer Magie. Freude steckt an. Wenn ihr euer Herz öffnet und in der Gegenwart lebt, werdet ihr für die Freude empfänglich, und weil die Freude ansteckend ist, wird sie auf andere um euch herum auf die wunderbarste Art und Weise übertragen. Freude ist das Lächeln Gottes in eurem Herzen. Es ist die Handschrift des Göttlichen, die euch wissen lässt, dass ihr mit ihm verbunden seid.

In eurer Welt scheinen Glück und Freude nur mit den angenehmen Dingen, die euch begegnen, verbunden zu sein; wenn diese 'angenehmen Dinge' jedoch aufhören zu existieren, löst sich die Freude auf. Doch das ist keine wahre Freude. Wahre Freude und ihre Schwester Glücksempfinden existieren ohne Grund. Wahre Freude kommt aus einem offenen Herzen. Sie erlaubt euch, die Schönheit und Wunder der Welt, in der ihr lebt, zu sehen und offenbart euch die Tiefe der menschlichen Seele. Freude und Glück entstehen, wenn ihr mit den Augen der Liebe schaut. Freude ist eine Möglichkeit, dem Göttlichen zu begegnen. Wenn ihr eure Herzen weit genug öffnet, werden wir euch unsere Augen leihen und die Freude und Schönheit, die wir in allem sehen, mit euch teilen – die Liebe, die sich aus dem Herzen Gottes in eures ergießt. Wie wundervoll wird das sein, wenn ihr Frieden und ewigen Segen fühlt. Unser Glück und unsere Freude sind nicht an äußere Umstände gebunden. Sie sind eher wie die Unterströmung eines Flusses, immer gegenwärtig, ewig fließend.

Erinnert euch daran, gegenwärtig im Jetzt zu sein ist einer der Schlüssel, das heilige Tor zu eurem Herzen zu öffnen. Seid, so oft ihr könnt, in der Natur, seid wahrhaftig, hört und aktiviert alle eure Sinne. Spielt mit einem Kind und seid ganz gegenwärtig. All diese Aktivitäten sind eine Einladung an die Freude, in euer Leben zu kommen. Sogar das Geschirrspülen kann euch eine Gelegenheit bieten, die Freude zu erforschen, wenn ihr gegenwärtig im Jetzt lebt. Meditation, Tanzen, Singen, liebevolle sexuelle Vereinigung oder das Feiern eurer Erfolge im Leben sind andere Gelegenheiten euch für die Freude zu öffnen. Es gibt unzählige Möglichkeiten, die oft übersehen werden, Freude zu erfahren, indem ihr wirklich gegenwärtig in dem seid, was ist. Wir möchten euch dazu ermuntern, kreativer dabei zu sein, euch für die Freude zu öffnen, sodass die Freude euer treuer Begleiter sein kann.

Glaubt ihr wirklich, dass wir so todernst sind, wie wir in vielen eurer religiösen Gemälde dargestellt wurden? Wir können euch versichern, dass wir das nicht sind – wir tanzen, lieben und lachen. Die Bewegung der Liebe ist ein leises Lächeln — das ist unser Tanz. Möget ihr von unserer Freude inspiriert sein und ihrem Lachen nach Hause folgen.

24

DER FEHLENDE INNERE KERN

Alles begann, als der erleuchtete Meister verschied und seine Schüler glaubten, die Verantwortung zur Verbreitung seiner Lehren, oder genauer gesagt, ihrer Interpretationen der Lehren, übernehmen zu müssen. So begann sich die Heilige Botschaft zu verbreiten. Und während die Lehren sich immer weiter von ihrer ursprünglichen Quelle entfernten, gab es bedauerlicherweise zunehmend Missverständnisse durch die nachfolgenden Interpretationen. Später wurden auf dieser Basis organisierte Religionen errichtet. Unglücklicherweise hatten Irrtümer im Verständnis die heiligen Lehren zu dieser Zeit schon derart verfälscht, was den Grossteil der Menschheit bis heute daran gehindert hat, wahre innere Freiheit und Erleuchtung zu erlangen. Das Fundament jeder wirklichen spirituellen Lehre waren und sind Liebe, Frieden und Wahrheit, einschließlich der Liebe zu sich selbst.

Wir glauben, dass wir in den vorhergehenden Kapiteln ausreichend erläutert haben, dass ihr nicht im Einklang mit eurem Göttlichen Selbst lebt, solange eure Emotionen und Gedanken nicht der Liebe, der Wahrheit und dem Frieden entsprechen. Negative Verhaltensweisen sowie negative Gedanken und Gefühle blockieren das Licht, nach dem ihr euch sehnt. Das haben Millionen von spirituellen Suchern im Laufe der Geschichte immer wieder erfahren. Diese Schüler folgten dem Weg der von ihnen gewählten Religion mit ganzem Herzen und guten Absichten. Doch weil die Lehren ihren innersten Kern, der Liebe und Selbstliebe ist, nicht mehr enthielten, waren sie somit nicht in der Lage, das erstrebte Ziel zu erreichen. Später gingen einige Führer dieser Religionen sogar so weit, dieses grundlegende Gesetz in sein Gegenteil zu verkehren, und erklärten, dass Selbstliebe egoistisch sei, eine Eigenschaft, die auf jeden Fall vermieden werden müsse. Welch traurige Ironie, wenn ihr bedenkt, dass wir, die erleuchteten Meister, euch die Schlüssel zur Freiheit gegeben haben und die Religionen, die in unserem Namen etabliert wurden, diese Schlüssel in physische, emotionale und mentale Gefängnismauern verwandelt haben.

Ihr Lieben, wir sehen diese Gefängnismauern fallen und mit ihnen alle in die Irre führenden Lehren. Die wahren Lehren werden wieder anerkannt und jeglicher fehlgeleitete Glaube wird ausgetilgt werden. Wir werden die ursprünglichen Lehren von Christus und die Botschaften aller wahren Meister, die vor und nach ihm gekommen sind, offenbaren. Um ein besseres Verständnis von dem wahren Weg zu gewinnen, müsst ihr zuerst verstehen, welche Folgen die Verfälschung des innersten Kerns dieser Lehren hatte. Das Quintessenz war und ist Liebe, was auch bedeutet, euch selbst und eure Geschwister mit allen Unvollkommenheiten anzunehmen und zu lieben. Nur durch bedingungslose Liebe ist es möglich, ein passendes Ebenbild von eurem höheren Selbst zu werden und inneren Frieden und Freiheit zu finden.

Die offizielle Doktrin der christlichen Kirche entfernte Schritt für Schritt eine der wesentlichen Grundlagen des inneren Weges — nämlich die Liebe und die Selbstliebe — und ersetzte sie durch die Angst, selbstsüchtig zu sein. Das führte zu quälenden Schuldgefühlen, wenn ihr eure eigenen Bedürfnisse in Betracht zogt und wagtet, für euch selbst zu sorgen. Auf diese Weise wurde die Menschheit Tausende von Jahren in die Irre geführt – in der schmerzlichen Illusion gefangen gehalten, niemals gut genug zu sein. Dieser die Seele verkrüppelnde Irrglaube verbreitete sich wie ein Lauffeuer durch alle Nationen und Religionen. Dies ist eine der ansteckendsten und giftigsten inneren Überzeugung, und ihr alle seid immer noch davon betroffen. Wie ihr inzwischen wisst, sehen wir diese falschen Glaubenssätze als eine der tiefsten Ursachen für die meisten eurer Probleme an, die im Wesentlichen nur vermeidbares Leid und ungesunde emotionale und mentale Belastungen erzeugen.

Lasst uns unsere Aufmerksamkeit nun auf die Geschichte lenken und genauer untersuchen, was damals geschehen ist. Da fast alle Menschen unter dem blind machenden Bann der Selbstablehnung standen, wurde das Bewusstsein aller Menschen von diesem mentalen und emotionalen Gift beeinträchtigt. Keine Rasse oder Religion war davon ausgenommen; jeder wurde von dem Virus emotionaler Selbstzerstörung befallen und von den Lügen beeinflusst, was zur Folge hatte, dass die Wahrheit für lange Zeit begraben lag. Die Menschheit begann an ihre Schwäche und Unfähigkeit, sich mit dem Göttlichen zu verbinden, zu glauben. Infolge dieser falschen Überzeugung wurden Heilige und Meister als besondere Wesen angebetet – als die einzigen, die Erlösung finden können. Nur wenige waren in der Lage, diese Lügen zu durchschauen und den Weg zu ihrem eigenen ihnen innewohnenden Licht zu finden. Anstatt die Menschen zu ermutigen ihren spirituellen Weg zu gehen, ließen die Berichte über die außergewöhnlichen Errungenschaften der Heiligen und Meister die Mehrheit der Bevölkerung abermals in dem Glauben eigener Bedeutungslosigkeit – und wieder schien das Göttliche Licht unerreichbar und weit weg.

Diese außergewöhnlichen Menschen, eure Heiligen und Meister wurden oftmals zu ihren Lebzeiten unterdrückt und gefoltert, und viele haben ihr Leben verloren. Ironischerweise wurden dann einige von ihnen, Jahrhunderte später als leuchtende Beispiele für den Rest der Menschheit auf einen Sockel gestellt, damit sie bewundert würden. Andere wiederum wurden von derselben Kirche, die sie Jahrhunderte zuvor verfolgt hatte, zu Heiligen erklärt. Wenn wir diese alarmierenden Ereignisse betrachten, wird die sich weitende Kluft zwischen den Massen und den wenigen Auserwählten – den Heiligen – sehr offensichtlich. Anstatt die Botschaft dieser mutigen Seelen, dass jeder das Göttliche in sich trägt und auch verwirklichen kann, was die ursprüngliche Lehre von Christus, Buddha und anderen war, zu verbreiten, wurde die Wahrheit wieder in ihr Gegenteil verkehrt, und wieder einmal wurde proklamiert, dass nur 'auserwählte Seelen' die Einheit mit dem Göttlichen erreichen können. Könnt ihr erkennen, was sich hier immer wieder wiederholt hat? Die ganz wenigen, die die manipulierende Kontrolle der religiösen Dogmen durchbrochen haben, folgten 'dem Weg' und fanden den inneren Pfad. Danach wurden sie wieder auf ein unerreichbares Podest gestellt. Ihre Errungenschaften wurden für exklusiv gehalten, und wieder gab es für den Durchschnittsmenschen kein Seelenheil — keine Befreiung. Also ist es nicht überraschend, dass auch weiterhin an die immer größer werdende Kluft zwischen dem Menschen und Gott geglaubt wurde, wobei der Mensch auf der einen Seite als Sünder da steht und Christus, die Heiligen und das Göttliche auf der anderen. Bedauerlicherweise wurde dieses Erbe aus Lügen und Halbwahrheiten Tausende von Jahren, ohne hinterfragt zu werden, von Generation zu Generation weiter gegeben. Nur wenige waren in der Lage, diese verwirrende Mischung von Wahrheit, Unwahrheit und falscher Interpretation zu durchschauen, nämlich jene, die die heiligen Lehren im Geheimen studierten und schützten.

Jetzt ist die Zeit gekommen, die Wahrheit in euren Tempeln, Kirchen und Synagogen zu verkünden. Gott ist kein exklusiver Gott, der sich nur Priestern, Heiligen, Propheten, Gurus und spirituellen Lehrern offenbart. Gott spricht in allen Sprachen durch das Herz zu allen Wesen. Ihr alle seid in der Lage, Gottes Stimme zu vernehmen, wenn ihr eurem Herzen lauscht. Die Stimme der Stille kann jedoch nur vernommen werden, wenn ihr in den Raum tiefer innerer Ruhe eintretet. Auch ist es nicht möglich, den inneren Weg ohne Liebe für euch selbst zu gehen, denn sie ist die Basis jeglicher wahren, spirituellen Entwicklung. Wie lächerlich ist es doch anzunehmen, dass Gott, der von allen Religionen als omnipotent, allmächtig, als bedingungslose Liebe, absolute Wahrheit und Frieden erklärt wurde, von euch verlangen würde, euch selbst nicht zu lieben.

Wir sind uns darüber im Klaren, dass einige von euch nicht gerne hören, was wir zu sagen haben. Doch wir haben weder Interesse an Anhängern und Bewunderern, noch brauchen wir eure Zustimmung. Wir sprechen lediglich die Wahrheit und korrigieren, was der Korrektur bedarf. Wir haben auf diesen Moment gewartet, denn niemals zuvor in der Geschichte der Menschheit haben sich so viele von euch nach der Wahrheit gesehnt und waren bereit zuzuhören. Denkt daran, ihr empfangt immer entsprechend der Frequenz eurer gegenwärtigen Gedanken und Emotionen. So ist es seit jeher schon gewesen, und so wird es immer sein. Es war in Wahrheit euer Glaube an die Angst, der auf Angst basierende Religionen mit ihren falschen Lehren am Leben erhielt. Eure Sehnsucht nach Wahrheit wird ihr lang erwartetes Wiedererscheinen hervorbringen.

Was meinen wir jedoch damit, wenn wir den Begriff 'falsche Lehren' benutzen? Das ist einfach zu verstehen, wenn ihr euch darüber bewusst werdet, wie Selbstliebe, die Quintessenz eines jeden spirituellen Weges, mit der Zeit allmählich in der Versenkung verschwunden ist; und folglich alle Lehren, die ursprünglich als Medizin für die Seele gedacht waren, sich für all die, die nicht wussten, wie sie sich selbst lieben konnten, in Gift verwandelt haben. Was hat ein Mensch, der nicht gelernt hat, wie er sich selbst liebt, zu bieten? Wahres Geben bedeutet ohne Erwartungen zu geben. Doch jemand, der nicht in der Lage ist, sich selbst etwas zu geben, ist in einem energetischen Zustand des Verhungerns und wird starke, unbewusste Erwartungen an andere haben. Wenn jedoch dieser Mensch sich über seine eigene Unfähigkeit zu geben, klar werden würde, würde er sich vermutlich selbst verurteilen. Doch was er hingegen brauchen würde, wäre liebevolles Verständnis für sein noch nicht geheiltes Defizit.

Lasst uns die Analogie des überfließenden Kelchs benutzen, der freizügig und ohne Erwartungen gibt, denn der ist gefüllt – mit Liebe. Nur auf dieser stabilen und gesunden inneren Grundlage ist ein Schüler in der Lage, den Weg der Hingabe und der Selbstlosigkeit zu gehen, was unmöglich für jemanden ist, der sich der Selbstliebe selbst verweigert. Alles was diese Person tun wird, wird von ihrem Mangel an Selbstliebe beeinflusst sein. Alle Handlungen, Wahrnehmungen und Einsichten werden von diesem Mangel getrübt und daher unklar sein. Auf diese Weise wurden die ursprünglichen Lehren verfälscht. Wir bieten euch an, euch dabei zu helfen, zuerst euer eigenes inneres Fundament zu korrigieren. Dies ist die einzige Möglichkeit eine gesunde innere Basis zu aufzubauen, von der aus sich euer innerer Weg klar und stark entwickeln kann.

Vielleicht seid ihr irritiert oder sogar bestürzt darüber, dass wir, die wir aus dem Herzen Gottes sprechen, die Religionen so stark kritisieren. Wir haben lediglich die Absicht, die größten Irrtümer in euren spirituellen Lehren zu korrigieren und möchten euch nicht mehr beunruhigen als notwendig. Wir sind uns darüber im Klaren, dass es in euren religiösen Institutionen viele liebevolle und gutwillige

Menschen mit reinen Absichten gibt. Wir verurteilen weder sie, noch diese Institutionen. Wir möchten nur die Missverständnisse in den Lehren korrigieren, die euch in die Dunkelheit des Missverstehens geführt haben. Bedauerlicherweise haben diese falschen Interpretationen den perfekten Hintergrund für den euch einschränkenden Glauben an eure Trennung von der Quelle geliefert und euch für Tausende von Jahren erfolgreich in Unwissenheit gehalten. Jetzt ist die Zeit gekommen, eure Augen zu öffnen.

Wir verurteilen auch die nicht, die diese falschen Glaubensinhalte als Instrumente zur Kontrolle und Manipulation absichtlich eingeführt haben, denn wir sind uns dessen bewusst, dass eine eurer größten Ängste die Angst vor der Freiheit und vor eurer eigenen Macht ist. Wir verstehen den Ursprung dieser Angst und wissen, was sie imstande ist, euch anzutun. Diese Angst verhindert sogar die geringste Möglichkeit der Freiheit und innerer Macht. Die größte menschliche Angst ist jedoch die Angst davor, geliebt zu werden. Wenn ihr mit unseren Augen sehen könntet – mit den Augen des Herzens -, dann würdet ihr erkennen, dass es niemals Grund zur Verurteilung gibt. Jede Situation bietet euch lediglich mehr Gelegenheit, tiefer zu lieben und wahre Hingabe zu lernen. Mit der Verkündigung der Wahrheit bieten wir euch unsere Liebe an.

25

DAS SPIRITUELLE EGO

We would like to talk about a relatively unknown, but from our perspective very common phenomenon that can be found inside established religious institutions as well as in various spiritual groups — the spiritual ego. We have observed that a large number of human beings are deeply longing for truth and salvation. Countless souls have already embarked on a dedicated spiritual journey and others are now preparing. We enjoy listening to the song of these souls. Without this song — your soul's melody — your inner journey can never commence. Unfortunately, many seekers are misguided by some spiritual teachers, for they are unaware of a particular form of misconduct that lays the foundation for abuse. We feel it is time to bring into the open the underlying cause of this unsatisfactory and damaging behaviour.

Wir möchten gern über ein relativ unbekanntes, aber aus unserer Sicht sehr verbreitetes Phänomen sprechen, das sowohl in etablierten Religionen, als auch in den verschiedensten spirituellen Gruppen, gefunden werden kann – das spirituelle Ego. Wir haben beobachtet, dass eine große Anzahl von Menschen sich zutiefst nach Wahrheit und Erlösung sehnen. Unzählige Seelen haben sich bereits auf eine engagierte, spirituelle Reise begeben und andere bereiten sich darauf vor. Wir freuen uns, den Ruf dieser Seelen zu hören. Ohne diesen Ruf – die Melodie eurer Seele – kann eure innere Reise niemals beginnen. Bedauerlicherweise werden viele Suchende von so manchen spirituellen Lehrern fehlgeleitet, denn sie sind sich dieser bestimmten Form des Machtmissbrauchs nicht bewusst. Wir glauben, dass es jetzt an der Zeit ist, die zugrunde liegende tiefere Ursache dieses so weit verbreiteten und schädlichen Verhaltens offen darzulegen.

Einige Lehrer haben ein spirituelles Erwachen erfahren und glauben folglich, dass sie etwas Besonderes sind oder sogar erleuchtet. Das ist ein gravierender Denkfehler, denn nur der Bewusstseinszustand, der in immerwährender Einheit mit dem Göttlichen ist, kann als Erleuchtung bezeichnet werden. Alle Etappen, die zu diesem Bewusstsein absoluter innerer Freiheit führen, sind nur Schritte zu dem eigentlichen Ziel. Es gibt auf dem Weg zur Wahrheit und zur Einheit verschiedenste Hindernisse zu überwinden, die zu einem späteren Zeitpunkt in einer Besprechung fortgeschrittenerer Lehren gesondert erklärt werden.

Gegenwärtig möchten wir lediglich auf die Illusion hinweisen, in der so mancher spirituelle Lehrer gefangen ist, denn sie reden über Erleuchtung, ohne diesen Zustand des Bewusstseins persönlich erreicht zu haben. Ihr müsst euch dessen bewusst sein, dass das spirituelle Ego seine eigene spezifische Art hat sich zu verbergen. Dies kann mit jener Maske verglichen werden, die von eurem persönlichen Ego erschaffen wurde. Nichtsdestoweniger bedürfen beide Formen des

Egos der Korrektur, der Führung und Heilung. Das spirituelle Ego ist in seiner Erscheinung sehr komplex und erfordert eine genauere Untersuchung und größere Wachsamkeit.

Es ist schwer zu verstehen, warum ihr es zulasst, dass einige spirituelle Lehrer mit gewissen Verfehlungen und Nachlässigkeiten ungestraft davon kommen, was ihr hingegen streng verurteilen würdet, wenn ein durchschnittlicher Mensch sich so schamlos benehmen würde. Lasst uns das Beispiel eines sehr bekannten Gurus nehmen, der zahllose Suchende angezogen und sie davon überzeugt hat, dass er eine lächerliche Anzahl von Rolls Royces besitzen müsse, was zu seinen spirituellen Konzepten passen würde. Doch ein weitaus schädlicheres Verhalten ist, dass einige Lehrer Kontrolle und Manipulation ausüben. Andere unterhalten insgeheim sexuelle Beziehungen mit ihren Schülern und manche missbrauchen sogar Kinder. Diese Lehrer geben dann komplexe spirituelle Erklärungen für ihr Verhalten ab, die ihre Handlungen in Übereinstimmung mit ihrer spirituellen Doktrin darstellen, und bezeichnen ihre Verfehlungen als absolut notwendig und daher ehrenhaft.

Wir bitten euch, dass ihr einem spirituellen Lehrer nicht nur zuhört, sondern auch seine Handlungen beobachtet. Worte ohne entsprechende Taten sind machtlos. Einige Gurus benutzen eine Mischung verschiedener Philosophien, traditioneller Spiritualität und Psychologie, was jedoch oftmals nur zu Verwirrung ihrer Schüler führt. In Wahrheit verhalten sie sich genauso wie die etablierten Religionen es seit Jahrhunderten getan haben. Sie manipulieren und kontrollieren ihre Anhänger.

Wir sind uns eures Hungers nach Wahrheit und eurer Sehnsucht nach Erleuchtung bewusst. Diese seit langem erwartete Öffnung eurer Seelen bereitet uns große Freude. Dennoch wir müssen euch bitten, eine bessere Unterscheidungsfähigkeit zu entwickeln. Versteht, dass ein wahrer Lehrer weder eure Macht noch eure Bewunderung benötigt. Ein wahrer Lehrer der Freiheit wird eure Bewunderung immer auf die Einheit allen Lebens selbst lenken, auf das Alles, Was Ist - auf die Quelle der Schöpfung selbst, und niemals auf sich. Ein wahrer Lehrer wird euch die Werkzeuge für den Weg zur Freiheit geben. Er weiß, dass euer tägliches Leben euch alle notwendigen Mittel liefert, durch die ihr die innere Befreiung erlangen könnt. Was am Wichtigsten ist, ist, dass ein wahrer Lehrer sein eigenes spirituelles Ego überwunden hat und nicht von ihm fehlgeleitet ist, wie das bei vielen selbsternannten spirituellen Lehrern leider der Fall ist.

Wir benutzen den Begriff 'selbsternannt' absichtlich, denn genau das meinen wir. Ein wahrer Lehrer des inneren Weges geht nur in die Öffentlichkeit, wenn er vom Göttlichen selbst dazu berufen wird und verfällt nicht den Verführungen seines spirituellen Egos. Die Versuchungen des spirituellen Egos sind ähnlich den Täuschungen des persönlichen Egos: während sie sich unterschiedlich ausdrücken, haben sie jedoch dieselbe Absicht – ihr eigenes Überleben. Diese verletzten Aspekte drängen euch dazu, jemand Besonderes zu sein, jemand Wichtiges, jemand, der über allen anderen steht, jemand, der andere führt und darauf besteht, dass nur er sie leiten kann. Achtet bei allen spirituellen Lehrern auf diese Gesinnung! Seid wachsam, wenn jemand euer einziger Lehrer sein möchte, euren Gehorsam verlangt und Unmengen von eurem Geld. Er hat sich vielleicht ein paar Zeilen aus den Lehren der Wahrheit zu eigen gemacht und praktiziert sie womöglich sogar, doch das macht noch keinen wahren Lehrer aus ihm. Nur das Göttliche kann einen spirituellen Lehrer berufen. Beobachtet sorgsam und hört auf euer Herz. Euer Herz wird sich immer unbehaglich fühlen, wenn Worte und Taten nicht übereinstimmen.

Ist euch bewusst, dass ihr nicht wirklich einen spirituellen Lehrer in einem physischen Körper braucht, um euch aus euren Begrenzungen zu befreien? Ihr alle habt unsichtbare Lehrer, die euch entsprechend eurer Bewusstseinsentwicklung zugewiesen wurden. Diese aufgestiegenen Wesen sind vollkommen erleuchtet, frei von den

Verführungen des spirituellen Egos und in der Lage, euch zu wahrer Selbsterkenntnis zu führen. Ihr braucht euch lediglich nach innen zu wenden und mit Geduld und Ausdauer eurem Herzen zuhören. Euer spirituelles Herz ist die perfekte innere Führung und wird euch niemals im Stich lassen.

Wir wollen nicht behaupten, dass es keine wahren spirituellen Lehrer auf der Erde gibt. Es gibt tatsächlich einige außergewöhnliche Menschen, und es lohnt sich ihren Lehren und ihrer Inspiration zu folgen. Ihr könnt sicher sein, dass diese spirituellen Lehrer weder eure Macht noch euer gesamtes Geld wollen. Diese Seelen haben kein Interesse an Kontrolle, Manipulation oder an irgendeiner Form von Abhängigkeit. Wir nennen diese Wesen lebende Meister. Sie sind selten – seltener als ihr glauben mögt.

Wir fordern euch auf, Unterscheidungsvermögen, Unabhängigkeit und innere Stärke zu entwickeln. Einige von euch brauchen vielleicht sogar ein einige Begegnungen mit Missbrauch treibenden spirituellen Lehrern oder Gurus. Letztendlich dienen euch diese Erfahrungen dazu, die Kunst des Unterscheidens zu lernen. In diesem Fall werdet ihr durch die schmerzliche Einsicht, dass alles, was ihr gewonnen habt, Abhängigkeit war – nicht die versprochene Freiheit – zu der Erkenntnis kommen, dass ihr noch eine lange Reise vor euch habt, bis ihr eure wahre Natur gefunden habt. Letztendlich dient also alles dem Licht, sogar das spirituelle Ego.

In diesem Zusammenhang möchten wir euch noch auf ein anderes spirituelles Gesetz aufmerksam machen: 'Die Dunkelheit dient ebenfalls dem Licht.' Vielleicht seid ihr überrascht, das zu hören, denn es scheint allem zu widersprechen, was ihr gelernt habt und angeleitet wurdet zu glauben. Dennoch ist dies die Wahrheit. Die Dunkelheit liefert euch die Hindernisse für euer inneres Wachstum. Indem ihr diese Hürden überwindet, werdet ihr tiefe Einsichten gewinnen und das Dunkle wird seine Macht über euch verlieren, zumindest in Bezug auf jene Aspekte, die durch die Hürde getriggert worden sind — an denen ihr gearbeitet habt.

Geliebte, eine Seele sollte sich immer nur dem Göttlichen selbst hingeben. Jede andere Form der Hingabe ist sinnlos, sogar gefährlich, und ein langer Weg der Heilung ist notwendig für die diejenigen, die ihre Macht abgeben. Das gilt nicht nur für Priester, Gurus und spirituelle Lehrer, sondern auch für Therapeuten und Ärzte und für jeden, der euch inspiriert und den ihr bewundert. Der einzige Weg zu wahrer Hingabe ist, sich dem Göttlichen selbst hinzugeben, was nur in dem Raum der inneren Stille eures Herzens möglich ist. Hier geht es um heilige Verbindung zwischen Gott und euch. Das war schon seit Beginn aller Zeiten so. Das Göttliche hat kein spirituelles Ego. Es wird euch weder missbrauchen, noch manipulieren oder kontrollieren. Die alleinige Absicht des Göttlichen ist, euch bei eurer Rückkehr von der langen, illusionären Reise, während der ihr von der Trennung geträumt habt, zu unterstützen.

Das Göttliche liebt euch. Anders als bestimmte Gurus bietet euch Gott keine exklusiven Seminare an, wo Gespräche nur zu bestimmten Zeiten gewährt werden und persönliche Audienzen selten sind. Das Göttliche ist immer für euch da, Tag und Nacht bereit zuzuhören, euer ganzes Leben lang. Gott lehrt euch durch euer tägliches Leben. Ihr seid diejenigen, die sich aus dem Erdenbewusstsein erheben und ihr Herz öffnen müssen. Der Sinn dieses Buches ist, euch die notwendigen Anleitungen dazu zu geben. Das allein wird all eure Aufmerksamkeit fordern. Doch ihr müsst euer Leben weder aufgeben noch euch in ein Kloster zurück ziehen, um innere Freiheit zu erlangen. Was ihr jedoch tun solltet, ist, eure alten Gewohnheiten aufzugeben. Das heißt, die Art wie ihr das Leben, euch selbst, andere und Gott gegenwärtig wahrnehmt. Ihr müsst in euer 'inneres Kloster' gehen. In dem heiligen Raum eures Herzens werdet ihr Rückzug in der Stille finden. Dort werdet ihr lernen zuzuhören und der Stimme der Stille lauschen. Jedes Mal, wenn ihr der Führung des Göttlichen folgt, wird diese Stimme klarer, lauter werden und leichter zu verstehen sein.

Dann wird das Leben euch prüfen und testen, ob ihr wirklich den Weg des Herzens geht. Wie wir schon sagten, Worte ohne entsprechende Handlungen haben keine Bedeutung und damit auch keine Macht. Diese Worte der Weisheit gehören euch nicht. Sie gehören allein jenen, die die Wahrheit gefunden haben.

Der Weg ist weniger 'mystisch', als ihr euch vielleicht vorstellt. Es geht um euren Mut, das Leben im Einklang mit eurem Herzen zu leben. Euer spirituelles Herz ist der Ort, an dem ihr uns immer erreichen könnt. In eurem Herzen seid ihr mit dem Herzen Gottes verbunden. Für diejenigen, die den Ruf fühlen, ist es notwendig, zuerst zu lernen, eine intime und stabile Verbindung zum Göttlichen selbst zu etablieren. Prüft sorgfältig, ob irgendwelche Züge eures spirituellen Egos versuchen, euch zur Selbstüberschätzung zu verführen. Wenn ihr sie findet, folgt ihnen zu ihrem Ursprung zurück und ihr werdet erkennen, dass sie immer von eurem persönlichen Ego stammen. Vielleicht ist da eine alte Verletzung, die ihr übersehen habt, die einfach eurer Liebe bedarf. Erkennt, dass es nichts zu bekämpfen gibt, nicht einmal das spirituelle Ego. Es gilt nur mehr zu lieben. Wir bitten euch, spirituelle Unterscheidungsfähigkeit, nackte Ehrlichkeit, Mut und Integrität zu entwickeln, damit ihr mit eurem ursprünglichen Geist — der *Liebe* ist — in Einklang leben könnt.

26

DER RECHTE GEBRAUCH DER MACHT

Lasst uns die enge Verbindung von Macht und innerer Korruption betrachten, und wie der weit verbreitete Missbrauch von Macht verhindert werden kann. Die Antwort ist sowohl einfach als auch tiefgründig – durch Erleuchtung. Erleuchtung ist das vollkommene Einssein mit der Quelle und Manifestation des Göttlichen in euch — die einzige Möglichkeit, Macht, Geld, Ruhm und Reichtum, die Versuchungen, die eure Seele korrumpieren, auszuschließen. Nur wenn Menschen in Harmonie mit ihrem wahren Wesen sind, sind sie in der Lage, erfolgreich mit all diesen Herausforderungen umzugehen.

Im vorhergehenden Kapitel haben wir erwähnt, dass so mancher spiritueller Lehrer eine Form von innerer Korruption erfährt – die Einmischung des spirituellen Egos. Die Geschichte liefert euch zahllose Beispiele von politischen und religiösen Führern, die sich vom Streben nach weltlicher und spiritueller Macht und Reichtum haben leiten lassen. In der Tat ist kein Mensch in der Lage, angemessen mit solch einem Ausmaß von Macht umzugehen, ohne zuvor durch eine tiefe spirituelle Reinigung und Läuterung gegangen zu sein und das dazu gehörige Training. Jeder Versuch ohne diese wesentlichen inneren Vorbereitungen ist ein unmögliches Bestreben und zum Scheitern verurteilt. Dieses Unwesen wird bald von der Erde verschwinden, denn es dient nicht eurem höchsten Wohl.

In der Zukunft werden sich eure Führer einem intensiven spirituellen Training und Initiationen unterziehen müssen. Nur Schüler, die die höchste Ebene der Weisheit, innere Disziplin, Liebe und Mitgefühl erlangt haben werden diese Prüfungen bestehen. Über die erforderlichen psychologischen und spirituellen Fähigkeiten hinaus werden sie außergewöhnliche Führungs- und professionelle Qualifikationen entwickeln müssen, bevor sie das Recht haben, um sich zur Wahl stellen zu können. Es war schon einmal so auf Erden, auch wenn diese Zeiten schon lange vergangen sind. Die Legenden vom Hofe König Arthurs erzählen von diesen noblen Männern und Frauen und von ihren Versuchen, ein Königreich der Liebe, des Friedens und der Wahrheit zu errichten. Ähnliche Geschichten können in allen Kulturen gefunden werden und sie werden in der Zukunft wieder zu euren Leitbildern werden.

Die Menschheit hat heute ein tiefes Sehnen danach, dass weise Führer in den Vordergrund treten. Hoffnungen und Träume von einer besseren, faireren und friedlicheren Welt werden auf einen potentiellen oder schon gewählten Führer projiziert. Doch sogar, wenn ein Mensch von gutem Willen und Integrität die Weltbühne betritt, beobachten wir, dass seine Hände immer noch von Kräften gebunden sind, die im Hintergrund wirken. Diese Männer glauben auf Grund der Kontrolle und Manipulation, die sie schon so lange ausgeübt haben, an die Illusion ihrer Allmacht. Dennoch flaut ihre Macht ab und wird bald aufhören zu existieren, denn das Göttliche Licht wird die Regierung auf Erden übernehmen.

Die Kinder der Sonne kehren zurück, um die Führung dieses Planeten in die Hand zu nehmen. Die edlen Seelen erleuchteter Meister inkarnieren sich zur Zeit, um die ewige Wahrheit aufzudecken und die Menschheit wieder über den wahren Sinn und die Bedeutung ihres Lebens zu belehren. Sie liefern euch die Schlüssel für ein Leben in Frieden, Liebe und Wahrheit. Wenn ihr dem Rat dieser erleuchteten Menschen folgt, werdet ihr im Frieden miteinander leben. Die Frequenz des Lichtes auf Erden erhöht sich Tag für Tag und diese Seelen werden im Verborgenen auf die alte Weise auf ihre Rollen als Führer vorbereitet. Sie haben ernst zu nehmende spirituelle Einweihungen zu bestehen – die Quelle selbst liefert ihnen die nötige Vorbereitung für die schwierige Aufgabe, sowohl mit weltlichen und spirituellen Kräften umzugehen, als auch mit den aus ihrem Besitz von Reichtum entstehenden Privilegien und Versuchungen. Ihr Training umfasst viele Leben, einschließlich dieses Lebens, damit sie wahrhaft dienen mögen. Wenn ihr aufmerksam beobachtet, könnt ihr sie schon auftauchen sehen. Obwohl sie gegenwärtig selten in Erscheinung treten, stehen sie als strahlende Lichter zwischen den Korrupten, Unreifen und Unbewussten, die von der dunklen Seite der Macht an ihren Platz gestellt wurden. Diese dunklen Mächte arbeiten buchstäblich im Schatten und benutzen gewählte Führer lediglich als Marionetten, um die Aufmerksamkeit von ihren eigenen geheimen Zielen abzulenken. Doch bald werdet ihr lebendige Beispiele von Integrität erleben, die immer öfter in der Öffentlichkeit auftreten. Es wird selbstverständlich werden, dass eure Führer eine Reihe außergewöhnlicher persönlicher, professioneller und spiritueller Fähigkeiten besitzen, bevor sie überhaupt zur Wahl aufgestellt werden können. Dann erst werden sie ausreichend darauf vorbereitet sein, euch in eine blühende Zukunft zu führen. Diese Führer werden erscheinen, wenn die Menschheit dazu bereit ist und sie energetisch anzieht.

Wir beobachten, dass die große Mehrheit der Menschen den Krieg nicht mehr idealisiert. Es gibt nur wenige fehlgeleitete Seelen, die die 'Kriegsmaschinerie' antreiben. Die meisten von euch sehnen sich nach einer friedlichen Welt und nach Führern, die aus innerer Weisheit handeln. Wie ihr wisst, erschafft ihr eure Welt entsprechend des Gesetzes der Anziehung, und euer Sehnen wird das Erscheinen dieser neuen Führer anziehen. Wenn ihr euch eine Welt des Friedens vorstellen könntet, anstatt euch über eine vom Krieg und von der Korruption geplagten Welt Sorgen zu machen, hätte das zur Folge, dass Friede auf die Erde kommt – er muss kommen. Es wird Zeit, dass ihr erkennt, dass euer kollektives menschliches Bewusstsein eure Welt manifestiert. Das ist der Grund dafür, warum wir ein so großes Interesse daran haben, euer Bewusstsein auf eine höhere Stufe zu bringen, insbesonders das eurer Führer. Das ist die einzige Möglichkeit um wahrhaft eine bessere Welt zu erschaffen. Könnt ihr sehen, welch aktive Rolle ihr dabei spielen müsst? Ihr könnt die Welt wesentlich verändern, indem ihr eure Sorgen und negativen Urteile los lasst. Wir meinen damit nicht, dass ihr den negativen Ereignissen, die auf eurer Erde geschehen, blind, naiv oder gleichgültig gegenüber sein sollt. Wir bitten euch jedoch, dass ihr aufhört, eure kostbare Lebensenergie mit unnützem Klagen zu vergeuden. Anstatt dessen laden wir euch ein, die Welt so zu visualisieren, wie ihr sie euch wünscht, und aktiv daran mit zu bauen. Der erste Schritt zu diesem Ziel ist, euch die Welt so vorzustellen, wie ihr sie euch wünscht und eure Aufmerksamkeit so oft wie möglich auf diese Vision zu richten. Ihr könnt diese Visualisierung üben, während ihr mit alltäglichen Aufgaben beschäftigt seid, zum Beispiel beim Autofahren, bei der Gartenarbeit oder beim Bügeln der Wäsche. Stellt euch euren Traum für diese

Welt vor und fühlt ihn, so als ob er sich schon erfüllen würde.

Die Macht gehört in die Hände der Erleuchteten. Denn sie streben weder nach Macht noch nach Anerkennung. Sie brauchen keine Aufmerksamkeit, sind aber in der Lage in Demut und Würde mit der ihnen geltenden Aufmerksamkeit umzugehen. Aber so weit sind wir noch nicht. Was ihr im Moment erlebt, ist das Sterben des alten Systems, das auf Kontrolle und Angst basierte. Gleichzeitig erscheinen – in Übereinstimmung mit den Göttlichen Gesetzen - die ersten Anzeichen einer neuen Welt mit einer anderen Art von Regeln. Gegenwärtig erlebt ihr den Übergang von einer Art zu leben zu einer anderen. Geduld und eine positive Lebensperspektive sind erforderlich, um das Ende des alten Weges der Angst bestehen zu können. Schaut auf die vielversprechenden Entwicklungen in der Welt und in euch selbst, die aufgehen wie junge Schösslinge im Frühling. Gebt dem Erblühen dieses neuen Bewusstseins eure ungeteilte Aufmerksamkeit und Liebe. Und wenn ihr auch euren inneren Wunden dieselbe Beachtung und Fürsorge schenken würdet, würdet ihr ohne unnötige Leiden und inneren Tumult durch diese globale und persönliche Transformation gehen. In diesem Zusammenhang ist es hilfreich, sich daran zu erinnern, dass die Welt nichts anderes ist als eine Reflexion eures eigenen Bewusstseins. Das alte auf Angst, Kontrolle und Manipulation errichtete System wird vergehen. Seelen, die weiterhin an dem alten System der Unterdrückung festhalten, werden Zeit brauchen, um all dies alles zu überdenken und zu heilen. Bedauerlicherweise wird der Heilungsprozess der meisten dieser widerstrebenden Seelen auf der anderen Seite des Schleiers stattfinden, nachdem sie durch die Transformation, die ihr Tod nennt, gegangen sind.

Parallel zu den inneren und äußeren Umgestaltungen, kommt das versprochene Neue Zeitalter herab und offenbart in vielen Lebensbereichen schon seinen machtvollen Einfluss. Ihr müsst euch nur die neusten Entwicklungen auf den Gebieten der Medizin, der

Naturwissenschaften, des Umweltschutzes und beispielsweise der Psychologie anschauen, in denen signifikante Durchbrüche in Richtung ganzheitliches Denken stattgefunden haben. Beobachtet alle Bereiche eures Lebens, und ihr werdet erkennen, wie viele vielversprechende Veränderungen sich schon aufzeigen, die vor ein paar Jahrzehnten noch undenkbar gewesen wären. Das sind die Boten der neuen Zeit.

Die Neue Erde kann sich nur manifestieren, wenn so viele von euch wie möglich die Dringlichkeit, euer Bewusstsein zu erweitern, verstehen. Beginnt mit den grundlegenden spirituellen Lehren und wendet diese Gesetze in eurem täglichen Leben an. Eure Bewusstseinsveränderung wird sich in euren Regierungen und ihren Führern widerspiegeln. In nicht all zu ferner Zukunft werden wir vielleicht sehen, wie der Traum von König Arthur und seinen Rittern der Tafelrunde wahr werden wird. Auf völlig unerwartete Weise wird sein Geist und der Geist seiner Ritter auf die Erde zurückkehren und das Versprechen einlösen, das sie sich selbst und der Welt einst gegeben haben. Sie werden die Aufgabe erfüllen, die sie vor über tausend Jahren nicht in der Lage waren zu lösen.

Und viele andere, die am Rad der Geschichte gedreht haben, kehren mit ihnen zurück, um euch und die Mutter Erde bei dieser ungeheuren Transformation zu einer erleuchteten Gesellschaft zu unterstützen. Diese erwachten Männer und Frauen halten den Schlüssel für eure Reise in die Freiheit in ihren Händen. Wisset, dass euer spirituelles Erwachen das eigentliche Ziel eures Lebens ist. Alle Großen der Geschichte wussten um dieses Geheimnis. Lasst uns einige der großen Eingeweihten erwähnen: Jesus, Maria Magdalena, Buddha, Mohammed, Zarathustra, Krishna, Moses, Echnaton, Leonardo da Vinci, Albert Einstein, Benjamin Franklin, Abraham Lincoln, Jeanne d`Arc, St. Francis, Lao Tzu, Hatschepsut, Mahatma Gandhi, Comte de Saint Germain, Johann Wolfgang Goethe und noch zahllose andere Meister.

Interessanterweise hatten alle diese außergewöhnlichen Menschen, die heute noch sehr geehrt werden, eins gemeinsam: Sie gingen den Weg der inneren Einweihung. Ihr Wissen, ihre Weisheit und ihr Genie entsprangen ihrer spirituellen Verbundenheit und ihrer inneren Transformation. Sie wurden nur durch ihre tiefe Verbindung zum Göttlichen zu außergewöhnlichen Menschen. Ihre Leben dienen als eine Einladung, ihrem Beispiel zu folgen. Beginnt mit eurer eigenen Reise, damit ihr eines Tages als einer von ihnen in einer Reihe mit diesen Führern der Menschheit steht. Jedoch geht es nicht darum, dass man sich später an euren Namen erinnert. Es geht vielmehr darum, dass ihr euer Potenzial bestmöglich verwirklicht und lernt, weise mit Macht umzugehen, wenn das Schicksal sie euch einmal in die Hand geben sollte.

27

DIE UMERZIEHUNG DES EGO

Lasst uns die wahre Bedeutung des Begriffes 'Ego' — dieses oft so achtlos gebrauchten Wortes erkunden. Das Ego ist der Aspekt eurer Persönlichkeit, der fürchtet und hofft, etwas mag oder nicht mag, beurteilt und all das ausmacht, was euch konditioniert und limitiert. Es ist der Aspekt eurer Persönlichkeit, der noch nicht vollständig geheilt ist. Aus diesem Grund verhält sich das Ego auf eine Art und Weise, die die meisten von euch verurteilen und verachten, wenn ihr seine Züge in eurem eigenen oder im Charakter von anderen entdeckt. Wir betrachten Verurteilung an sich und jegliche Art von innerem Kampf, egal ob gegen euch selbst oder gegen andere gerichtet, als sinnlos und destruktiv. Wir möchten euch darlegen, warum wir dieses so weit verbreitete Verhalten, das eure Gesellschaft und fast alle spirituellen Lehren befallen hat, so gar nicht wertschätzen.

Die Religionen und die meisten spirituellen Gruppierungen kämpfen unisono gegen das 'Ego' und stellen es geradezu als dämonisch dar. Dies ist eine grobe Verzerrung der Wahrheit. Alles, wogegen ihr kämpft, wird durch die darauf gerichtete Kraft und Aufmerksamkeit nur noch verstärkt, ungeachtet dessen, dass ihr glaubt, dass euer Kampf gerechtfertigt ist. Das Ego verhält sich nur auf selbstsüchtige, ego-zentrische und rücksichtslose Weise, weil es eure nicht geheilten Aspekte darstellt. Das Ego ist nicht etwas, wogegen ihr kämpfen könnt. Anstatt dessen benötigt es eure Aufmerksamkeit und Beachtung, um als euer verwundeter und fehlgeleiteter Teil, der nach Liebe und Führung schreit, wahrgenommen zu werden. Nur durch diese Einsichten wird wahre Transformation geschehen. Die meisten eurer spirituellen und religiösen Gruppen haben jedoch noch nicht erkannt, dass die radikale Verurteilung 'des Egos' auf einer grundlegend falschen Vorstellung und auf einem der tiefgreifendsten Missverständnisse in ihren Lehren beruht. Das traurige Ergebnis dieses Missverständnisses ist vermeidbares Leid und eine signifikante Verzögerung eurer inneren Entwicklung.

Wie alles, was nicht mit Liebe und Wahrheit in Übereinstimmung ist, braucht auch euer Ego Heilung. Ihr seid die einzigen, die Heilung für euch selbst bewirken können. Die verwundeten Teile – von euren fehlerhaft konditionierten Überzeugungen als 'skrupelloses Ego' missverstanden – können nur integriert werden, wenn euer menschliches und göttliches Selbst sie neu erzieht und liebevoll mit ihnen umgeht. Ein asketisches Leben zu leben – ein Leben der Verurteilung und des rigorosen Kampfes gegen 'das Ego' – wird niemals zu einer Lösung dieses problematischen Aspektes und seiner Reintegration führen. Das ist ein unerreichbares Ziel, denn Integration — das heißt, das zu vereinen, was offensichtlich getrennt ist und daher nicht ganz — kann nur durch Liebe geschehen. Kampf hingegen bedeutet immer Spaltung und führt lediglich zu weiterer Trennung. Könnt ihr erkennen, wie das Prinzip des Kämpfens an sich schon dem Prozess wahrer Integration entgegen steht? Es ist unmöglich, Einssein mit dem Göttlichen zu erlangen, während ihr euer Ego mit aller Macht bekämpft. Schüler verschiedenster Glaubensgemeinschaften haben seit Tausenden von Jahren versucht auf diese Weise Einheit mit Gott zu erreichen und sind kläglich gescheitert. Gott ist ein Gott der Liebe, der Wahrheit und des Friedens. Wie kann der Kampf Gott jemals dienen?

Um Gott nahe zu kommen, müsst ihr liebevoller, friedvoller und wahrhaftiger mit euch selbst und mit euren Mitmenschen werden. Das ist die einzige Möglichkeit erfolgreich zum Ziel zu kommen. Wahrhaftig zu sein heißt, euch selbst ehrlich anzuschauen und zu identifizieren, wo ihr nicht liebevoll, nicht fair, im Krieg mit euch selbst und andern, habgierig, eifersüchtig oder wütend seid. Erkennt diese Emotionen, ohne sie zu verurteilen, einfach an, werdet euch ihrer bewusst und seht, welche Zerstörung sie in eurem Leben anrichten. Dann fasst den Entschluss euch zu transformieren und zu heilen.

Beginnt mit dem Aspekt, den ihr als den unerfreulichsten empfindet, stellt ihn euch in euren Meditationen oder Visualisierungen vor. Fragt diesen Teil, was er braucht und mit etwas Beharrlichkeit und Übung werdet ihr Antwort erhalten. Handelt dann in Übereinstimmung mit dem, was ihr erkannt habt und gebt diesem verwundeten Teil Liebe und Verständnis. Mit der Zeit werdet ihr bemerken, dass dieser Aspekt, den ihr zuvor als euren schlimmsten betrachtet habt, anfängt, sanfter zu werden und ihr werdet nie zuvor gekannten inneren Frieden und Entspannung fühlen. Ihr werdet eine Veränderung spüren, zuerst nur ganz subtil, bis der Moment kommt, in dem ihr beobachtet, wie sich eure Wunde vollkommen schließt. Wendet eure Aufmerksamkeit dann dem nächsten Aspekt eures negativen Egos zu und wendet dieselbe Heiltechnik an, bis nur noch Liebe übrig bleibt. Liebe ist der große Heiler. Jeder von der Angst erschaffene Dämon, wie auch jeder negative Charakterzug, kann durch Liebe in Licht verwandelt werden. Dieser Vorgang hat nichts Mysteriöses an sich. Jeder Mensch kann diesen Prozess anwenden und so Heilung erfahren.

Es ist bedenklich, dass viele Suchende sich in der puren Fülle von 'spirituellem Wissen' verlieren, das sie wie Konsumsüchtige ansammeln, ohne die rechte Anwendung der Gesetze in ihrem täglichen Leben. Könnt ihr erkennen, dass dieses Verhalten zu nichts führen kann, sondern euch lediglich nur noch mehr verwirrt? Um weitere Versuchungen dieser Art zu vermeiden, die nur sinnentleerte Geistes-Akrobatik fördern würden, formulieren wir unsere

Lehren so einfach wie möglich. Wir finden es besser, dass ihr erst einmal eine Sache gründlich studiert und sie wirklich meistert anstatt soviel Wissen anzusammeln und so wenig davon zu leben.

Schaut euch eure ungeheilten Aspekte an, die das 'Ego' geboren haben und transformiert diese. Mit diesem kleinen, aber bedeutsamen Schritt werdet ihr tiefe Heilung und einen Quantensprung im Bewusstsein erfahren. Seid gewiss, dass wir euch lieben. Hat nicht einer von uns gesagt: „Liebt euren Bruder wie euch selbst"? Der erste Teil dieses Spruches wird als Relikt in Form von karitativen Initiativen in euren Kirchen noch praktiziert, während der zweite Teil fast völlig vergessen zu sein scheint. Es wird Zeit, sich an den ganzen Satz zu erinnern, denn nur dann macht er wirklich Sinn. Ihr könnt eure Geschwister nicht lieben, wenn ihr nicht alles liebt, was ihr seid, einschließlich eures Egos.

Um zukünftige Missverständnisse zu vermeiden, möchten wir klarstellen, dass wir es nicht unterstützen, dass ihr eurem Ego erlaubt, negatives Verhalten durchgehen zu lassen, oder Egoismus mit der groben Aussage „Ich liebe mich selbst." verteidigt. Das ist ganz sicher nicht der Sinn dieser Lehren über die Liebe. Was wir sagen ist, dass ihr das, was sich in euch verloren fühlt, abgespalten, verstoßen und nicht geheilt ist, auf neue Weise wie liebevolle Eltern behandeln solltet, damit ihr diese Teile wieder in euer umfassenderes Selbst integrieren könnt. Ohne ein transformiertes Ego könnt ihr nicht nach Hause zurück kehren und die Türen des Himmels werden für euch verschlossen bleiben.

Nur wenn ihr euer Ego an die Hand nehmt, wie Parzival es mit seinem dunklen Bruder Feirefiz getan hat, wird euch der Heilige Gral erscheinen und der Himmel wird euch mit all seinem Glanz umfangen. Feirefiz gilt als Metapher für den inneren Schattenanteil, der zu dem transformierten Ego wird. Parzival stellt euren transformierten, menschlichen Anteil in Übereinstimmung mit eurem Göttlichen Selbst dar, der euer Ego fest, aber liebevoll an die Hand nimmt, um es nach Hause zu führen. Solange ihr nicht Liebe und Verständnis für euch selbst und alle fühlenden Wesen zu eurer Lebensmaxime gemacht habt, werdet ihr nicht in der Lage sein, fortwährenden inneren und äußeren Frieden zu erfahren. Es gibt wirklich nichts, was zu bekämpfen wäre, nur immer mehr zu lieben!

28

DIE AUFGABE DER SEELE

Dear ones, we would like to look at a question that frequently arises in your hearts when you have embarked on your spiritual journey: 'What is my soul purpose?' Many of you feel helpless regarding the answer to this burning question. Some even lose their sense of direction when they are unable to find a satisfying answer. The answer is the same for everyone. Your soul purpose is to remember who you are and awaken to your divine nature. How you perceive your soul purpose will, however, change according to the continuous transformation of your consciousness. Everything changes as consciousness evolves.

Ihr Lieben, wir möchten nun gerne eine der Fragen näher betrachten, die oft in euren Herzen auftaucht, wenn ihr euch auf eure spirituelle Reise begeben habt. "Was meine Seelenaufgabe?". Die meisten von euch fühlen sich hilflos in Bezug auf die Beantwortung dieser brennenden Frage. Manche verlieren sogar ihr Gefühl für die rechte Ausrichtung in ihrem Leben, wenn sie keine schnelle befriedigende Antwort finden können. Die Antwort ist jedoch für euch alle dieselbe. Die Aufgabe eurer Seele ist, euch daran zu erinnern, wer ihr seid und die Göttlichen Natur in euch zu erwecken. Wie ihr die Aufgabe eurer Seele wahrnehmt, wird sich entsprechend der fortwährenden Wandlung eures Bewusstseins jedoch immer wieder verändern. Alles verändert sich, wenn das Bewusstsein sich entwickelt.

Lasst uns zum besseren Verständnis wieder die Analogie des Bergsteigens heranziehen. Stellt euch vor, dass ihr den halben Weg bis zur Spitze schon geschafft habt, schaut euch um und nehmt alles in euch auf, was ihr von dieser Position aus sehen könnt. Dann steigt weitere zwei Stunden auf und nehmt wieder mit all euren Sinnen wahr, was sich eurem Blick darbietet. Ihr werdet eine andere Umgebung wahrnehmen, als die, die ihr noch vor Kurzem genossen habt. Ihr seid immer noch auf demselben Berg, nur euer Bezugspunkt hat sich verändert. Stellt euch jetzt vor, dass ihr auf der Bergspitze angekommen seid ihr habt den vollen Ausblick. Eine atemberaubende Szene — tiefe Täler und hoch aufragende Berge stehen euch vor Augen, ganz anders als bei den vorigen Ausblicken. Und doch es ist immer noch derselbe Berg, nur eine andere Perspektive.

Dasselbe gilt für eure Wahrnehmungen, während ihr durch das Leben geht. Sie verändern sich — entsprechend den Veränderungen in eurem Bewusstsein — immer wieder von Neuem. Wenn ihr euch zum Beispiel deprimiert fühlt, ist eure Sichtweise auf das Leben und eure Fähigkeit, mit dem Leben umzugehen eingeengt und durch den dunklen Filter negativer Gedanken begrenzt. Umgekehrt fühlt ihr, wenn es euch richtig gut geht, dass ihr die Welt erobern könntet und euer Motto scheint zu sein: „Erst der Himmel ist meine Grenze". Dies ist ein einfaches Beispiel, das jeder Mensch aus eigener Erfahrung kennt – dieselbe Person, dasselbe Leben, doch die Veränderung im Bewusstsein schafft einen riesigen Unterschied in der Wahrnehmung des Lebens.

Lasst uns nun unsere Aufmerksamkeit auf die Suche nach eurem Lebensauftrag richten. Die wahre Aufgabe aller Menschen ist zu erwachen, sich mit ihrem Göttlichen Selbst in Übereinstimmung zu bringen und eines Tages erleuchtet oder selbst-verwirklicht zu werden. Erleuchtung meint die stabile, unzerstörbare, ständige Verbindung zu eurem Höheren Selbst, die unter allen Umständen erhalten bleibt. Der Weg zu diesem noblen Ziel ist so individuell, wie ihr es alle seid. Was ihr als die Aufgabe eurer Seele oder als eure wahre Mission empfindet, wird sich natürlich im Laufe eures Lebens verändern. Wenn ihr durch eine Herausforderung gegangen seid, werdet ihr bald mit der nächsten konfrontiert werden.

Es ist bedauerlich, dass viele spirituelle Sucher fast schon von der Suche nach der Aufgabe ihrer Seele besessen sind. Wenn wir in euer Herz schauen, finden wir oftmals eine tiefe Sehnsucht nach einer außergewöhnlichen Mission, wie beispielsweise 'die Welt zu retten'. In einigen Menschen bemerken wir auch den Wunsch, jemand von großer Wichtigkeit zu sein, jemand mit bedeutenden, übersinnlichen Fähigkeiten wie beispielsweise ein erfolgreicher Heiler, Schriftsteller, Spiritueller Lehrer, Redner oder Ähnliches. Um es kurz zu machen, Ihr möchtet jemand sein, der ihr in diesem Moment nicht seid. Genau das ist der Punkt, auf den wir hinweisen möchten. Die Frage nach eurer Lebensaufgabe, die ihr euch oftmals so verzweifelt stellt, basiert auf der Tatsache, dass ihr eure gegenwärtige Lebenssituation als unbefriedigend empfindet und ihr euch nicht gut genug fühlt. Aus diesem Gefühl des Mangels heraus könnt ihr jedoch keine befriedigende Antwort finden.

Eure Fragen entspringen der Angst und verursachen daher ein noch stärkeres Gefühl des Mangels. Wie könnt ihr auf einer auf Angst basierenden negativen Grundlage eine positive beseelte Antwort finden? Das ist unmöglich. Ihr müsst die richtige Frage stellen. Erinnert euch das an die Geschichten, in denen der Schüler, der den Pfad der Einweihung betritt, aufgefordert wird, seine Frag sorgfältig zu überdenken? Vielleicht erinnert ihr euch an die mittelalterliche Geschichte von Parzival, der vor dem Gralskönig Amfortas stand und nicht in der Lage war, die richtige Frage zu stellen, sodass er konsequenterweise wieder gehen und seine Suche nach dem Heiligen Gral fortsetzen musste. Eine auf Angst basierende Frage kann euch keine positive Antwort liefern. Daher empfehlen wir, dass ihr zuerst eure Angst heilt, bevor ihr diese entscheidende Frage stellt. Nur aus der Liebe zu euch selbst heraus könnt ihr wirklich beginnen, dieser Frage nachzuspüren. Tretet in die Stille eures Herzens ein und bringt die Frage nach der Aufgabe eurer Seele vor euer Göttliches Selbst und eure spirituellen Führer.

Einigen von euch wurde lange vor ihrer Inkarnation vielleicht eine bestimmte Aufgabe zugewiesen, die der Menschheit einen größeren Dienst erweist als anderen. Doch vergleicht euch nicht mit anderen. Eine Person, deren Name bekannt oder gar berühmt wird, hat keinen größeren Wert als jemand, der seiner inneren Arbeit in der Stille nachgeht und der Welt unbekannt bleibt. Es geht darum, dass ihr das tut, was ihr liebt, denn darin werdet ihr glänzen. Folgt immer eurem Herzen – lasst es die Führung übernehmen. Geht lieber langsam und gleichmäßig voran, anstatt zu schnell voran zu schreiten, denn nur wenige haben die Fähigkeit, mit den Konsequenzen, die aus der Schnelligkeit entstehen, umzugehen. Tut, was ihr tut, mit ganzem Herzen und eurer Seele, so gut ihr könnt. Wenn ihr eine bestimmte Lektion gemeistert habt, wird euch die nächste Herausforderung gegeben.

Eure Hauptaufgabe auf der Erde ist, euch selbst bedingungslos zu lieben, alle Angst aufzulösen und sowohl ein wahrhaftiger Ausdruck eurer Menschlichkeit als auch eurer Göttlichkeit zu werden. Auf diese Weise werdet ihr die heilige 'Regenbogenbrücke' zwischen Himmel und Erde erbauen und den Himmel auf die Erde bringen.

Wenn ihr eurem Herzen folgt, müsst ihr bereit sein, Risiken einzugehen. Bereitet euch darauf vor, dem Unbekannten zu vertrauen – ohne naiv zu sein. Tut, was immer ihr könnt, denjenigen, die leiden, ihre Last zu erleichtern. Tut, was auch immer euer Herz euch rät – folgt seinem Ruf. Erinnert euch daran, dass jedes große Unternehmen klein angefangen hat. Glaubt an eure Mission, ungeachtet aller Rückschläge und Schwierigkeiten, bleibt auf euer Ziel ausgerichtet, geht weiter darauf zu, und ihr werdet Erfolg ernten. Alles was ihr tut, egal wie groß oder klein es erscheint, wird im Himmel mit anderen Maßstäben gemessen. Wir sehen bei all euren Handlungen vor allem eure Absicht, die Liebe, die Wahrheit und den Frieden, den ihr ausstrahlt – oder den Mangel an eben diesen Eigenschaften.

Ihr Lieben, wenn wieder einmal die Frage in euch auftaucht „Was ist die Aufgabe meiner Seele?", erwartet nicht zu schnell 'ein Held zu werden, der die Welt rettet'. Diese Welt muss von mehr als einem Helden gerettet werden. Dazu werdet ihr alle gebraucht, jeder von euch!

Werdet still und stellt euch selbst die folgenden Fragen:

1. Bin ich mir selbst gegenüber wahrhaftig in der Art und Weise, wie ich mein Leben lebe?
2. Behandle ich mich selbst und meine Mitmenschen mit Liebe und Respekt?
3. Wonach sehne ich mich in dieser Welt?
4. Was ist mein Traum für mein Leben?

5. Was liebe ich am meisten?
6. Was kann ich gut?
7. Wie kann ich meinem eigenen Erwachen und der Menschheit am besten dienen?

Wenn ihr diese Fragen wahrheitsgemäß beantwortet, werdet ihr die nötigen Hinweise finden, die euch zu eurer Seelenaufgabe führen.

Die Seelenaufgaben können ebenso unterschiedlich sein, wie ihr alle unterschiedlich seid. Jemand hat in früheren Leben vielleicht seinen Helden- oder Heiligen-Aspekt gelebt – oder seinen Führer -und Königsanteil — und hat nun das Gefühl, dass es in diesem Leben darum geht, dass er lernt, da zu sein, um seine Kinder aufwachsen zu sehen und einen aktiven Teil bei ihrer Erziehung zu übernehmen. Eine andere Seele hat sich vielleicht auf eine Art und Weise verhalten, die sie jetzt bereut, wie z. B. ihre Macht missbraucht. Und diesmal möchte sie zeigen, dass sie Macht weise nutzen kann und wird ein bekannter Heiler oder spiritueller Lehrer. Beurteile niemals jemanden nach seiner äußeren Erscheinung, denn menschliche Augen können die Wahrheit nicht erkennen. Wir hingegen sehen immer die ganze Geschichte, während ihr nur einen kleinen Teil davon wahrnehmt. Nur die Augen des Herzens sind in der Lage, das größere Bild zu sehen. Die Wahrheit wird sich denen offenbaren, die den Weg der Einweihung gehen und in der Hingabe an das Göttliche leben.

Die Aufgabe eurer Seele ist, das beste 'ich' zu sein, das ihr sein könnt – da wo ihr seid, genau in diesem Moment, an diesem Ort, mit genau den Menschen, die euch umgeben. Seid euch selbst und anderen gegenüber so liebevoll, wahrhaftig und friedvoll, wie ihr könnt. Wenn ihr eine bestimmte Aufgabe habt, dann versichern wir euch, dass wir unsere Möglichkeiten haben, euch dies mitzuteilen. Ihr könnt den Ruf eurer Seele oder eures Schöpfers nicht zum Schweigen bringen. Wir möchten euch daran erinnern, dass kein Leben unbedeutend ist, wenn es darum geht, das Licht auf Erden zu vergrößern. Es geht immer um euer Herz und wie ihr die Dinge tut, nicht darum, was ihr tut. Folgt eurem Herzen, lebt eure Träume, seid Liebe und seid wirklich präsent mit dem, was ist.

29

DER VERSTAND

Euer menschliche Verstand ist eine Manifestation eures Mentalkörpers. Er war ursprünglich einmal erschaffen worden, um so still zu sein wie ein See in einer warmen Sommernacht, der einfach nur das Licht des Mondes reflektiert, – ein friedliches Spiegelbild dessen, was *ist*. Der Verstand kam nur ins Spiel, wenn seine aktive Rolle erforderlich war. Leider sind nur wenige auf eurem Planeten in der Lage, ihren Verstand auf diese Weise zu benutzen. Ihr habt vergessen, welche Aufgabe der Verstand eigentlich hat und habt euch völlig im Gedankentumult verloren, den euer tägliches Leben mit sich bringt. Heutzutage ist der menschliche Verstand selten still, oder metaphorisch gesprochen, euer See ist nicht in der Lage, wirklich zu reflektieren, was *ist*, denn eure Gedanken sind in ununterbrochenem Aufruhr. Euer Verstand ist wie Gewittersturm, in dem ihr versucht, mit den Tausenden von Gedanken, die bewusst und unbewusst euch überfluten, fertig zu werden. Dort ist keine Ruhe und Stille zu finden. Wie ist es dazu gekommen?

Wir haben beobachtet, dass der Intellekt auf eurem Planeten nahezu angebetet und vergöttert wird. Je besser der Verstand in der Lage ist, Informationen aufzunehmen und jederzeit wiederzugeben, desto 'intelligenter' erscheint euch ein Mensch und wird daher geehrt und gewertschätzt. Intelligenz scheint in eurer Gesellschaft eine der begehrtesten Eigenschaften zu sein. Wir teilen nicht diese Naivität eurer Wertschätzung und sind der Meinung, dass ihr Intelligenz mit Freiheit von Unwissenheit verwechselt, die tatsächlich wünschenswert ist. Der bedeutende Unterschied zwischen Intelligenz und wahrer innerer Freiheit und Weisheit ist jedoch, dass die Intelligenz für sich allein funktionieren kann, ohne die entscheidende Verbindung zum Herzen, wohingegen Freiheit von Unwissenheit nur durch die Hingabe an euer Herz erreicht werden kann. Durch die Verbindung zu eurem spirituellen Herzen erhaltet ihr Zugang zu einer höheren Form von Intelligenz – zum universellen Geist.

Wir glauben, dass ihr Intelligenz genauso überschätzt wie den Verstand. Der Verstand wurde ursprünglich eingesetzt, um dem Herzen zu dienen und euer Herz ist die heilige Verbindung zu eurem Höheren Selbst – zum Göttlichen. Traurigerweise haben die meisten Menschen ihr Herz verschlossen, dadurch sind sie nicht mehr mit ihrer wahren Natur verbunden und der Verstand wurde zu einem ärmlichen Ersatz für ihr spirituelles Herz. Der 'Diener' sitzt nun auf dem Thron und versucht sein Bestes, zu regieren, doch wie ihr ganz klar sehen könnt, ist er für die Komplexität dieses Jobs nicht wirklich ausgerüstet, egal wie intelligent er auch erscheinen mag. Intelligenz ohne die Verbindung zum Herzen und somit zum Höheren Selbst ist weder in der Lage, euch von der Unwissenheit zu befreien, noch euch mit Weisheit zu versorgen. Intelligenz an sich ist eine wundervolle Fähigkeit, die jedoch von der Liebe in eurem spirituellen Herzen geleitet werden muss.

Euer Verstand tut sein Bestes, um die Komplexität und Widersprüchlichkeit des menschlichen Lebens zu verstehen. Wenn er mit einem Problem konfrontiert ist, versucht er durch seine Fähigkeit zu denken, eine Lösung zu finden. Er bemüht sich, in dieser verwirrenden Welt mit immer größer werdenden Herausforderungen Sinn zu erkennen. Doch wahres Verstehen kann nur entstehen, wenn euer Herz dabei ist und euch erlaubt, mit den Augen der Seele zu sehen. Auf diese Weise spricht eure Seele zu euch und macht euch auf die verborgenen Lernmöglichkeiten aufmerksam, die euch durch die äußeren Umstände gegeben werden.

Der Verstand sollte der Diener eurer Seele sein. Wenn ihr euren Tag organisieren müsst oder Ordnung und Struktur braucht, z. B. um den politischen Hintergrund eines bestimmten Ereignisses zu erforschen, eure Steuern zu berechnen oder ähnliche Aufgaben zu erfüllen, ist er extrem nützlich und funktioniert gut. Doch das ist nicht die einzige Art und Weise, in der die Menschheit ihren Verstand gebraucht. Ihr gebraucht ihn, um heikle Beziehungsprobleme zu lösen, die tiefere Bedeutung spiritueller Glaubensinhalte zu verstehen, und versucht, in der sich schnell verändernden, einem Zusammenbruch nahen Welt, Sinn zu erkennen. Viele können sich in der Informationsflut, die euch und euren Planeten überschwemmt, nicht mehr zurechtfinden. Folglich wird euer Verstand überwältigt und ihr habt das Gefühl der Machtlosigkeit, das euch in einen Kreislauf zwanghaften Denkens führt.

Komplexe Situationen, mit denen sowohl die Menschheit, als auch ihr individuell konfrontiert seid, müssen in innerer Stille bedacht werden, um Lösungen zu finden. Daher müsst ihr lernen, euren Verstand zu beruhigen. Wenn ihr ein zufriedenes, friedvolles und erfolgreiches Leben leben möchtet, muss der Verstand der Regentschaft des Herzens untergeordnet werden – sonst ist es für den Verstand nicht möglich, einen Zugang zur Weisheit der Seele zu bekommen. Intelligenz allein führt, wenn sie nicht vom Herzen geleitet ist, lediglich zur Ansammlung von Wissen. Wohin haben eure intelligenten Führer, denen es an wahrer Weisheit und Liebe mangelt, eure Nationen geführt? In Krieg und Unheil! Wir missachten Intelligenz nicht, im Gegenteil, denn die Fähigkeit zu denken, sogar das Unmögliche zu denken, ist eine der notwendigen Grundlagen dafür, euch selbst zu befreien und die Welt zu verändern. Doch müssen eure Emotionen geheilt werden, bevor euer Denken befreit werden kann.

Ihr Lieben, um eure gegenwärtigen Probleme zu lösen, muss die Anbetung eures Verstandes ein Ende finden. Der Verstand muss durch die Regentschaft des Herzens ersetzt werden, in dem alle Weisheit und die Schätze eurer Seele schlummern, immer bereit, sich zu offenbaren. Jede Frage, die ein Mensch jemals stellen kann, ist genau an diesem Ort schon beantwortet worden. Ihr müsst lernen, wie ihr euren Weg in dieses innere Heiligtum findet. Meditiert, sucht die Stille und geht nach innen, wann immer das möglich ist. Wertvolle Werkzeuge mit denen ihr euren Verstand beruhigen könnt, sind sowohl das Üben von Taj Chi, QiGong, Yoga, im Jetzt zu leben, als auch verschiedene Atemtechniken, Meditation, Gebete, Affirmationen und Mantras oder einfach in der Natur zu sein. Werdet still wie die ruhige Oberfläche eines Sees, die die Schönheit der Sonne und des Mondes reflektiert.

Die meisten von euch sind jedoch zu beschäftigt und verlieren sich in unnützen Gedanken, so dass ihr die Sonne und den Mond gar nicht mehr wahrnehmt, unfähig seid die Stimme der Stille zu hören und verpasst somit die Antworten auf all eure brennenden Fragen. Der Verstand ist als Werkzeug für eure Seele und euer Höheres Selbst gedacht und sollte seinen rechtmäßigen Platz anerkennen. Er muss verstehen, dass er nicht der Direktor, sondern der Diener eures Lebens ist. Die Transformation vom Verstandesbewusstsein zum Herzensbewusstsein ist kein einfacher Prozess, doch ist er von solch entscheidender Bedeutung und erfordert eure ganze Disziplin,

Ausdauer, Geduld und Wachsamkeit.

Um diesen Austausch erfolgreich zu vollziehen, müsst ihr zum Beobachter werden. Beobachtet euch und achtet darauf, wie oft am Tag ihr eurem Verstand erlaubt außer Kontrolle zu geraten. Ruft ihn zurück, beruhigt ihn, atmet tief ein und aus und richtet eure Aufmerksamkeit auf die Atmung. Geht in die Stille der Meditation und zentriert euch, indem ihr euer Herz öffnet. Ein großer Teil eurer Anstrengung entsteht aus der Überbeanspruchung eures Verstandes, während er verzweifelt versucht, Lösungen zu finden, die mit Leichtigkeit zu euch kommen würden, wenn ihr euch der Weisheit eures Herzens zuwenden würdet. Wir sehen in eurer Zukunft, dass Entspannungstechniken, Meditation und bestimmte Formen der Kampfkünste in der neuen Welt schon in der frühen Kindheit gelehrt werden. Die glücklichen Seelen, die auf diese Weise unterrichtet werden, werden den rechten Gebrauch des Verstandes vom Anfang ihres Lebens an kennen.

Ihr müsst euren Verstand neu programmieren, sodass er wieder nützlich wird. Dieses wertvolle Werkzeug kann nicht ununterbrochen in Gebrauch sein. Sogar eine Maschine braucht eine Pause. Euer Verstand ruht sich niemals aus und scheint euch sogar in eure Träume zu folgen. Ihr könnt euer wahres Potential erst entdecken, wenn ihr beginnt, euren Verstand zu trainieren, während ihr gleichzeitig ein offenes Herz entwickelt. Dann erst wird die Menschheit entdecken, dass das, was sie für möglich hielt, nur ein kleiner, begrenzter Teil von dem war, was sie wirklich in der Lage ist zu erreichen. Dann wird eure Reise, 'hu-man', ein Göttlicher Mensch zu werden, beginnen.

So wie ihr euren Verstand im Moment gebraucht, dient er lediglich als Hindernis auf dem Weg zu eurem Göttlichen Selbst — ebenso eure unausgeglichenen Emotionen. Ungeheilte Emotionen lassen den Emotionalkörper verkümmern und verdunkeln. Wenn keine Heilung geschieht, kann es im schlimmsten Falle sogar dazu führen, dass Löcher entstehen. Der Lärm wahlloser Gedanken verunreinigt euren Mentalkörper, stellt eine Barriere für euren spirituellen Körper dar und schneidet euch von eurem wahren Selbst ab. Der Verstand muss zur Ruhe gebracht, diszipliniert und geklärt werden. Wenn ihr die Meisterschaft über euren Verstand erreicht habt, seid ihr in der Lage, euch auf einen bestimmten Gedanken zu fokussieren, um das, was ihr euch wünscht mit gezielter Intention zu erschaffen und der Manifestation so die nötige Energie zur Verfügung zu stellen. Leider wird die Art und Weise, wie ihr mentale Energie zur Zeit benutzt, vom Chaos in der Welt reflektiert. Ein wahrer Meister benutzt das Werkzeug seines Verstandes nur, wenn er ihn benötigt. Dann sind seine Gedanken wie ein Laserstrahl auf das Ergebnis dessen, was er schaffen will, fokussiert.

Je länger ihr bei einem Gedanken verweilt und ihn fühlt, desto stärker und schneller wird er sich in eurer physischen Welt manifestieren. Wir hatten zuvor schon darüber gesprochen, dass jeder von euch seine eigene Welt erschafft. Um eine Welt zu erschaffen, die nicht das Ergebnis chaotischer Gedanken, von vagen Hoffnungen und Ängsten geleitet, ist, müsst ihr eure verletzten Gefühle heilen und euren Verstand meistern. Schenkt euren Gedanken eure volle Aufmerksamkeit. Eure Gedanken können mit einem auf das Ziel ausgerichteten Bogen verglichen werden, und die Emotion, die mit diesem bestimmten Gedanken verbunden ist, ist der Pfeil. Wenn der Pfeil mit dem Bogen übereinstimmt, der wiederum auf euer Ziel ausgerichtet ist, kann nichts in der Welt verhindern, dass euer Wunsch Realität wird. Ob eure Emotionen mit euren Gedanken in Übereinstimmung sind oder sich im Widerstand dazu befinden, wird bestimmen, ob ihr euer Ziel erreicht oder nicht.

Um ein bewusster Meister eurer Realität und Mitschöpfer zu werden, müsst ihr diese hohe Kunst der mentalen Meisterschaft praktizieren. Wir laden euch ein, euch auf die Reise der Meisterschaft zu begeben, die euch aus der Verwirrung eures lärmenden Verstandes zu tiefer innerer Klarheit und wahrem Frieden führen wird, in einen

Zustand, in dem euer Verstand eurer Seele dienen wird. Dann werdet ihr sowohl für euch, als auch für die ganze Welt ein wundervolles Leben erschaffen, denn der erleuchtete Verstand kann Wunder bewirken und so seiner ursprünglichen Aufgabe, Diener des Herzens und somit der Seele zu sein, gerecht werden.

Wenn ihr euch ganz hingebt und das Christusbewusstsein verkörpert, wird sich innerer Frieden entfalten und euer Verstand wird eine Ruhe erfahren, die über alle menschliche Vorstellung hinaus geht. Immer wenn ihr eine Antwort erhalten oder eine Entscheidung treffen möchtet, wird euch das Göttliche das erforderliche Wissen in Fülle geben. Unnötiges Planen und zwanghaftes Denken werden auf natürliche Art und Weise wegfallen, denn ihr werdet im ewigen Jetzt leben. Der Weg zu einem Leben voller Wunder hat sich dann endlich eröffnet.

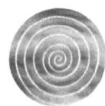

30

FRIEDE ZWISCHEN GEGENSÄTZLICHEN ASPEKTEN

Lasst uns nun die entgegen gesetzten, inneren Aspekte eines Menschen untersuchen, die Anspannung und innere Kämpfe verursachen. Nehmt zum Beispiel den Teil von euch, der gerne genießt, feiert und auf Partys geht und andererseits den perfektionistischen Teil, der immer nur das Richtige tun will. Ihr alle habt diese widerstreitenden Aspekte in euch, egal wie lange ihr den inneren Weg schon gegangen seid. Der einzige Unterschied ist, dass die Reise eines Anfängers oft durch das Verleugnen dieser entgegen gesetzten Aspekte gekennzeichnet ist, er sich in einen inneren Kampf verwickelt, wohingegen der erfahrenere Schüler sich seiner kontrollierenden und disziplinierenden, aber auch seiner abenteuerlichen Seiten mehr bewusst ist.

Nur wenige von euch haben mit diesen widerstreitenden inneren Facetten Frieden geschlossen und sie wirklich integriert. Auch fortgeschrittene Schüler zeigen oft eine Ambivalenz ihren entgegen gesetzten inneren Seiten gegenüber und verurteilen sie. Nur wenn ihr wirklich innere Freiheit erlangt habt, könnt ihr anhaltenden Frieden und die Harmonie und konstruktive Koexistenz dieser Energien erfahren. Wie kann dieser wünschenswerte Seinszustand erreicht werden? Ihr könnt, um euch Rat zu holen, vielleicht das *Tao Te King* von Lao Tzu studieren, um einen Einblick in diese alten Lehren der Weisheit bekommen, in denen Lao Tzu über 'den mittleren Weg' und wahres, inneres Gleichgewicht spricht. Das wird in diesem Kapitel unser Thema sein.

Ihr Lieben, es leben sehr viele verschiedene Aspekte in allen von euch, doch heute wollen wir uns auf die Teile konzentrieren, die wir gerade erwähnt haben. In den meisten von euch stehen sich zwei Seiten in einem solchen Ausmaß feindlich gegenüber, dass es keinen gemeinsamen Nenner zu geben scheint. Wenn sich zwei Aspekte in solch einer Opposition gegenüber stehen, zeigt euch eure sich daraus ergebende Verurteilung, wie sehr ihr auf diesem Gebiet in Unfrieden lebt. Das jedoch sollte kein Grund sein, sich zu grämen, sondern vielmehr eine Einladung, diese beiden entgegen gesetzten inneren Stimmen zusammenzubringen. Fordert sie auf, sich an einen Tisch zu setzen und mit dem schon lange nötigen Gespräch zu beginnen. Stellt euch vor, es wäre so, als ob Jimmy Hendrix und ein Mönch eingeladen würden, darüber zu reden, welche Richtung im Leben eingeschlagen werden sollte – in eurem Leben. Genauso schwierig wird es sich am Anfang anfühlen, wenn eure im Konflikt befindlichen Aspekte ihr Gespräch beginnen. Seid mutig und tut es trotzdem. Lasst jeden von ihnen zu Wort kommen, achtet sie, gebt ihnen eure volle

Aufmerksamkeit und hört mit dem Respekt, den sie verdienen, genau zu, denn jeder ist ein Teil von euch. Sie brauchen eure Aufmerksamkeit und dass ihr euch ihrer Existenz bewusst werdet, so dass sie nicht länger unterdrückt oder verleugnet werden.

Abhängig von eurer Stimmung und von eurem Bewusstsein, schenkt ihr euer Ohr vielleicht 'Jimmy', bei anderen Gelegenheiten seid ihr offener dafür auf 'den Mönch' zu hören, und vergesst ganz, dass es noch gar nicht so lange her ist, dass ihr euch vollkommen mit eurem 'Jimmy Hendrix' Aspekt identifiziert habt. Ihr seid jedoch weder der Mönch noch Jimmy Hendrix. Dies sind nur zwei eurer nicht geheilten und aus der Balance geratenen inneren Seiten, die euch leiten und noch keinen Frieden gefunden haben. Wie können sie jemals Frieden finden, wenn ihr euch ihrer Existenz nicht bewusst seid? Ihr seid die einzigen, die diese Aspekte unterstützen, von ihnen lernen und so wahren inneren Frieden und Balance finden können. Eines Tages werden diese Aspekte euch lehren 'den mittleren Pfad' zu gehen und 'das lebendige Tao' zu werden. Noch einmal: Ihr seid es, die den Mut brauchen, Verantwortung zu übernehmen, ins Unbekannte zu gehen und ein wahre Schüler des Lebens zu werden. Willkommen, Freunde, in der heiligen Mysterienschule, die das Leben selbst ist. Das ist die wahre Reise nach Hause, in das Bewusstsein, in dem es keine Illusionen mehr gibt.

Wir beobachten viele spirituelle Sucher, die völlig in Illusionen verstrickt leben und uns ist bewusst, dass es nicht böse Absicht ist, die sie zu diesem Verhalten geführt hat. Es hat sich unter anderem aus der Unwissenheit über die Realität dieser widerstreitenden Aspekte entwickelt und wie damit umzugehen ist. Wir bieten euch dieses Gespräch an, um euch zu mehr Ehrlichkeit zu ermutigen, die für euren Weg in die Freiheit entscheidend ist. Wir brauchen keine neuen Heiligen. Ihr braucht nur zu verstehen, dass, wenn all eure Aspekte geliebt und integriert sind, ihr wahrhaft lebendig sein werdet und zur Liebe, Wahrheit und zum Frieden auf Erden beitragen werdet. Ihr werdet zum Gefäß für euer Höheres Selbst, das durch und in euch leben wird und euch mit göttlichem Wissen und Weisheit beschenkt, die weit über eure kühnsten Träume hinaus gehen.

Damit das eure Realität wird, müsst Ihr jegliche Illusion von euch selbst aufgeben, wie beispielsweise die, sich hinter dem Aspekt des Mönch zu verstecken — in ein bequemes Rückzugsgebiet. Der Mönchsaspekt hat eine wertvolle Aufgabe, ebenso wie auch eure 'wilde Seite'. Ihr solltet beide als wichtige Teile eures Innenlebens anerkennen. Ladet sie ein, miteinander zu kommunizieren, damit sie auf unerwartete Weise voneinander lernen können. Gleichberechtigt haben sie ihre Sichtweise und ein Recht auf Leben. Ihre extreme Gegensätzlichkeit zeigt nur euer inneres Ungleichgewicht. Doch sie brauchen einander, brauchen ihr Gegenteil, um wahres inneres Gleichgewicht zu erreichen. Seid mutig und holt sie in euer Herz. Nehmt euch Zeit und Raum dafür, hört mit Aufmerksamkeit, was sie mitzuteilen haben. Ihr werdet vielleicht davon überrascht sein, was sie zu lehren haben. Bedauerlicherweise sind sich die meisten Menschen ihrer unterschiedlichen inneren Aspekte nicht bewusst. Sie können unter der Überschrift 'Archetypen' in psychologischen Büchern jedoch im Detail studiert werden.

Wir haben euch nun mit der Tatsache konfrontiert, dass ihr eine Vielzahl innerer Aspekte habt, im Gegensatz zu der Vorstellung, dass es nur ein homogenes 'Ich' gibt. Auf dieser Basis möchten wir unser Gespräch fortführen. Diese entgegen gesetzten und unausgeglichenen Aspekte sind abgespaltene Teile eures Selbst und richten immer wieder Chaos in eurem Leben an. Es wird Zeit, diesen offensichtlichen 'Feinden' zuzuhören und für sie Verständnis zu entwickeln. Wir haben diese beiden Aspekte als Beispiel gewählt, um einen weit verbreiteten, unsichtbaren inneren Kampf sichtbar zu machen. Ihr könnt beliebige entgegen gesetzte Teile auswählen, und das oben erwähnte innere heilende Gespräch führen. Alle diese Aspekte brauchen eure Liebe, euer Verständnis und eure Bereitschaft, ganz die Verantwortung dafür zu übernehmen, sie zu integrieren. Dann erst werdet ihr in der Lage sein, euch mit eurem wahren Selbst zu vereinen, denn jeder verurteilte, ungeliebte und abgespaltene Aspekt wird euch behindern und euch bei eurer spirituellen Reise aufhalten.

Ihr könnt das hässliche Gesicht der Verleugnung und des Missverständnisses dieser inneren Seiten des Menschen in der neueren Geschichte der Katholischen Kirche sehen, in den zunehmenden Fällen von Kindesmissbrauch, in den die Priesterschaft verwickelt ist. Diese Priester versuchen den Aspekt des Mönches so gut sie können zu leben und unterdrücken ihre anderen Facetten, einschließlich ihrer Sexualität und Sensitivität dabei völlig. Wenn sie diese Aspekte der menschlichen Natur nicht verleugnen müssten, und es ihnen erlaubt wäre, die Freuden der Sexualität zu genießen, würde Kindesmissbauch in diesem entsetzlichen Ausmaß nicht existieren.

Versteht, dass jeder unausgeglichene Aspekt des Lebens seinen Ausgleich erfordert. Wenn ihr auf der Skala zu weit in eine Richtung geht, so wird die Natur Wege finden, wie sie euch genauso weit in die entgegen gesetzte Richtung führt. Verleugnung und Unterdrückung eurer inneren Aspekte spiegeln sich immer auch in eurer äußeren Welt. Wir würden gern mehr Ehrlichkeit sehen. Lasst den Mönch in euch von eurem wilden Teil lernen, wie man sich entspannt, das Leben genießt und mit dem Fluss des Lebens geht. Das ist die Lektion des „Jimmy-Hendrix-Aspekts". Jimmy kann andererseits von eurem Mönch lernen, dass Party feiern nicht zu exzessiven und unangenehmen Nebeneffekten führen muss. Lasst euren Jimmy leben. Dann braucht er vielleicht nicht mehr über alle Maße zu trinken und die Nacht durchzumachen. Entziffert die Botschaften eurer ungeheilten Archetypen, die euch aufrufen, euer Bewusstsein dafür zu schärfen, dass euer Leben nicht im Gleichgewicht ist.

Achtet alle eure Seiten, denn sie sind eure Lehrer. Wenn ihr dies tut, werden diese Teile sich gesehen und wertgeschätzt fühlen und heilen — und zu weisen Ratgeber für ein ganzheitlicheres Leben werden. Dankt ihnen und ladet sie zu einem Treffen ein, bei dem beide ohne Kampf zugegen sein können, wodurch ihnen ihr Lebensrecht bewusst werden wird. Lernt von ihnen und beobachtet, wie sie heilen. Mit der Zeit werdet ihr feststellen, wie der Mönch seine Rigidität und Steifheit verliert, wie er in den Fluss des Lebens kommt und sich für die Freude öffnet. Darüber hinaus wird er sich selbst und andere nicht mehr so streng beurteilen, und ein tieferes Verständnis seiner eigenen Schwächen und die der Menschheit entwickeln, bis zu einem Punkt, an dem er wirklich alle und alles lieben kann. Ist das nicht genau das, was der Mönch von Anfang an gesucht hat, als er seinen spirituellen Weg begann? Schließlich ist es Jimmy, der ihn eine wichtige Lektion lehrt, die Lektion der Toleranz und Liebe. Diese Lektion gibt ihm den Schlüssel zum Himmel, denn sie zeigt, wie man zur Liebe wird – Liebe ist –, denn das, was ihr Gott nennt, ist unaussprechlichste reinste Liebe selbst.

Andererseits wird Jimmy von dem Mönch Disziplin lernen, ohne den Spaß an der Party zu verderben. Zum Schluss werden Jimmy und der Mönch Freunde und das Leben zusammen feiern. Es wird eine Zeit des Einsseins kommen. Wenn all eure Aspekte sich lieben, habt ihr einen großen Schritt auf eurer inneren Reise gemacht, und eure Herzen werden sich mit tiefer Dankbarkeit füllen. Habt den Mut, eure am heftigsten widerstreitenden Teile an den inneren Tisch einzuladen, sodass sie voneinander lernen. Diese vergessenen inneren Gegenspieler werden euch helfen, Weisheit und die nötige innere Balance zu erlangen, um wahrhaft ganz zu werden. Friede sei mit euch.

31

DER PHYSISCHE KÖRPER

Lasst uns über euren physischen Körper sprechen und wie ihr auf rechte Weise mit ihm umgehen könnt. Die westliche Gesellschaft scheint viel Wert auf äußere Erscheinung, auf Jugendlichkeit und augenscheinliche Schönheit zu legen, und gibt vor, echtes Interesse am physischen Körper zu haben — an eurem Erdenkleid. Wir haben die Worte „gibt vor" absichtlich gewählt, denn wir nehmen weder wirkliches Interesse noch tieferes Verständnis für den Körper an sich wahr. Stattdessen sehen wir eine relativ zwanghafte Einstellung ihm gegenüber, die zum Ziel hat, eine illusionäre Maske der Perfektion zu erschaffen, ähnlich der inneren Maske auf der emotionalen Ebene. Leider fokussiert ihr euch auf der physischen Ebene wieder einmal in die falsche Richtung. Alle Aufmerksamkeit ist auf die äußere Erscheinung gerichtet, nicht nach innen, wo sie benötigt wird, um wahre Schönheit und lange andauernde Gesundheit zu erschaffen. Wir werden das Bild der Spirale, das uralte Symbol der Schöpfung, das Symbol der Göttin und der Mutter, auch auf dieses Thema übertragen, um es zu erhellen.

Ihr Lieben, euer Körper muss wie alles andere auch, von innen nach außen erschaffen werden, um wahre Schönheit und Stärke auszudrücken. Ein ungeliebter Körper – für den nicht auf die rechte Weise gesorgt wird, der in die neueste Mode gesteckt, mit Makeup und modernem Haarschnitt dekoriert wird — kann nur für kurze Zeit vortäuschen, schön und gesund zu sein. Wir sind der Auffassung, dass ihr das Wissen noch einmal betrachten sollt, das der Menschheit bereits zur Verfügung steht, um ein tieferes Verständnis davon zu bekommen, was wahre Gesundheit und Schönheit wirklich erfordern. Hier ist ein kurzer Überblick über die Schlüsselaspekte, die für eure Gesundheit und für euer Wohlbefinden relevant sind.

Übungen

Um vital und fit zu sein, braucht euer Körper täglich Bewegung. Dementsprechend wurde er erschaffen. Wählt Bewegungen, die ihr genießt, die nicht erzwungen sind und nur halbherzig ausgeführt werden, denn nur, wenn ihr eure Übungen genießt, werden sie zu einem festen Bestandteil eures Lebens.

Nahrung

Euer Körper braucht natürliche, unverarbeitete Nahrung in der richtigen Balance. Es stehen euch allen mehr als genug Bücher zur Verfügung, damit ihr euren eigenen Weg zu gesunder, ganzheitlicher und wohlschmeckender Nahrung finden könnt.

Wasser

Ihr braucht jeden Tag mindestens zwei Liter reines und klares Wasser, um alle eure Zellen aufzufüllen und Abfallprodukte und Gifte auszuscheiden. Die teuersten Cremes, Gesichts- und andere Schönheitsbehandlungen können die Wohltat von Trinkwasser, das eure Haut von innen reinigt und den Körper von Giften befreit, nicht ersetzen. Verwöhnt euch mit Wasser. Wasser ist nicht nur ein Element, das die Oberfläche eures physischen Körpers reinigt, es reinigt auch euer feinstoffliches Energiefeld und bringt es ins Gleichgewicht. Gebraucht eure Vorstellungskraft. Legt euch in die Badewanne oder nehmt eine Dusche, stellt euch das Wasser als reines, weißes Licht vor, das euch umgibt. Bittet dieses Licht, eure Aura zu reinigen und lasst alle unerwünschten, negativen und verbrauchten Energien los. Jeder von euch wird die Notwendigkeit, den physischen Körper täglich zu reinigen, einsehen, doch wenige wissen um den enormen Nutzen des Reinigungsrituals, um den emotionalen, mentalen und spirituellen Körper zu reinigen. Wir laden euch ein, täglich alle eure Körper zu reinigen, und ihr werdet bald den Unterschied zwischen einer klaren Aura und einem Umfeld spüren, das überladen und unrein ist.

Ruhe
Euer Körper braucht viel Ruhe, um optimal zu funktionieren. Früh ins Bett zu gehen und früh aufzustehen ist das Rezept für ein langes Leben. Dann kann sich eurer Körper des Nachts wirklich erholen und erneuern. Viele von euch erleben auf Grund des stressigen Lebens, das die moderne Gesellschaft so gnadenlos fordert, Schlafunterbrechungen. Herzkrankheiten, Depressionen und nicht richtig arbeitende Hormone und Organe sind nur einige der Symptome, die der Körper entwickelt, wenn er sich so, wie er von der Natur angelegt ist, nicht mehr richtig erneuern kann. Euer Körper hat die Kapazität, sich selbst zu heilen, was ihm ermöglicht, mit Unausgeglichenheit umzugehen, bevor sie sich zu einer ernsthaften Krankheit entwickelt. Dieses magische Selbstheilungssystem arbeitet jedoch nur, wenn ihr euren Körper angemessen behandelt.

In Zukunft werden die bekannten Formen östlicher Praxis, wie

QiGong, Taj Chi und Yoga, die die Lebensenergie erhöhen (Chi oder Prana), als kraftvolle Werkzeuge vorbeugender Medizin überall gelehrt werden. Krankheit, so wie ihr sie heute kennt, wird völlig vom Erdboden verschwinden. Die meisten Krankheiten entstehen durch Unwissenheit über den rechten Umgang von eurem physischen, emotionalen und mentalen Körpern und sind absolut vermeidbar. In Zukunft werden die Ärzte Methoden der Prävention, Reinigung, Balance und Heilung anwenden, lange bevor eine Krankheit im physischen Körper sichtbar wird. Jede Form von Krankheit wird als Ruf der Seele verstanden werden, der euch daran erinnert, dass ihr aus dem Gleichgewicht geraten seid und bestimmte Aspekte des Lebens übersehen habt, die der dringenden Korrektur bedürfen.

In der neuen Welt werden die Menschen mit mehr Feingefühl auf ihre Körper achten und auf die frühen Anzeichen jeglichen Ungleichgewichtes hören. Ein fachkundiges Team aus dem Gesundheitssektor und geschulte Heiler werden in der Lage sein, den Patienten durch ihre ganzheitliche Diagnose einzuschätzen, die wahren Ursachen für seine Krankheit erkennen und sie entsprechend zu behandeln. Diese Diagnosestellung wird Faktoren, wie Lebenssituation, Lebensumstände, Beziehungen, Ernährung, körperliche Bewegung, Ruhezeiten, Schlafmuster, innere und äußere Ursachen von Stress, emotionale Muster und mögliche mentale Gegebenheiten mit in Betracht ziehen. Sie werden ebenfalls die spirituelle Ausrichtung eines Menschen und die Verbindung mit seinem höheren Selbst untersuchen und weitere diagnostische Verfahren in Betracht ziehen, die der Menschheit gegenwärtig unbekannt sind. Einige ganzheitliche Allgemeinmediziner, alternative Heilpraktiker und fachkundige Heiler arbeiten schon in diese Richtung, indem sie sowohl verschiedene Bewusstseinsebenen, als auch äußere Umstände, die zu der Krankheit beigetragen haben, berücksichtigen.

Stressabbau

Der nächste wichtige Faktor für euer Wohlbefinden ist das Loslassen von negativen Emotionen und Stress, die sich in eurem physischen Körper angesammelt haben und darin gespeichert sind. Wenn diese Energien in eurem Körper gefangen und nicht regelmäßig aus eurem System entfernt werden, wird er mit der Zeit krank werden. Dieses Loslassen kann sowohl durch Yoga, QiGong, TaJ Chi oder andere Formen körperlicher Aktivität, als auch durch Massage, Stretching, Psychotherapie und Atemarbeit erreicht werden. Nicht geheilte Emotionen sind oft so intensiv und andauernd, dass es nicht ausreicht, innere, emotionale Heilung allein zu üben, um ihre Auswirkungen auf de physischen Körper zu verhindern. In diesen Fällen müssen sowohl physische Formen der Psychotherapie, wie die Bowen Therapie und Core Energetics, als auch energetische Massagen angewandt werden, um euren Körper von Blockaden zu befreien.

Verbindung mit dem Höheren Selbst

Vorzeitiges Altern, das die Menschheit seit Jahrtausenden erfahren hat, wird einmal zu einer blassen Erinnerung werden. Um dahin zu kommen, dass Langlebigkeit nicht mehr als etwas Außergewöhnliches betrachtet wird, ist ein tieferes Verständnis der enormen Auswirkungen der Verbindung mit eurem Höheren Selbst auf eure Physis nötig. Hierin liegt eines der Geheimnisse, das den wahren Meistern seit Anbeginn aller Zeiten bekannt war.

Wir möchten euch gern einen Teil dieses Geheimnisses offenbaren. Das Licht der Quelle ist die strahlendste und höchste Energie im Universum, die Schwingung göttlicher Liebe und Vollkommenheit. Wo Göttliches Licht ist, das Liebe in ihrer reinsten Form ist und Alles Was Ist ist, kann sich Krankheit und Altern nicht halten, wenn ihr euch dafür entschieden habt, gesund und geistig jung zu sein. Ihr werdet in der nahen Zukunft keine Menschen mehr sehen, die im Alter physisch und geistig verfallen, wie das bisher der

Fall ist. Ihr werdet 50-jährige und ältere Menschen sehen, die so agil und jung wie 35-jährige aussehen. Sie werden lebende Beispiele der Wahrheit sein, die wir euch offenbart haben. Wenn ihr das Licht der Quelle nutzt, werdet ihr nicht mehr in die Versuchung kommen, chirurgische Eingriffe vornehmen zu lassen, um jugendlich zu erscheinen. Das wird jedoch eure totale Hingabe an das Göttliche Licht und eure hundertprozentige Verpflichtung erfordern, entsprechend den universellen Gesetzen zu leben.

Lebensenergie
Ein anderer Teil des Geheimnisses 'ewiger Jugend' ist das alte Wissen von ‚der Wissenschaft der Lebensenergie'. Diese heiligen Energien kommen aus der Erde, fließen durch euer Meridiansystem und nähren euch. Die chinesische Medizin hat diese Wissenschaft seit über 5000 Jahren studiert. Taj Chi und QiGong sind Techniken, die zeigen, wie man einen bewussten Zugang zu den Heilkräften der Erde erhalten kann, um einen kräftigen, gesunden, jugendlichen und beweglichen Körper zu bekommen. Das Geheimnis liegt darin, in euch diese beiden kraftvollen, kosmischen Energien zu verbinden, das Licht der Quelle und das Licht der Erde, wodurch ihr zur Brücke von Himmel und Erde werdet. Eure vier Körper beeinflussen einander, abhängig von euren Entscheidungen im Leben, entweder auf positive oder negative Weise. Nichts ist voneinander getrennt! Gedanken und Emotionen, sowie auch euer Bewusstseinszustand, der vom Grad des Einsseins mit eurem spirituellen Körper abhängig ist, wirken sich auf den physischen Körper aus. Ein starker und gesunder physischer Körper wird auch einen positiven Einfluss auf die anderen drei Körper haben. Geht, so oft ihr könnt, in die Natur. Die unsichtbaren Heilkräfte und der beruhigende Einfluss von Mutter Natur gehen weit über alle menschlichen Vorstellungen hinaus.

Superfood und Vitamine
Auch Superfood und Nahrungsergänzungen sind es wert, kommentiert zu werden. Eine Unterstützung durch Vitamine, Mineralien und Superfood ist in Zeiten der Genesung, des Wiederaufbaus und Stresses angeraten. Doch sie sollten nicht als Ersatz für die oben erwähnten positiven Verhaltensweisen gesehen und mit wirklicher Verantwortung verwechselt werden. In dieser Zeit der Veränderung braucht euer Körper jedoch mehr Nahrung mit hohem Wirkstoffgehalt, um mit der jetzt stattfindenden Transformation fertig zu werden. Ihr braucht weniger feste und schwere Nahrung, weil eure Körper weniger fest werden. Wir empfehlen Nahrung mit viel Nährstoffen, wie grüne Smoothies und andere Formen flüssiger Nahrung.

Die Atmung
Eine tiefe, natürliche Atmung ist für euer Wohlbefinden wichtig, denn sie lässt den Körper Lebensenergie (Prana, Chi) aufnehmen. Beobachtet eure Atmung und wisst, dass eine flache Atmung ein Warnsignal eures Körpers ist, das Stress anzeigt. Es gibt eine ganze Reihe Atemtechniken, um Anspannung loszulassen. Ihr könnt euch in der Meditation vorstellen, dass ihr weißgoldenes Licht, das eure wahre Essenz ist, einatmet und mit jedem Ausatmen negative Gedanken, Gefühle und Stress loslasst. Wiederholt diesen Vorgang, bis ihr tiefe Ruhe empfindet.

Die Lebensrhythmus
Um diese Veränderungen zuzulassen, müsst ihr euch dem Trend eurer modernen Zeit entziehen und langsamer werden. Es kann nichts wirklich Wertvolles erreicht werden, wenn ihr weiterhin nicht eurer selbst bewusst werdet und in einer irren Geschwindigkeit durch eure Tage rennt. Gar nichts! Ihr müsst euch entschleunigen.

Wenn ihr unsere Empfehlungen in die Praxis umsetzt, werdet ihr bald feststellen, dass ein schneller Alterungsprozess und Krankheit, was die Menschheit bisher als völlig normal betrachtet, einfach nur eine Folge des falschen Umgangs mit euren vier Körpern ist. Der menschliche Körper ist so beschaffen, dass er den ältesten auf der Erde bekannten Menschen um Jahrzehnte, sogar um Jahrhunderte, überleben kann. Wenn ihr schließlich entdeckt, wer ihr wirklich seid, und lernt, alle Körper mit dem rechten Wissen und Respekt zu behandeln, werdet ihr gesund sein und nicht mehr in dieser Form altern müssen. Diese Form von Degeneration und Siechtum, wie das Altern heute erscheint, wird in Zukunft nicht mehr bekannt sein. Die Menschheit erwacht und macht große Schritte im Bewusstsein, um wirklich verantwortungsvoll zu werden. Lernt das Leben zu leben. Seid nicht mit der oberflächlichen Version eures wahren Potentials zufrieden. Wacht auf! Nur dann kann das Goldene Zeitalter Wirklichkeit werden.

32

DIE EINHEIT ALLEN LEBENS

Wir sehen das Göttliche Licht in jedem Wesen und allem was existiert, und wir laden euch ein mit unseren Augen zu sehen. Bei der Wahrnehmung anderer Menschen richtet ihr oftmals eure Aufmerksamkeit nur auf ihre Maske und ihre Schattenseiten. Und so betrachtet ihr im Allgemeinen auch euch selbst. Aus unserer Sicht, dem Standpunkt der absoluten Realität, ist diese Art der Wahrnehmung absolute Illusion. Ihr identifiziert euch selbst und andere nur mit Merkmalen der Begrenzung, mit erlerntem Verhalten, sozialer Konditionierung und äußeren Erfolgen oder Misserfolgen, während wir diese von der anderen Seite des Schleiers aus nur als sich verändernde ‚Verkleidungen' betrachten, die ihr auf eurer Reise durch die Zeiten tragt. Eure Ängste, Hoffnungen, Schmerzen und Freuden haben diese Maske erschaffen und nun wird sie fälschlicherweise als eure Identität wahrgenommen. Von unserer Seite aus betrachtet scheint das nahezu unglaublich, doch diese Perspektive ist, man könnte fast sagen, zu so etwas wie eurem kollektiven Fluch geworden. Nur indem ihr euch eurer inneren Heilung und dem spirituellen Weg verpflichtet, werdet ihr diesen Fluch aufheben und die Wahrheit erkennen können.

Ihr seid nicht, was ihr zu sein glaubt. Ihr seid keine Ehefrauen, Ehemänner, Kinder, Ärzte oder Putzfrauen, jemand, der bedürftig, wütend oder ängstlich ist, jemand, der intelligent oder weniger gebildet ist. Ihr seid kein Vegetarier oder ein McDonald Konsument, weder ein Moslem noch ein Christ, kein Jude und kein Hindu. Ihr seid nicht, womit ihr euch identifiziert, was auch immer das sein mag. Ihr seid Licht und zwar nur Licht – Licht, das viele Rollen angenommen hat, um das Leben auf der Erde zu erfahren und unterschiedliche Ebenen des Bewusstseins zu durchleben, sogar auch in anderen Dimensionen. Ihr seid aus der Quelle geboren, ihr seid eins mit der Quelle und dadurch seid ihr mit Allem Was Ist, eins.

Ihr Lieben, ihr habt euch vor langer Zeit auf diese Reise begeben und angefangen zu glauben, dass ihr seid, was ihr erlebt, und dabei habt ihr völlig vergessen, dass ihr Göttliches Licht seid – Licht, das unsterblich, allmächtig, wunderschön, machtvoll, friedvoll und ewige Liebe ist: das Göttliche selbst. Jetzt ist für euch die Zeit gekommen, euch an euren Ursprung zu erinnern und dahin zurückzukehren, woher ihr einst alle gekommen seid. Damit das geschehen kann, müsst ihr aufhören, euch selbst und eure Mitmenschen als etwas Geringeres zu betrachten als das Göttliches Licht.

Eure verzerrte Wahrnehmung voneinander beruht einzig auf dem Gedanken der Trennung und muss von der Erkenntnis der Wahrheit ersetzt werden, indem ihr das Licht in euch selbst und in anderen anerkennt. Immer wenn ihr an jemanden denkt, beobachtet euch selbst und wie ihr diese Person wahrnehmt. Seht ihr das Licht, oder eher ihre Fehler und ihr limitiertes, konditioniertes Verhalten? Nehmt ihr sie in der Rolle, die sie spielen, wahr, ihren Beruf oder ihren Titel? Seid ihr bereit hinter ihre Maske zu schauen und ihr ewiges Licht zu erkennen – ihre wahre Realität – ohne euch in der Dreidimensionalität zu verfangen, die ihr als eure Welt wahrnehmt und von der ihr fälschlicherweise annehmt, dass sie real ist?

Ihr Lieben, euer Leben auf der Erde kann mit einem 'Holodeck', wie es in dem Film Star Trek beschrieben ist, verglichen werden, das Menschen besuchen, um bestimmte Erfahrungen zu machen. Im Film ist den Besuchern jedoch bewusst, was sie tun und sie begeben sich nur dahin, um eine Erfahrung zu machen. Sie haben nicht vergessen, woher sie gekommen sind und wer sie sind. Dieser Vergleich mit dem Leben auf der Erde ist realistischer, als die meisten von euch glauben möchten. Ihr verpflichtet euch dem Inkarnationsvorgang in dem vollen Wissen, wer ihr seid und woher ihr kommt, doch nachdem ihr durch den Schleier des Vergessens gegangen seid, können sich die meisten von euch nicht mehr an ihren Ursprung erinnern, verlieren sich im Spiel und identifizieren sich mit der Rolle, die sie angenommen haben, um das Leben aus einer bestimmten Perspektive zu erfahren.

Ihr alle seid Seelen und seid alle von gleichem Wert. Obwohl Seelen eine unterschiedliche Ausstrahlung haben und auf unterschiedliche Bewusstseinsebenen leben, seid ihr alle von dem Einen erschaffen, Der Ist. Nur hier auf der Erde erlebt ihr euch selbst als von anderen getrennt. Diese Welt war ursprünglich mit dieser Intention, dass ihr euch getrennt voneinander erfahren könnt, erschaffen worden, doch es war nicht beabsichtigt, dass ihr völlig vergesst, wer ihr seid. Mit der Zeit habt ihr mehr und mehr Geschichten über euch selbst und Wahrnehmungen von der Welt und von einander angesammelt. Diese Geschichten wurden zu eurer Realität, was zur Folge hatte, dass ihr immer wieder von der Erde angezogen wurdet. Ihr könntet auch sagen, dass ihr euch auf dem Holodeck festgefahren habt, und nicht mehr in der Lage seid, zu eurem Raumschiff zurückzukehren und nach Hause zu fliegen, wo ihr hingehört. Genau das ist im Bereich des Bewusstseins geschehen.

Jetzt, in dieser für die Evolution der Menschheit entscheidenden Zeit sind wir hier, um euch dabei zu unterstützen, dass ihr euch daran erinnert, woher ihr kommt und wer ihr wirklich seid. Das Licht in euch und anderen zu sehen, wird euch bei eurem Bemühen die Wahrheit zu erkennen, sehr hilfreich sein. Beginnt, hinter die Maske zu schauen. Selbst eine grausame Maske ist nur eine Maske, und dahinter lebt dasselbe strahlende Licht wie in jemandem, der eine angenehmere Maske trägt. Keine Maske ist real, egal wie real sie auch erscheinen mag. Obwohl ihr euch als getrennt und unterschiedlich wahrnehmt, so gibt es doch nur ein Göttliches Licht, dass in unendlich vielen Facetten erscheint, in denen ihr einander begegnet. Die Trennung erschafft die Illusion der dritten Dimension. Das ist der Zauberbann, der gebrochen werden muss.

Wir möchten eure Augen für die einzige Realität öffnen, die durch Zeit und Raum und alle Dimensionen hindurch existiert – die Realität der Einheit aller Wesen, all dessen, was existiert. Euer Nachbar ist dasselbe Licht wie ihr, auch wenn er Fleisch isst (während ihr Vegetarier seid) und euch Kummer bereitet. Eure Mutter ist von demselben Licht wie ihr, auch wenn sie nie meditiert oder innere Heilung praktiziert. All die offensichtlichen Unterschiede zwischen euch, eure Versuche, aus der Masse heraus zu ragen, jemand Besonderes zu sein, besser als andere oder spiritueller, ändern nichts an der Tatsache, dass sogar ein Mörder dasselbe Licht in sich trägt, wie ein Mönch, der den Armen geholfen und sein Leben lang meditiert hat. Vielleicht stellt ihr es in Frage, dass ein Mönch, der nur Gutes getan hat, und ein Mörder in ihrem Inneren dasselbe Licht tragen. Dennoch ist das die Wahrheit. Und dann fragt ihr vielleicht: Lohnt es sich, irgendetwas zu tun, um bewusster zu werden, an euch selbst zu arbeiten und eure Wunden zu heilen? Warum sich auf eine Reise begeben, die große Anstrengungen erfordert, wenn der Mörder dasselbe Licht hat wie ihr? Ja, ihr seid dasselbe Licht. Doch der Mörder trägt eine sehr verdichte Maske, die dieses göttliche Licht daran hindert, sich auszudrücken. Doch hinter dieser grausamen Maske lebt immer noch dasselbe Licht wie in einem erleuchteten Lehrer. Der einzige Unterschied ist, dass der erleuchtete Lehrer seine Maske Schicht für Schicht abgetragen hat, um mehr und mehr sein wahres Lichtes hindurch scheinen zu lassen, bis keine Maske mehr vorhanden ist – nur noch Göttliches Licht strahlt. In beiden von ihnen lebt dasselbe Licht. Darin sind sie eins, ihr alle seid eins miteinander im Licht und wir sind eins darin mit euch.

Wir laden euch ein, mit unseren Augen zu sehen, mit den Augen der Erleuchteten. Unser Wunsch für euch ist, dass ihr die Realität erfahrt. Seht das Licht in einander, anstatt die Schattenseiten, die ohnehin nur Illusion sind. Wenn ihr die Welt mit unseren Augen seht, werdet ihr Wunder geschehen sehen. Wenn ihr das Verbindende im anderen seht, werden Konflikte allmählich verschwinden. Verständnis und konstruktive Kompromisse werden schließlich ermöglichen, Frieden zu stiften. Wenn dies zu eurer Art zu leben wird, werdet ihr nicht nur das Licht anderer stärken, sondern auch euer eigenes.

Jedes Mal wenn ihr verurteilt oder durch das Verhalten eines anderen aggressiv oder offensiv, wütend oder verletzt seid, haltet inne, nehmt einen tiefen Atemzug und reflektiert den Grund für diese aufsteigenden Emotionen. Erinnert euch daran, dass es der verletzte Teil in eurem Bruder ist, der ihn auf diese Art und Weise handeln lässt. Warum solltet ihr über das Verhalten einer anderen Person in innere Aufruhr geraten, wenn dieses lediglich von ihrem ungeheilten Schmerz verursacht ist? Setzt in aller Ruhe angemessene Grenzen und erinnert euch daran, wer ihr wirklich seid – ihr seid Göttliches Licht. Denkt daran, dass euer Mitmensch dasselbe Licht ist wie ihr und dass ihr Eins seid. Ihr seid ein Göttliches Licht, das auf unterschiedlichen Bewusstseinsebenen gleichzeitig eine unendliche Anzahl getrennter Erfahrungen macht, um sich unendlich auszudehnen.

Ihr seid ein Teil dieses gigantischen, göttlichen Spiels; in Wirklichkeit seid ihr das Göttliche. Ihr seid eine Zelle im großen Körpers Gottes, genauso wie der, der euch Kummer bereitet hat. Erinnert euch also so oft wie möglich an euer Einssein miteinander. Indem ihr dies tut, dient ihr euch selbst und eurem Bruder. Indem ihr Einssein lebt, das die einzige Realität ist, unterstützt ihr die Einheit allen Lebens, in diese Welt zurückzukehren, und dieser Welt, zur Einheit zurückzukehren.

33

VERANTWORTUNG

Wir möchten gern einen tieferen Einblick in ein Thema gewähren, das die meisten von euch mit mehr oder weniger unangenehmen Gefühlen verbinden – Verantwortung. Könnt ihr eure spontane Reaktion fühlen, wenn ihr dieses Wort hört? Lasst uns euer Verständnis dieses Themas genauer untersuchen, denn wir sind der Ansicht, dass es eure Interpretation von Verantwortung ist, die in euch solche Ambivalenz hervorruft. Wenn ihr die wahre Bedeutung von Verantwortung versteht, werdet ihr euch bei diesem Thema nicht mehr unwohl fühlen.

Wir haben bemerkt, dass einerseits manche von euch sich durch Verantwortung überlastet fühlen, während andere aus Angst vor den 'Ketten' der Verantwortung die Flucht ergreifen. Diese gegensätzlichen Reaktionen drücken jedoch nur die Extreme verschiedenster

Missverständnisse aus, die mit diesem Thema verbunden sind. Lasst uns euch unsere Sichtweise wahrer Verantwortlichkeit mitteilen und mit dem vergleichen, was ihr im Allgemeinen unter Verantwortung versteht. Diese Unterscheidung wird euch helfen, Licht in dieses Thema zu bringen.

Als eure Hauptverantwortung sehen wir die Verantwortung euch selbst gegenüber — eurer eigenen inneren Reise gegenüber, wie ihr durch das Leben geht — und das Ausmaß an Integrität, die ihr an den Tag legt, indem ihr umsetzt, an was ihr wirklich glaubt. Diese Art von Verantwortung ist ein großer Teil von dem, worum es im menschlichen Leben geht. Letztendlich ist jeder Mensch vollkommen für sich selbst verantwortlich.

Zum Beispiel ist es unangebracht, allein eure Eltern für euer Verhalten und für eure Unvollkommenheiten verantwortlich zu machen, weil ihre Art euch zu erziehen nicht perfekt war. Nach eingehender Betrachtung wart ihr es schließlich, die sie — einschließlich ihrer Unzulänglichkeiten — ausgewählt haben, um euch groß zu ziehen und euch die ersten Prägungen für eure Reise auf der Erde zu vermitteln. Oft sind es die Fehler eurer Eltern, die eure eigenen Wunden und Begrenzungen deutlich machen, die ihr von einem Leben in das nächste mitgebracht habt. Genau das ist der Grund dafür, warum ihr diese Art von Umgebung gewählt habt, nämlich um eure Verletzungen sichtbar werden zu lassen, damit sie geheilt werden können. Ohne eure Eltern, die die Auslöser für eure Verwundungen waren, blieben eure Verletzungen im Unbewussten vergraben, und ihr wäret nicht in der Lage, sie zu erkennen und zu heilen. Letztendlich stellt ihr vielleicht sogar fest, dass eure Eltern euch mit all ihren Unvollkommenheiten, einen Gefallen getan haben, weil sie euch halfen, eure Wunden aus anderen Leben ans Licht zu bringen.

Wir möchten euch ermutigen, die volle Verantwortung für alle eure verletzten Aspekte zu übernehmen, die durch eine unvollkommene Kindheit entstanden sind. Macht anderen Menschen keine

Vorwürfe. Beginnt stattdessen zu sehen, wie die Dinge wirklich sind. Lernt angemessene Grenzen zu setzen, und verpflichtet euch eurer inneren Heilung. Hört auf, eure Lebensenergie mit Gedanken wie beispielsweise dem folgenden zu verschwenden: „Wenn ich eine bessere Kindheit gehabt hätte, dann hätte ich so viel mehr im Leben erreicht." Jeder erlebt genau die Kindheit, die er gewählt hat. Es geht darum zu akzeptieren was ist, wenn ihr euch wirklich befreien möchtet. Ihr Lieben, dies ist nur ein Beispiel von vielen; es kann so leicht geschehen, dass man sich in Vorwürfe und Anschuldigungen flüchtet. Doch dieses Verhalten ist nichts als Verschwendung wertvoller Zeit und trifft nicht den Punkt. Wie oft möchtet ihr jemand anderen für eure Gefühle oder Lebensumstände verantwortlich machen, jemanden wie z. B. euren Partner und eure Kinder, Freunde, euren Chef und die Arbeitskollegen? In Wahrheit ist niemand für euer Leben verantwortlich, außer ihr selbst. Ihr seid der einzige Mensch, der für euer Wohlbefinden verantwortlich ist, niemand sonst. Das ist eure wahre Verantwortung. Nicht viele wissen um diese einfache Wahrheit und noch weniger leben entsprechend.

Wie wir zuvor schon erwähnt haben, ist die Aufmerksamkeit der Menschheit weitgehend auf die äußere Welt gerichtet. Dort versucht ihr alle Antworten zu finden, die jedoch dort nicht gefunden werden können, da die äußere Welt nur eine Wiederspiegelung eurer inneren Welt darstellt. Daher, wenn ihr Respektlosigkeit erfahrt, setzt die nötigen Grenzen und schaut nach innen. Fragt euch selbst: „Respektiere ich mich selbst und andere wirklich?" Vielleicht werdet ihr von der Antwort überrascht sein, denn sie könnte Missachtung euch selbst und anderen gegenüber offenbaren. Negatives Verhalten wie beispielsweise Respektlosigkeit hätte keine Wirkung auf euch, wenn der Same der Respektlosigkeit nicht zuerst in eurem Inneren gesät worden wäre. Es wird Zeit für euch zu erkennen, was real ist und wie die Welt wirklich funktioniert. Hört mit dem Schattenboxen auf und jagt nicht mehr Phantomen nach, indem ihr andere beschuldigt und ihnen Vorwürfe macht. Wenn ein unangenehmes Ereignis in eurem Leben eintritt, dann reflektiert den wahren Grund für diese Situation. Was hat es mit euch zu tun? Wenn ihr mit Ausdauer und mit offenem Herzen fragt, werdet ihr die Antwort erhalten, die euch einen verlorenen Teil aus dem Puzzle eures Lebens schenkt. Könnt ihr erkennen, dass ihr diesen verlorenen Teil nur finden könnt, indem ihr die volle Verantwortung übernehmt?

Wir haben jedoch nicht nur Vermeidung von Verantwortung beobachtet, sondern auch, dass einige von euch die Verantwortung für andere übernehmen und dieses Verhalten mit Liebe verwechseln. Wir haben hierzu eine andere Auffassung, da jeder Mensch in erster Linie für sich selbst verantwortlich ist. Wenn ihr glaubt damit, etwas 'Gutes zu tun' indem ihr die Verantwortung für jemand anderen übernehmt, liegt ihr falsch. Man könnte auch sagen, dass ihr der anderen Person die Gelegenheit zu lernen und zu wachsen nehmt, indem ihr die Arbeit für sie tut. Mit anderen Worten: ihr schwächt diesen Menschen. Also fragt euch das nächste Mal, ob ihr dem anderen wirklich einen Dienst erweist, wenn ihr überlegt, ob ihr Verantwortung für ihn übernehmen solltet. Wir meinen mit dieser Aussage nicht, dass ihr nicht für die euch anvertrauten Kinder, Haustiere, Pflanzen und die behinderten oder älteren Mitmenschen verantwortlich seid. Was wir damit sagen möchten ist, dass euer Angebot, anderen zu helfen, andere immer dabei unterstützen sollte, so verantwortlich wie möglich für sich selbst zu sein, denn das ist letztendlich eines Jeden Aufgabe auf Erden. Ermutigt diejenigen, die eure Fürsorge und Liebe brauchen, verantwortlich für sich selbst zu sein. Wenn ihr auf diese Weise Hilfe leistet, dann seid ihr mit der Aufgabe eurer eigenen Seele und mit der des anderen im Einklang.

Wenn ihr jedoch aus falsch verstandener Liebe die Verantwortung für jemand anderen übernehmt, dann ist euer Verhalten nicht in Harmonie mit dem Gesetz des Lebens und wird weder euch noch der anderen Person von Nutzen sein. Diese Art von Handeln wird weitere Schwäche und Abhängigkeit schaffen, was ihr irgendwann beide bereuen und vielleicht sogar einander übel nehmen werdet. Außer den negativen Auswirkungen für den Empfänger wird dieses Verhalten auch den Geber daran hindern, die volle Verantwortung für sein eigenes Glück, seine Gesundheit und sein Wohlbefinden zu übernehmen. Er wird sich nicht auf seine eigene Heilarbeit und innere Reise konzentrieren können, denn er ist viel zu sehr damit beschäftigt für andere verantwortlich zu sein. Folglich wird weder der Gebende noch der Empfangende volle Verantwortung für sich selbst übernehmen. Interessanterweise dient die so-genannte 'gute Tat' letztendlich niemandem.

Wenn ihr jemandem helfen wollt, so bitten wir euch, dies mit Weisheit zu tun, und den Bedürftigen zu ermutigen, so verantwortlich wie möglich zu werden. Nur dann wird eure Unterstützung eine wirkliche Hilfe sein. Von dieser Art der Unterstützung werdet ihr beide großen Nutzen haben, denn ihr ermutigt einander heiler und somit ganzer zu werden. Das ist wahre Menschlichkeit – das ist wahre Liebe. Helft einander die Wahrheit zu erkennen. Ihr dient euren Mitmenschen nicht, wenn ihr lediglich ihre Bequemlichkeit unterstützt, die sie entweder nur aus Gewohnheit oder weil sie sich in alten Verhaltensweisen sicher fühlen, beibehalten. Wahre Liebe hat immer das Ziel, den anderen zu befreien.

Euer bisheriges Verständnis von Liebe bewirkt jedoch oft das Gegenteil und bringt lediglich weitere Einschränkungen und Stagnation, was dem Leben nicht dient. Habt bei allem, was ihr tut, immer das Ziel, dem Leben zu dienen, der Liebe, der Wahrheit und dem Frieden. Mit dieser Einstellung könnt ihr nicht fehlgehen. Die auf diesem Planeten vorhandene Verwirrung in Bezug auf die wahre Bedeutung von Verantwortung schafft unnötige und vermeidbare Probleme.

Wenn ihr auf der physischen, emotionalen, mentalen und spirituellen Ebene die volle Verantwortung für euch selbst übernehmen würdet, dann wäret ihr mehr als beschäftigt dieser Aufgabe gerecht zu werden. Wenn ihr so handeln würdet, kämet ihr seltener in die Versuchung, euch in die Angelegenheiten anderer einzumischen, die sie letztendlich ohnehin selbst in die Hand nehmen müssen. Ihr würdet aufhören, eure Zeit damit zu verschwenden, andere zu kontrollieren und zu manipulieren und eine gesündere Einstellung euren Mitmenschen gegenüber entwickeln. Ihr würdet Einsicht in die Wahrheit gewinnen, dass jeder sein eigenes Leben erschafft und nur dann Hilfe anbieten, wenn diese ein Anstoß dafür ist, mehr in die Verantwortung und Liebe sich selbst gegenüber hinein zu wachsen. Wenn ihr wirklich verstehen würdet, was wahre Verantwortung bedeutet, würde etliches Leid auf diesem Planeten wie von selbst verschwinden.

Wir möchten jedoch noch einmal klarstellen, dass wir euch nicht davon abraten, einander zu helfen. Wir bitten euch jedoch, dass ihr lernt, in Weisheit zu helfen. Viele von euch, die im Dienst für andere stehen, vergessen, dass ihr für euer eigenes Wohlbefinden verantwortlich seid, was wir als eine wichtige menschliche Aufgabe auf Erden betrachten. Helft anderen – 'Liebt euren Bruder so, wie ihr euch selbst liebt.' Doch vergesst den zweiten Teil dieses Gebotes nicht. Verbessert das Leben anderer, indem ihr sie dabei unterstützt, auf der physischen, emotionalen, mentalen und spirituellen Ebene so verantwortlich wie möglich für sich selbst zu werden. Dabei ist es egal, um wen es geht. Eure Frau möchte vielleicht, unabhängig davon, ob sie Recht hat oder nicht, dass ihr sie immer schützt und verteidigt. Eure alternden Eltern möchten vielleicht, dass ihr sie auf Händen tragt oder eure Kinder weigern sich, erwachsen zu werden. Vielleicht sind es auch eure Freunde, die nur eure Zeit beanspruchen, um ihre Sorgen abzuladen und loszuwerden und verlieren sich dabei in sinnlosen Diskussionen, folgen aber niemals eurem Rat.

Lernt zu unterscheiden. Redet weniger und beobachtet euch selbst und euer Umfeld mehr, um zu lernen, wie ihr der Welt dienen könnt. Scheut euch nicht vor eurer wahren Verantwortung, zu eurem Göttlichen Selbst zu erwachen. Geht gleichzeitig mit einem offenen, mitfühlenden und liebenden Herzen durch das Leben. Reicht eure helfende Hand in Weisheit um andere zu ermutigen, innere Kraft zu entwickeln und die Verantwortung für sich selbst zu übernehmen.

34

ANHAFTUNG VERSUS NICHT ANHAFTUNG

Lasst uns die Bedeutung der Begriffe Anhaftung und Nicht-Anhaftung beleuchten. Von vielen, die auf einem spirituellen Weg sind, wird die Loslösung gefürchtet als ein sehr schmerzhafter Prozess, und wegen dieser Einschätzung wird dieser Lernschritt oft unnötig schwierig. Wir möchten daher erst die Anhaftung etwas genauer betrachten, damit ihr versteht, warum Nicht-Anhaftung von so entscheidender Bedeutung ist, wenn ihr auf der spirituellen Reise zu eurem Göttlichen Selbst wirklich voran schreiten möchtet.

Was bedeutet also Anhaftung? Es ist die falsche Identifikation oder ungesunde und daher nicht freie Beziehung zu jemandem oder zu etwas. Lasst uns ein paar Beispiele dazu heran nehmen, um dieses Thema näher zu beleuchten. Wenn ihr auf ungesunde Weise an jemanden oder etwas gebunden seid, wird dieses Verhalten eure Freiheit zu denken, zu fühlen und zu handeln dramatisch einschränken. Wenn ihr beispielsweise an dem Glauben festhaltet, dass euch euer materieller Besitz oder eure Titel ausmachen, oder wenn ihr euch mit eurer jugendlichen Erscheinung und der Schönheit eures physischen Körpers identifiziert, werden alle diese Überzeugungen euer Bewusstsein begrenzen, anstatt es zu erweitern. Wenn ihr jemanden so sehr ‚liebt', dass eure Aufmerksamkeit in erster Linie bei diesem geliebten Menschen ist, versteht ihr die wahre Bedeutung der Liebe nicht richtig. Gleichzeitig werdet ihr eure wirkliche Aufgabe auf der Erde vernachlässigen, die darin besteht, eine liebevolle und unterstützende Beziehung zu eurem menschlichen und göttlichen Selbst zu erschaffen. Diese Beispiele zeigen, dass jede Form von Anhaftung in Zeichen dafür ist, dass ihr nicht im Gleichgewicht seid, was euch daran hindert, zu sein, wer ihr wirklich seid.

Alle Menschen entwickeln am Anfang ihres Lebens Bindungen, um zu überleben. Aber ihr habt nicht immer gesunde Bindungen entwickelt. Die ungesunden Formen der Bindung sind der Gegenstand dessen, worüber wir mit euch sprechen wollen. Wenn ihr euch ernsthaft entscheidet, auf eure spirituelle Reise zu gehen, wird eine Zeit kommen, in der ihr mit allen euren Bindungen konfrontiert sein werdet. Das ist der Moment, den die meisten von euch fürchten. Wir bitten euch inständig, dieser Angst nicht allzu sehr nachzugeben, denn Angst erschafft Widerstand, der wiederum weiteres Leiden verursacht. Wenn die Zeit kommt, in der ihr mit euren Bindungen an die äußere Welt konfrontiert seid – mit Situationen, vor denen ihr in vielen Leben große Angst hattet, die ihr bis jetzt nicht bewältigen konntet — dann heißt sie als Lernchancen willkommen. Das bedeutet, dass ihr jetzt bereit seid und diese Gelegenheit auf einer höheren Ebene bereitet habt, um diese Aufgabe schließlich zu meistern und euch von euren früheren Begrenzungen zu befreien.

In unseren Augen ist dies ein Moment großer Freude und des Jubels.

Doch solange ihr noch mit eurer begrenzten Ego-Persönlichkeit identifiziert seid, seht ihr die Welt aus einem anderen Blickwinkel, und es wird euch so vorkommen, als ob ihr das verlieren würdet, woran ihr so sehr hängt. Aus der Perspektive absoluter Realität jedoch sehen diese Szenarien im Vergleich zur menschlichen Perspektive ganz anders aus, da eure Sichtweise immer von einem begrenzten Bewusstsein und Situationsgebundenheit gefärbt sein wird.

Tatsächlich entspringen alle eure Anhaftung immer der Angst, was bedeutet, dass ihr nicht wirklich vertraut. Ihr glaubt, dass ihr an etwas oder jemandem festhalten müsst, um es oder ihn zu behalten, dass es oder er euch sonst weggenommen würde. In einem Zustand der Nicht-Anhaftung oder der Loslösung wisst ihr hingegen, dass euch alles gegeben wird und ihr nichts und Niemanden festhalten müsst, denn das, was euch dient, wird immer bei euch sein, und das, was eurem höchsten Wohl nicht mehr dient, wird auf natürliche Weise einfach wegfallen.

Wenn ihr die Herausforderung annehmt, euch dem Vorgang der Loslösung auszusetzen und euch auf die Reise in Richtung Freiheit begebt, wird es euch sehr zugute kommen, wenn ihr euer Höheres Selbst um Führung bittet. Das wird euch in die Lage versetzten, eure gegenwärtige Lebenssituation mit den Augen des Göttlichen zu sehen und ihr werdet wertvolle Führung empfangen, die euch tiefere Einsichten gewährt. Durch dieses neue Verständnis werden eure Schritte, während ihr auf dem Weg ins Unbekannte schreitet, leichter und sicherer. Nur in Bereichen, in denen der Schüler auf seinem Weg keine Sicherheit hat, kann er wahrhaft lernen zu vertrauen. Ihr könnt diese wichtige Lektion nicht lernen, wenn ihr ein Sicherheitsnetz unter euch habt. Ihr müsst euch mit allen auftauchenden Ängsten konfrontieren und sie Schritt für Schritt überwinden, bis ihr die Lektion erlernt habt. Lasst euch nicht von der Angst vereinnahmen. Dies ist eine Zeit der Initiation, in der es gilt, den Verstand durch das Herz zu ersetzen. Ihr werdet diese herausfordernde Phase schneller und mit weniger Leiden durchschreiten, wenn ihr eurem Herzen vertraut, auch wenn euer Verstand euch ständig sagt, dass 'ihr verrückt geworden sein müsst'. Dies ist für den menschlichen Verstand, der es gewohnt ist, die absolute Herrschaft und Kontrolle inne zu haben, die verwirrendste und bedrohlichste Zeit. Er muss jetzt beiseite treten und dem Herzen Platz machen, sich für eure Seele und euer Höheres Selbst öffnen und es zulassen, dass sie die Macht übernehmen.

Versetzt euch einmal in die Lage eures Verstandes, dann könnt ihr leicht verstehen, warum er die Kontrolle nicht aufgeben möchte und das Äußerste tun wird, um diese Transformation zu verhindern. Wenn ihr dennoch diesen Prozess so schnell und schmerzlos wie möglich durchlaufen möchtet, müsst ihr euch ganz eurem Herzen hingeben. Der Gehorsam eurem spirituellen Herzen gegenüber führt dazu, dass ihr wieder mit eurem Göttlichen Selbst verbunden seid. Niemand auf dem spirituellen Weg kommt um diese elementare Wandlung herum. Erinnert euch immer daran, dass für einen bereitwilligen Schüler des wahren Lebens stets umfassende Hilfe aus der spirituellen Welt zur Verfügung steht. Doch ihr seid diejenigen, die durch ihre eigene Dunkelheit und ihre Ängste hindurch gehen müssen.

Nachdem ihr diese Initiation durchlaufen habt, werdet ihr erkennen, dass das, wovor ihr die größte Angst hattet, einfach nur Phantome der Angst waren, die ihr vor mehreren Leben oder in diesem Leben erlebt habt und durch eure Angst immer wieder erneut genährt habt. Es wird Zeit, dass ihr die Illusion der Angst durchschaut und erkennt, dass es niemals etwas zu befürchten gibt, sondern nur mehr zu lieben, mehr Frieden zu schließen und zu vergeben. Ihr könnt nur nackt und in vollkommener Ehrlichkeit durch dieses innere „Nadelöhr" hindurchgehen, ohne falsche Identifikationen und

Anhaftungen, die euch lediglich klein und begrenzt halten. Während ihr auf die andere Seite geht, werdet ihr mehr von dem Licht, das ihr in Wahrheit seid, empfangen — seine Weisheit, Segen und tiefer Friede werden euch umhüllen.

Im Nachhinein werden sich viele, die diesen Test bestanden haben, fragen, warum sie vor diesem Durchbruch solche Angst hatten und warum sie sich gegen diesen Schritt solange gewehrt haben. Jetzt wird ihnen bewusst, dass das, was sie loslassen mussten, gering war im Vergleich zu dem, was sie bekommen haben, den Zugang zu ihrem umfassenderen Selbst, in dem ewige Liebe und Friede wohnen, die über den menschliche Begriffe hinaus gehen. Sie geben vielleicht sogar zu, dass sie diese Reise noch einmal machen würden, diesmal jedoch ohne Angst und Widerstand, direkt in die Arme des Göttlichen. Dieser Weg bedeutet, durch Einsicht zu lernen, anstatt durch Leiden. Wir wünschen für euch alle, dass ihr diesen Weg inneren Wachstums wählt, denn er ist voller Freude und um so vieles schneller. Schmerz, der durch Widerstand und Festhalten entsteht, ist immer noch ein meisterhafter, aber oftmals sehr unangenehmer Lehrer. Es geht darum, dass ihr die bewusste Entscheidung trefft, euren Weg wahrhaftig zu gehen, ohne dass ihr den Versuchungen eures Verstandes auf halbem Wege umzukehren, erliegt.

Wir verurteilen euch nicht, egal wie ihr eure Reise gestaltet. Wir möchten euch lediglich darauf aufmerksam machen, dass es weniger schmerzvolle Möglichkeiten gibt, gewisse unvermeidbare Abschnitte eures inneren Weges zu meistern. Ihr müsst von der Klippe springen und darauf vertrauen, dass eure Flügel im Fluge wachsen. Wenn ihr auf des Messers Schneide gehen könnt und tief im Inneren wisst, dass euch nichts passieren kann, habt ihr euch wirklich aus euren auf Angst basierenden Glaubensvorstellungen befreit. Dann seid ihr in der unbegrenzten Ewigkeit zu Hause, in der einzigen Realität, die existiert. Ihr werdet weiterhin in der Welt leben, aber nicht mehr von dieser Welt sein. Euer spirituelles Herz ist als perfektes Verbindungsglied zum Göttlichen wieder intakt und vollkommen aktiviert. Dann werdet ihr wissen, dass ihr mit der Quelle eins seid – dass Ihr die Quelle selbst seid.

Schritt für Schritt wird euch eure Macht und euer göttliches Wissen zurück gegeben werden. Ihr seid als Mensch, aber mit dem Herzen Gottes, hier auf Erden, um alle zu nähren, die nach der Wahrheit, dem Frieden und der Liebe hungern. Ihr werdet erkennen, dass das, was ihr einst als schrecklich empfunden habt, ehe ihr den Weg der Ablösung und Nicht-Anhaftung gegangen seid, am Ende schließlich zum Segen wurde. Ihr werdet verstehen, dass euch nichts von wahrem Wert genommen wurde, nur eure falschen Überzeugungen und Begrenzungen. Doch was ihr erlangt habt, ist von unschätzbarem Wert und kann euch niemals, unter gar keinen Umständen, genommen werden. Ihr wisst jetzt, wer ihr wirklich seid, dass ihr eins seid mit Gott und dass ihr Liebe seid. Mögen euch unsere Worte dazu inspirieren, euch der notwendigen Transformation auf eurem inneren Weg — der Lösung aller Anhaftungen — auf andere Weise anzunähern — weniger widerstrebend. Diese Einstellung wird euer Leiden verringern und eure Einsicht in die Notwendigkeit dieses Prozesses vergrößern.

Wir möchten, dass ihr euch darauf freut, was euch erwartet, wenn ihr durch die Tür eures Herzens geht. Ihr werdet erkennen, dass das, was ihr verloren habt, nur Murmeln waren und das, was ihr gewonnen habt, die erlesensten und reinsten Diamanten sind. Wir warten auf der anderen Seite des Schleiers, um euch zu Hause willkommen zu heißen und die Freude mit euch zu teilen, wenn ihr erkennt, dass ihr frei seid — und immer frei gewesen seid!

35

DER FREIE WILLE

Ihr Lieben, lasst uns das interessante Thema des sogenannten 'freien Willens' untersuchen – die wahre Bedeutung hinter diesem Ausdruck und warum wir euren 'freien Willen' so sehr achten. Ihr habt wahrscheinlich schon vernommen, dass der Schöpfer den Menschen freien Willen gegeben hat, was tatsächlich der Wahrheit entspricht. Doch nur wenige verstehen die Bedeutung dieses Geschenkes und die Konsequenz dieses göttlichen Vermächtnis in seiner Gänze. Lasst uns darum dieses Thema erhellen. Das Geschenk des freien Willens, das jeder menschlichen Seele gegeben wurde, bedeutet ursprünglich, dass ihr eine Wahlmöglichkeit habt, die Möglichkeit, zu tun, was ihr möchtet – was sich für euch richtig anfühlt – durch die göttliche Schöpfung zu wandeln, wie es euch beliebt. Seht ihr, dies ist wirklich ein Geschenk, die absolute Freiheit zu tun und zu lassen was auch immer ihr wollt. Doch dieses Geschenk birgt auch große Verantwortung in sich, denn ihr müsst Rechenschaft über eure Taten, Gedanken und Gefühle ablegen. Ihr seid für eure Taten und für alle daraus resultierenden Konsequenzen verantwortlich.

Doch an diesem Punkt, wenn wir euch an eure Verantwortung und die Konsequenzen eurer Handlungen erinnern, seid ihr vielleicht nicht so sicher, dass dies ein Geschenk ist, das ihr annehmen möchtet. Nun, dieses göttliche Geschenk wurde euch als unsterblichen Seelen bereits gegeben, und alle, die hier auf dem Planeten Erde inkarniert sind, haben es im vollen Bewusstsein der Konsequenzen und Verantwortung akzeptiert, sonst wäret ihr nicht in diesem Reinkarnationszyklus.

Wir, die wir aus dem Herzen der Gottes sprechen, möchten, dass ihr versteht, warum ihr mit der Freiheit zu wählen gesegnet wurdet. Wir wollten keine Marionetten erschaffen, die vom höchsten Willen gelenkt werden. Wir wollten euch anstatt dessen die Freiheit geben, die Verbindung zu eurem Ursprung, eurem Schöpfer selbst herzustellen, und zwar aus der Sehnsucht nach eurer wahren Essenz. Die einzige Möglichkeit, dies geschehen zu lassen, war, euch freien Willen zu geben. Was hätte es für einen Sinn, wenn ihr von einer höheren Macht gelenkt euch wie gehorsame Roboter verhalten würdet, ohne die Fähigkeit, selbst herauszufinden, was gut oder schlecht ist und alles dazwischen? Damit ihr alle die Fähigkeit entwickelt, in Übereinstimmung mit eurem inneren Licht eine Wahl zu treffen, mussten wir euch Freiheit geben. Nur durch dieses Geschenk totaler Freiheit konnten wir garantieren, dass eure Rückkehr zur Quelle sowie der zeitliche Rahmen für diese Reise eure eigene Entscheidung sein würde. Dies scheint vielleicht ein langer und mühsamer Prozess zu sein, wenn ihr ihn aus eurer räumlich und zeitlich begrenzten Perspektive betrachtet. Doch in unserem Bewusstsein, in dem weder Zeit noch Raum existieren und alle Ereignisse gleichzeitig stattfinden, ist das ein ganz anderes Szenario. Es ist unmöglich, unsere Wahrnehmung dieses scheinbar endlosen Vorgangs in menschliche Worte zu fassen, denn wir leben im ewigen Jetzt, wo nur Liebe existiert und keine menschliche Begrenzung unsere Sicht trübt.

Ihr Lieben, hier berühren wir ein anderes wichtiges Thema. Wie wir während unserer Unterweisungen schon wiederholt erwähnt haben, sind wir ohne Urteil. Es gibt in dieser weiten Schöpfung keine Verurteilung, nur ihr Menschen scheint mit dieser ungesunden Angelegenheit beschäftigt zu sein und macht euch und anderen das Leben damit unnötig schwer. Wenn euch schon Entscheidungsfreiheit vom Höchsten selbst gegeben wurde – und sogar Engel und alle göttliche Wesen respektieren eure Entscheidungen – warum findet ihr es so schwer, die Entscheidungen eurer Mitmenschen zu akzeptieren? Warum erlaubt ihr euren Brüdern und Schwestern nicht, ihren eigenen Weg zu finden? Die Seelen drücken viele verschiedene Bewusstseinsebenen aus und haben ihre eigene Art und Weise auf der Erde zu lernen. Einige von euch sind vielleicht fortgeschrittene und erfahrene Seelen, und eure Aufgabe ist offensichtlich eine andere als die, nach der eine junge Seele suchen mag.

Nur weil ihr alle in einem menschlichen Körper seid, heißt das nicht, dass ihr hier alle dasselbe zu lernen habt. Würdet ihr es einem kleinen Baby vorwerfen, wenn es nicht an den Abschlussexamen in Mathematik an der Universität teilnimmt? Ebenso absurd kommt uns eure Verurteilung von euren Mitmenschen vor. Wir können ganz klar erkennen, 'wer' in einem menschlichen Körper ist und warum, wozu nur sehr wenige von euch in der Lage sind. Meist ist euer Urteil sehr hart und eure Maßstäbe sind aus unserer Perspektive absoluter Realität völlig unangemessen. Nur weil jemand ein hohes Alter erreicht hat, heißt das nicht, dass er eine weise Seele ist. Es zeigt nur, wie viele Jahre jemand in einem menschlichen Körper gelebt hat. Andererseits, wenn jemand den physischen Körper eines Kindes hat, heißt das nicht notwendigerweise, dass dieses Wesen unreif ist – manchmal ist genau das Gegenteil der Fall. Wir wünschen uns, dass ihr mit den Augen des Herzens seht, das ist die einzige Möglichkeit, zu sehen, was wirklich real ist. Habt ihr nicht alle schon einmal weise Worte von den Lippen eines Kindes vernommen und blanken Unsinn aus dem Mund eines alten Mannes? Nur wenn ihr lernt auf euer Herz zu hören, werdet ihr zu verstehen beginnen.

Es sind viele verschiedene Wesen in menschlicher Form auf der Erde inkarniert. Äußerlich sehen sie vielleicht alle ähnlich aus und unterscheiden sich nur in Bezug auf ihr Alter, Geschlecht und Rasse. Aus Sicht der Wahrheit könnten ihre Unterschied aber nicht größer sein. Sie kommen alle jedoch aus demselben Grund hierher: um durch das Leben auf der Erde bestimmte Aspekte ihrer selbst zu erfahren, was einfach ausgedrückt heißt, zu lernen. Doch was sie zu lernen wünschen, unterscheidet sich oftmals sehr. Manche möchten vielleicht wissen, wie es sich anfühlt, Opfer zu sein, andere wiederum möchten ihr Opferbewusstsein überwinden. Manche kommen, um zu leiten und trainieren bestimmte Aspekte wahrer Führung, während andere sich inkarnieren, um — mit all ihren Verführungen und Herausforderungen — Macht zu erfahren. Manche wurden geboren, um Liebe und Hingabe zu lernen und andere kamen, um zu ihrer wahren Natur zu erwachen. Die Gründe, warum ihr inkarniert seid, sind so unterschiedlich wie ihr selbst. Warum also urteilt ihr über Menschen, die nicht euren Vorstellungen entsprechen?

Es kann sein, dass eine Seele, die ihr verurteilt, genau das erlebt, was sie beabsichtigte, bevor sie in diese Welt kam. Wir urteilen nie, selbst dann nicht, wenn ihr mehrere Leben lang in denselben alten Mustern stecken bleibt. Mit unseren Augen betrachtet, gibt es niemals Grund zur Verurteilung, sondern nur Gelegenheiten zur Ermutigung, Unterstützung und vielleicht den ein oder anderen Ratschlag, wie ihr die Dinge das nächste Mal anders angehen könnt. Das heißt nicht, dass ihr nicht für das verantwortlich seid, was ihr tut – ihr seid es in der Tat. Eure Handlungen bestimmen die Richtung für eure Zukunft.

In den höheren Welten gibt es keine Bestrafung. Dies ist eine

Erfindung eurer Welt, die nicht in Übereinstimmung mit dem Göttlichen lebt. Wir können keine Vorteile in dieser Handlungsweise erkennen. Ihr könnt 'böse Taten' nicht durch negative Handlungen wie unterschiedliche Formen der Bestrafung, wie ihr sie in euren Umerziehungseinrichtungen für Kriminelle benutzt, korrigieren. Die hohe Rückfallquote spricht für sich selbst. Diese lieblose und unangemessene Behandlung von fehlgeleiteten Menschen wird in naher Zukunft von diesem Planeten verschwinden.

In den höheren Welten haben wir beispielsweise ein gut geschultes Team von geistigen Führern und Lehrern, die sich mit einer Seele verbinden, der es nicht gelungen ist, zu vollbringen, was sie in ihrem menschlichen Leben erreichen wollte. Sie untersuchen gemeinsam den wahren Grund für dieses 'Versagen' und wie die Situation, wenn sie wieder auftaucht, besser gemeistert werden kann. Meistens reicht diese Art der Unterstützung aus, um Fehler der Vergangenheit zu korrigieren, jedoch nicht immer. Für wirklich widerstrebende Seelen haben wir Orte, an denen sie in der Abgeschiedenheit verweilen und noch einmal erleben können, was sie anderen angetan haben, bis sie bereit sind, bestimmte unvollständige und ungeheilte Aspekte anzugehen und Wiedergutmachung anstreben. Wenn wir auch nicht nach Perfektion streben, so streben wir doch nach Harmonie und Integration in der Seele, die sich auch eines Tages im Menschen widerspiegeln wird.

Ihr Lieben, wir wollten euch mit diesem Diskurs aufzeigen, wie Versagen in den höheren Welten gehandhabt wird, um euch dazu zu inspirieren, uns es gleichzutun. Hört auf, euch selbst zu verurteilen. Denn Verurteilung hält euch nur von eurer eigenen Heilung ab. Hört auf, andere zu verurteilen, weil ihr nicht wisst, warum sie auf der Erde sind und so handeln, wie sie es tun. Erinnert euch daran, dass manche im Bewusstsein noch wie kleine Kinder sind, die erst Laufen lernen. Ihr würdet ein kleines Kind nicht verurteilen, nur weil ihr die aktuelle Politik oder irgendein anderes Thema, das euch brennend interessiert, nicht mit ihm diskutieren könnt. Würdet ihr ihm nicht gerne helfen, laufen zu lernen? Vielleicht werdet ihr andere zukünftig dabei unterstützen zu erreichen, wozu sie in der Lage sind, und sie nicht mehr zu etwas zwingen wollen, was ihrer Bewusstseinsebene nicht entspricht. Nur die Augen des Herzens können die Wahrheit erkennen. Übt und gebraucht eure Augen des Herzens so oft wie möglich.

Ihr müsst über eure bruchstückhafte und daher limitierende menschliche Wahrnehmung hinausgehen, wenn ihr erkennen wollt, was real ist. Urteilt nicht. Jeder muss die Konsequenzen seiner Handlungen in Kauf nehmen, und jede Handlung, die nicht mit Liebe und Wahrheit in Übereinstimmung ist, muss ausgeglichen werden. Dies ist das Gesetz des Karmas. Wenn Gott euch nicht verurteilt, warum verurteilt ihr euch selbst und andere so hart? Vielleicht fühlt ihr euch davon inspiriert, wie wir in den höheren Welten mit Versagen und Fehlern umgehen, und möchtet diesen Ansatz auf der Erde anwenden. Eure Welt hätte große Vorteile davon. Es gibt nach dem Übergang, den ihr Tod nennt, nur Freundlichkeit, Liebe und Mitgefühl, gepaart damit, jedes Wesen in seiner Veränderung zum Positiven zu unterstützen, sogar auch diejenigen, die ihr als böse betrachtet. Warum sollte es daher nicht zumindest mehr Freundlichkeit, Toleranz, Akzeptanz und Verständnis für die Entscheidungen geben, die eure Brüder und Schwestern mit ihrem freien Willen hier auf der Erde treffen?

36

TOD

Ihr alle seid viele Male geboren und viele Male gestorben. Auf der Seelenebene seid ihr vertraut mit dem Prozess der Geburt, mit dem Moment, in dem ihr eure Inkarnation beginnt, und mit der Verwandlung, die ihr Tod nennt, bei der ihr euren physischen Körper und eure Inkarnation verlasst. Da die meisten von euch keine bewusste Erinnerung an frühere Leben oder an das Leben zwischen den Leben haben, seid ihr auf die Informationen angewiesen, die euch durch eure jeweiligen kulturellen Konditionierungen und religiöse Erziehung gegeben wurden. Bedauerlicherweise bestimmt dieses übernommene Wissen euer Verständnis vom Tod. Letztendlich habt ihr in Bezug auf die Realität des Todes kein wirkliches Wissen, sondern nur seit unzähligen Generationen weiter gereichte Spekulationen. Die Folge dieses Unwissens ist, dass die große Mehrheit der Menschen eine tief sitzende Angst vor dem Tod hat, und der Tatsache, dass der Tod für uns alle gewiss ist, aus dem Weg geht. Niemand, der auf dieser Erde lebt, wird dem Tod entrinnen. Eure Angst vor dem Tod ist verständlich, jedoch wenig hilfreich, und dieser Emotion nachzugeben, ergibt wenig Sinn. Wenn ihr solche Angst vor dem Tod habt, wie es bei den meisten von euch der Fall ist, warum möchtet ihr dann nicht so viel wie möglich über diesen Übergang lernen? Warum möchtet ihr euch nicht auf euren Tod vorbereiten, damit ihr ohne Angst durch diese Transformation gehen könnt?

In allen Kulturen sind seit Tausenden von Jahren geheime Schriften über das Mysterium des Todes verfasst worden, die sich inhaltlich ähnlich sind. Diese heiligen Schriften berichten sowohl über den Sterbeprozess, als auch über die Reise der Seele, nachdem sie ihre physische Form verlassen hat. Heute sind diese heiligen Bücher nur wenigen vertraut, und es ist das Unwissen über die wahre Bedeutung des Todes, das tief sitzende innere Ängste, Unruhe und Schrecken hervor ruft, die von einer Generation zur anderen weitergegeben werden. Wir sind überzeugt, dass die Zeit für die Menschheit, sich mit dem Tod auseinanderzusetzen und besser darüber Bescheid zu wissen, jetzt gekommen ist, sodass die Ketten der ererbten Angst ein für allemal zerrissen werden können.

Zu einem bestimmten Zeitpunkt werdet ihr alle mit eurem eigenen Tod konfrontiert werden. Wäre es nicht wünschenswert, gut vorbereitet, furchtlos und wissend durch dieses Tor zu gehen? In nicht allzu ferner Zukunft werden wir genau dies eintreten sehen. Auf der neuen Erde wird der Tod seinen Schrecken verlieren und die Menschen werden von weisen Lehrern über die wahre Bedeutung des Lebens und des Todes unterrichtet werden. So wie es eine Kunst ist, ein Kind bewusst in die Welt zu gebären, indem sich die Eltern durch Kurse, Übungen und Literatur auf dieses freudige Ereignis vorbereiten, kann dieselbe Fürsorge und Achtsamkeit auch beim Übergang in die andere Welt obwalten, wenn ihr wisst, dass eure Zeit zu gehen gekommen ist. Trotz der offensichtlichen Tatsache, dass keiner von euch dem Tod entrinnen kann, vermeiden die meisten von euch jeglichen Gedanken daran, und wenn die Zeit des Übergangs gekommen ist, wird das so wahrgenommen, als ob es 'eine große Tragödie' wäre. Nichts widerfährt euch zufällig. Wie wir zuvor schon erwähnt haben, plant ihr auf der Seelenebene alle die genaue Zeit eurer Geburt und eures Ablebens.

Ihr müsst eure begrenzten, irreführenden und falschen Vorstellungen über den Tod zurück lassen um eure Angst vor dem Tod zu heilen. Eure Buchläden sind gefüllt von Büchern zu genau diesem Thema – antiken Totenbüchern, Berichten von Nahtod-Erfahrungen und vielem mehr. Manche Bücher werden euch aufklären, andere vielleicht nicht. Es geht darum, dass ihr euer Unterscheidungsvermögen nutzt, um herauszufinden, was sich für euer Herz als wahr anfühlt. Niemals zuvor stand seit dem Fall von Atlantis so viel wertvolle Information über den Tod und das Sterben für jeden auf diesem Planeten so frei zur Verfügung. Ihr müsst verstehen, dass, was die meisten von euch im Allgemeinen über den Tod zu wissen glauben, nichts weiter als eine der größten Massentäuschungen ist, und es wird wirklich Zeit für die Menschheit, diese illusionären Überzeugungen und Angst aufzugeben. Der Tod ist ein heiliger Übergang, gar nicht so viel anders wie die Geburt, nur anders herum. Bei der Geburt öffnet ihr das Tor, um diese Welt zu betreten, und beim Sterben benutzt ihr dasselbe Tor, um die Erde zu verlassen und dahin zurückzukehren, woher ihr kamt. Ihr werdet euch als unsterbliche Seele wiedererkennen, wie es auch der Fall war, bevor ihr einen menschlichen Körper angenommen habt.

Warum sollte der Prozess des Verlassens dieses Körpers und somit der Erde von solcher Qual, Angst, Schmerz und Verzweiflung begleitet sein, während eure Ankunft hier so fröhlich gefeiert wird? Eure Angst hängt mit dem Glauben zusammen, dass das Leben mit dem Tod eures physischen Körpers endet, was natürlich nicht der

Wahrheit entspricht. Ihr existiert tatsächlich alle in der geistigen Welt, bevor ihr geboren werdet – in einer Welt, die genauso real ist wie die Erfahrung eures irdischen Lebens. Ihr müsst verstehen, dass diese Inkarnation nicht euer ganzes Leben ist. Sie ist in der Unendlichkeit eures Lebens als unsterbliche Seele nur eine kurze Erfahrung. Wenn ihr eure eigene Unsterblichkeit erkennt, wird sich eure Sicht des Todes bedeutend verändern, und euer physischer Tod wird weniger traumatisch, was heilend und befreiend sein wird. Das heißt nicht, dass es Trauer nicht mehr geben wird, wenn ein geliebter Mensch stirbt, doch die Trauerphase wird weniger traumatisch verlaufen und die Zeit der Erholung schneller und weniger lebenseinschränkend sein, als das heute der Fall ist.

Lasst uns euch mitteilen, was bei diesem heiligen Übergang wirklich geschieht. Wenn eure Erfahrung auf der Erde zu Ende geht, werdet ihr diesen Körper mit der euch eigenen Persönlichkeit zurück lassen, um euch wieder mit dem Bewusstsein eurer unsterblichen Seele zu vereinen. Ihr werdet auf der anderen Seite des Schleiers in großer Freude wieder mit eurer Seelenfamilie vereint sein. Wenn ihr vollbracht habt, was ihr in eurem Erdenleben zu erreichen beabsichtigt habt, werdet ihr zusammen feiern. Es gibt keinen Grund dafür, das Leben aufzugeben und lange Zeit untröstlich zu sein, nur weil einer eurer Lieben hinüber gegangen ist. Wir verstehen, dass ein gewisses Maß an Trauer gesund und notwendig ist; doch die größte Trauer entspringt dem Glauben an die Illusion, dass der Tod 'das Ende' ist und dass der Mensch aufgehört hat zu existieren. Jeder von euch überlebt den Tod – ohne Ausnahme – und hat das zuvor schon viele Male getan. Euer Tod nach diesem Leben ist nicht euer erster, und er wird für die Mehrheit von euch nicht euer letzter sein.

Warum sollten wir also nicht genau betrachten, was wir am meisten fürchten?

Im Moment des Todes wird eure unsterbliche Seele, die euch mit Lebenskraft versorgt und die durch die sogenannte Silberschnur mit eurem physischen Körper verbunden ist, durch das Durchschneiden dieser Silberschnur getrennt und geht in die feinstoffliche Welt. In den Stunden und Tagen nach dem Tod lösen sich der ätherische, emotionale und mentale Körper langsam auf, und während dieses Vorgangs löst sich eure Seele von der Persönlichkeit, die sie durch das Leben in eurem physischen Körper angenommen hatte. Das heißt, dass sie ihre menschlichen Begrenzungen und Identifizierungen hinter sich lässt und sich für die Weite ihres eigenen göttlichen Lichtes öffnet. Auf der anderen Seite wird die Seele von geistigen Führern empfangen, von Seelengefährten und geliebten Menschen, die sie zu Hause willkommen heißen. Dies ist eine Zeit großer Freude und der Wiedervereinigung, nicht nur mit dem erweiterten Bewusstsein eurer eigenen Essenz, sondern auch mit anderen Seelen, zu denen ihr starke Verbindungen entwickelt habt.

Denkt daran, in dieser Umgebung gibt es keine Zeit, und Vorgänge, die auf der Erde viele Tage lang dauern würden, können innerhalb von ein paar Minuten erlebt werden. Nach der Freude der Wiedervereinigung kommt der Moment, in dem ihr eure letzte Inkarnation noch einmal anschauen werdet, entweder mit Hilfe eines spirituellen Führers oder allein, je nachdem, was angemessener für euch erscheint. Ihr Lieben, es wird euch niemand für das, was ihr in eurem irdischen Leben getan oder nicht getan habt, beurteilen – niemand außer ihr selbst. Ihr seid euer eigener strengster Kritiker, nicht eure geistigen und spirituellen Führer. Die Liebe und das Mitgefühl auf der anderen Seite des Schleiers sind für euch, die ihr so sehr an Verurteilung auf der Erde gewöhnt seid, kaum zu verstehen und fast unvorstellbar. Die Welt eurer Seele und das Leben auf der Erde haben wenig gemeinsam, zumindest auf dieser Ebene, auf der im Raum von bedingungsloser Liebe, Verständnis und Ermutigung, eine sorgfältige Einschätzung eurer menschlichen Existenz vorgenommen wird. Ihr werdet noch einmal auf euer Leben zurückschauen und dann ermutigt werden, jene Situationen zu betrachten, in denen ihr mehr Mut, Liebe oder Weisheit hättet leben können, immer jedoch ohne verurteilt zu werden. Verurteilung ist eine menschliche Eigenschaft und hat in der Welt höherer Schwingungen keinen Platz.

Dann werdet ihr den 'Ältestenrat' treffen, von dem ihr liebevoll dabei unterstützt werdet, sowohl das Leben, das ihr gerade durchschritten habt, zu bewerten und einzuschätzen, was ihr beabsichtigt hattet zu lernen, als auch dabei, verschiedene Möglichkeiten zu betrachten, verbliebene Schwächen zu beheben. Ihr werdet Rat finden, wie ihr eure Energien effektiver ins Gleichgewicht bringen könnt, damit ihr das von euch gesetzte Ziel erreicht. Bei diesen Zusammenkünften werdet ihr einen karmischen Rückblick erleben, der viele Jahrhunderte umfasst, um euch tiefere Einsichten in euren inneren Entwicklungsweg zu gewähren.

Manche Seelen wollen sich vielleicht relativ schnell wieder inkarnieren, während andere sich für eine Pause entscheiden und länger in der geistigen Welt verweilen. Niemand wird gezwungen, sich wieder zu inkarnieren. Alle müssen zuerst die Folgen und Lektionen ihres letzten Lebens verstehen. Wenn ihr andere zum Beispiel verletzt habt, werdet ihr dieselbe Situation in der Position der anderen Person noch einmal erleben, um die Auswirkungen eurer gedankenlosen Handlungen besser zu verstehen. Diese Erfahrung soll keine Strafe sein. Sie hat nur den Sinn, dem besseren Verständnis und Lernen zu dienen. Wenn es euch widerstrebt, bestimmte Lektionen zu lernen, werdet ihr nicht gezwungen, denn in der geistigen Welt akzeptieren die Führer und Lehrer 'das Gesetz des freien Willens' immer. Doch ihr könnt nicht weiter gehen oder an bestimmten Aktivitäten höheren Lebens teilhaben, ehe ihr nicht eure Lektionen gemeistert habt.

Es gäbe noch so viel mehr über das Leben nach dem Tode mitzuteilen, sodass diese Informationen mit Leichtigkeit ganze Bände füllen könnten, doch im Moment haben wir nicht die Absicht, weiter ins Detail zu gehen. Wir möchten eure begrenzte Sichtweise von der Transformation, die Tod genannt wird, einfach erweitern und unnötige Ängste mildern.

Es gibt jedoch ein wichtiges Ereignis, das wir erwähnen möchten, das unmittelbar nach dem Verlassen eurer physische Form stattfinden wird. Es wird von jenen, die eine Nahtoderfahrung gehabt haben, als 'in ein helles, weißes Licht reiner Liebe und unaussprechlichem Segen gehen', beschrieben. Dies ist die Gegenwart eures eigenen Höheren Selbst, das mit eurer Seele verschmilzt, während ihr hinüber geht. Dieses Licht ist Teil der ewigen Gegenwart der Quelle – des Schöpfers selbst. Menschliche Worte sind nicht in der Lage, den Segen, den Frieden und die Liebe zu beschreiben, die ihr erfahren werdet, wenn ihr ins göttliche Licht eintretet. Ihr werdet tiefes Sehnen danach verspüren, für immer dort zu verweilen. Doch um für immer in der Einheit mit der göttlichen Gegenwart verbleiben zu können, muss eine Seele fortfahren, nach der Einheit mit dem Göttlichen zu streben, die Alles ist Was Ist. Wenn in jedem Moment eures Lebens nur noch Liebe, Friede und Wahrheit in euch sind und nichts anderes, werdet ihr wissen, dass ihr zu Hause seid und für immer in der Gegenwart des Ewigen. Wir sprechen aus diesem Bewusstsein der vollkommenen Einheit, denn Alles Was Ist, ist das, was wir sind.

Lernt zu verstehen, dass eure Seele unsterblich ist und euer Leben ewig. Ihr alle macht vielfältige Erfahrungen, ob nun in physischer Inkarnation oder ohne physische Form. Alternativ dazu könntet ihr auch sagen, dass ihr nur ein Leben habt, euer ewiges Leben, das ihr in vielen verschiedenen Körpern und unterschiedlichen Ebenen des Bewusstseins verbringt. Wenn ihr diese Wahrheit zu verstehen beginnt, werdet ihr eure Angst vor dem Tod ganz und gar verlieren.

Wir hoffen, dass wir das schmerzliche und beängstigende Thema, das ihr Tod nennt, für euch erhellt haben. Es ist unser Wunsch, dass ihr mehr Interesse daran bekommt, euch mit dem Tod, dem Sterbeprozess und dem Leben danach zu beschäftigen. Wie wir zuvor schon erwähnt haben, sind eure Buchläden voll von Informationen zu diesem Thema. Lasst euer Herz euch zu den wahren Lehren führen. Wir segnen euch, denn ihr alle seid auf dem Weg zu eurem göttlichen Licht.

37

KAMPF

Solange menschliche Wesen an Kampf glauben, werden sie in der Dualität gefangen bleiben. Die Dualität ist eine illusionäre Vorstellung, die euch daran hindert, die Dinge so zu sehen, wie sie wirklich sind. Absolute Realität kann nur aus dem Bewusstsein der Einheit mit dem Göttlichen heraus erfasst werden. Einige von euch sind, wenn sie die ersten Schritte zum Licht hin getan haben, davon überzeugt, dass sie das bekämpfen müssen, was sie als die Dunkelheit wahrnehmen. Dies ist ein fundamentaler Fehler in eurer Wahrnehmung, der auf von Angst eingeschränkten Vorstellungen basiert.

Stellt euch vor, ihr seid in einem dunklen Raum und schaltet das Licht an. Hat das Licht die Dunkelheit in dem Raum bekämpft? Sicherlich nicht! Das Licht hat die Dunkelheit einfach nur erhellt, was etwas völlig anderes ist, als die Dunkelheit zu bekämpfen. Wenn ihr die Dunkelheit bekämpft, ist eure Aufmerksamkeit auf das gerichtet, was ihr nicht wollt, nämlich die Dunkelheit. In Wirklichkeit stärkt ihr das, wogegen ihr euch auflehnt, indem ihr euren energetischen Fokus darauf richtet. Anstatt eurer kostbares Leben mit solchen sinnlosen Bemühungen zu verschwenden, wäre es besser, eure Aufmerksamkeit auf das Licht zu richten. Um einen Raum zu erhellen, konzentrier dich auf das Licht! Worauf du deine Aufmerksamkeit richtest, da ist auch deine Kraft und Energie, und die äußeren Erscheinungen folgen immer dem Fluss der Energie. Fokussiere deine Energie auf das, was du in deinem Leben und auf der Welt willst.

Ihr Lieben, wir möchten euch lehren, wie ihr den Kampf beenden und aus Weisheit handeln könnt. Wenn ihr keine Energie mehr durch Kampf vergeudet, keine Gewalt anwendet, erleuchtet das Licht die Dunkelheit, und so wird seine wahre Macht sichtbar. Kennt ihr den Unterschied zwischen Gewalt und wahrer Macht? Gewalt versucht zu manipulieren, zu kontrollieren und zu überreden, während wahre Macht aus der Gewissheit ihrer eigenen innersten Essenz heraus handelt, die Wahrheit, Friede und Liebe ist, — einfach nur ist. Gewalt ist im Grund genommen ein Ausdruck von Schwäche, denn sie ist sich ihrer selbst nicht sicher und muss jemanden oder etwas bekämpfen, um sich selbst zu beweisen. Wahre Macht ist sich ganz einfach ihrer selbst bewusst. Was für ein gravierender Unterschied! Gewalt ist unstet, ist misstrauisch, manipulativ und kontrollierend. Wirkliche Macht hat nichts von alledem. Macht kommt aus der Ruhe selbst, ist so ruhig, dass nicht einmal die kleinste Bewegung vorhanden ist und sie bedarf auch keiner Worte. Wahre Macht erfasst mit ihrer Energie jeden und alles, durch ihr Sein.

Nehmen wir beispielsweise das Bild eines Steinchens, das in einen See fällt. Stellt euch die Ringe vor, die im Zentrum entstehen, dort, wo das Steinchen ins Wasser gefallen ist. Mühelos entsteht aus dem Inneren ein Kreis nach dem anderen. So verhält es sich auch mit wahrer Macht: Sie strahlt in völliger Stille aus der Essenz ihres Seins, und ihre Reichweite ist groß. Stellt euch nun ein Kind vor, das eure Führung und euren Rat zurückweist und trotz all eurer gut gemeinten Erklärungen hartnäckig auf seinem eigenen Willen besteht. Wenn ihr in die Konfrontation geht und einen Kampf mit diesem kleinen Wesen heraufbeschwört, werdet ihr seinen Widerstand nur noch stärken und verlängern oder es mit Gewalt zur Unterordnung zwingen. Doch wenn ihr seine Aufmerksamkeit liebevoll und mit positiver Ermutigung immer wieder auf euer Ziel lenkt, werdet ihr es schnell erreichen, ohne euch selbst in einem unnötigen Kampf, in dem Wille gegen Wille steht, zu verlieren. Diese kleinen Beispiele zeigen, wie sinnlos der Kampf ist und warum wir euch bitten, das Kämpfen zu beenden.

Kampf scheint eine tief eingeprägte Gewohnheit auf diesem Planeten zu sein. Liebe Freunde, wie wir zuvor schon erwähnt haben, wird es jetzt Zeit für euch, erwachsen zu werden. Ihr müsst erkennen, dass ihr über das Stadium, in dem ignorantes und destruktives Verhalten noch tolerabel war, hinaus gewachsen seid. Trauriger Weise leben die meisten Menschen im Kampf, sowohl in einem inneren Kampf mit sich selbst, als auch in äußeren Kämpfen mit Partnern, Freunden, Eltern und Arbeitskollegen. Staat gegen Staat, Religion gegen Religion, Firma gegen Firma, Frau gegen Frau, Mann gegen Mann, Mann gegen Frau, spirituelle Menschen gegen Atheisten, eine politische Partei gegen die andere, eine Rasse gegen die andere usw.. Wir glauben, wir haben nun ausreichend Beispiele aufgezählt, um zu zeigen, dass das Kämpfen eine der am weitesten verbreiteten, täglichen Beschäftigungen auf der Erde ist. Wir sind sehr wohl gewahr, dass ihr es nicht gewohnt seid, die Dinge so zu sehen, wie wir sie wahrnehmen; dennoch erkennen wir die Notwendigkeit, die Wahrheit auszusprechen. Was wir als Kampf wahrnehmen, nennt ihr vielleicht 'gesunden Wettbewerb', doch im Kern ist dieses Handeln nichts weiter als Kampf – einer gegen den anderen. Wo ist euer Respekt vor dem freien Willen eurer Mitmenschen? Wo ist euer Mitgefühl – eure Liebe? Es ist so selten innerer Friede in euch zu finden. Denn die meiste Zeit des Tages seid ihr damit beschäftigt, andere zu manipulieren und zu überzeugen, damit sie sich so verhalten, wie es euch beliebt. Trotz gut gemeinter Absichten, ist sich die Mehrheit von euch nicht der Tatsache bewusst, dass ihr gewaltsam miteinander umgeht und oftmals 'emotionale und mentale Kriegstechniken' anwendet, um euer Ziel zu erreichen. Diese Art von Verhalten kann in den meisten Partnerschaftskonflikten beobachtet werden, aber auch in spirituellen Diskussionen in denen einer den anderen davon überzeugen möchte, dass die Wahrheit, die er gefunden hat, fundierter ist, als die seines Gegenübers. Dieselbe Haltung könnt ihr auch bei hitzigen Diskussionen in Firmen beobachten, in der Politik, in beliebigen Institutionen und Familien, in denen von allen gefordert wird, bestimmten Verhaltensmustern zu entsprechen und es sehr selten erlaubt ist, man selbst zu sein.

Wir möchten, dass ihr versteht, dass, wenn ihr in einer besseren Welt leben möchtet oder euch beispielsweise eine Familie wünscht, die zusammenhält und sich wirklich liebt, dann müsst ihr selbst erst einmal leben, woran ihr glaubt. Ihr könnt anderen eure Ideen nicht aufzwingen. Jeder von euch kann nur durch wirkliche Einsicht lernen – wenn die Seele dazu bereit ist. Wenn ihr aus Wahrheit und innerem Frieden heraus agiert, einander Raum gebt und die Entscheidungen anderer respektiert, werden die Samen, die ihr durch dieses Verhalten sät, zu gegebener Zeit aufgehen. Doch wenn ihr, selbst in bester Absicht, versucht, anderen eure Einsichten aufzuzwingen, werden diese Samen auf unfruchtbaren Boden fallen, vertrocknen und absterben. Wenn ihr über Liebe und Frieden sprecht, dann müsst ihr zur Liebe und zum Frieden werden. Ihr könnt Liebe nicht predigen, doch ihr könnt alle fühlen, wenn Liebe und Frieden wirklich aus dem Herzen heraus strahlen. Diese lebendige Erfahrung wird eure Mitmenschen öffnen, mit markigen Worten werdet ihr das niemals erreichen. Wenn ihr eine Veränderung erfahren möchtet – ob nun persönlich, in eurer Karriere oder in irgendeinem anderen Umfeld – müsst ihr die Veränderung sein, die ihr in dieser Welt sehen möchtet. Bleibt nicht darin verhaftet, euch über den offensichtlichen Mangel an Liebe zu beklagen, der dazu führt, die Welt oder andere zu verachten. Seid stattdessen die Liebe, die ihr sucht, und der Friede, nach dem ihr euch sehnt. Wahre Macht bewirkt Wunder, indem sie aus dem Kern eures Innersten heraus erstrahlt und sich durch eure Worte und Taten manifestiert.

Wir vertrauen darauf, dass wir euch in diesem Diskurs die Überlegenheit der Macht der Liebe und des Friedens nahe gebracht und die Machtlosigkeit des verbissenen Kämpfens aufgezeigt haben. Legt eure Waffen nieder! Versteht, wir sind alle eins und das bedeutet tatsächlich, dass jeder mit jedem eins ist. Agiert aus dem Zentrum eures Seins heraus, das Liebe ist. Lernt Schritt für Schritt die Macht zu nutzen, die in der Weisheit eures Herzens verankert ist.

Es ist nicht immer notwendig, dass beide Gegner, die in einen Kampf verwickelt sind, durch die Anerkennung ihres Einsseins die Wandlung zum Frieden und zur Liebe vollziehen, obwohl dies natürlich wünschenswert wäre. Meistens reicht es schon, wenn einer von beiden sein destruktives Verhalten verändert. Das wird die ganze Situation energetisch verändern und helfen, den Konflikt beizulegen. Die Energie, die ihr in den Kampf hinein legt – auch wenn er aus gutem Grund geführt wird – wird lediglich den Kampf immer weiter nähren. Wenn ihr hingegen den Fokus respektvoll auf das Verständnis und die Toleranz für die Entscheidungen des anderen ausrichtet und eure Aufmerksamkeit friedlich auf das Ziel lenkt, werdet ihr eine plötzliche Veränderung in dem ganzen Szenario spüren. Dann werdet ihr beobachten, wie der Widerstand eures Gegners nachlässt, einfach, weil eure Energie nicht mehr gegen ihn gerichtet ist. Anstatt dessen ist sie auf friedliche Weise auf den Konsens ausgerichtet und der andere kann eure Offenheit wahrnehmen. Das ist der Moment, indem euer Mitmensch zum ersten Mal Raum und Gelegenheit hat, euch wirklich zuzuhören. Vorher war er hauptsächlich mit seiner Verteidigung oder Angriff beschäftigt. Da das nun nicht mehr nötig ist, kann er sich öffnen, was unter den Bedingungen des Kampfes unmöglich war. Der schnellste Weg, Verständnis und wahren Frieden zu erreichen, ist, selbst dieser Friede zu werden.

Lasst uns für den Fall, dass ihr mit einer Situation konfrontiert seid, in der ihr euch zwischen Gewalt und wahrer Macht entscheiden müsst, einen anderen interessanten Aspekt betrachten. Gewalt entspringt immer der Angst. Das könnte die Angst sein, die ihr fühlt, wenn ihr als der, der ihr wirklich seid, nicht gehört und gesehen werdet und folglich nicht in der Lage seid, eure Sichtweise darzustellen. Das heißt, wann immer ihr aus einem ungeheilten inneren Raum heraus agiert, seid ihr nicht zentriert, euch nicht bewusst, was ihr tut. Wahre Macht hingegen kommt aus tiefem inneren Wissen und agiert aus der Weisheit eures innersten Wesens heraus.

Das ist der bedeutende Unterschied zwischen einem Krieger und einem friedvollen Krieger. Ein Krieger bleibt immer noch Opfer seiner eigenen Unsicherheiten und wird von negativen Emotionen wie Ärger und Wut gesteuert. Sogar der edle Kampf für Gerechtigkeit kann ihn verleiten mit purer Gewalt zu kämpfen. Folglich entspringen seine Handlungen einer Position der Schwäche, denn egal wie stark seine physische Erscheinung und seine Worte erscheinen mögen, seine unterschwelligen Motivationen bleiben von seinen ungeheilten Wunden gesteuert. Im Gegensatz dazu hat ein friedvoller Krieger Frieden mit sich selbst gefunden. Er lebt in Übereinstimmung mit seiner Seele und mit seinem Höheren Selbst. Er greift niemals an, sondern nutzt lediglich die Energie seines Aggressors, um sie für eine bessere Lösung umzuleiten, oder wenn nötig, zu seiner eigenen Verteidigung. Dies ist die einzige Art des Handelns, die Frieden bringt, während die Taten des verwundeten und ungeheilten Kriegers den Konflikt immer nur noch weiter anfachen.

Es ist einfach, die Ursache für solch einen Ausgang zu verstehen, wenn man die Motivation hinter den gewalttätigen Aktionen untersucht; sie werden immer der Angst entspringen. Das Ergebnis aller auf Angst basierenden Handlungen wird immer wieder dasselbe sein, nämlich noch mehr Angst zu erzeugen. Jede aus der Angst geborene Handlung wird zu größerer Angst führen. Doch alles, was ihr aus dem Raum der Liebe, des Friedens, des Verstehens und des Respekts heraus tut, wird wertvolle Einsichten, mehr Liebe und tieferen Frieden zur Folge haben. Ihr Lieben, lernt zu unterscheiden, beobachtet euch selbst und achtet darauf, woher eure Handlungen kommen. Entspringen sie der Angst oder der Liebe? Es gibt nichts dazwischen. Wenn sie der Angst entspringen, heilt diese Angst und ersetzt sie durch Liebe. Lasst die Liebe bei allem, was ihr tut, eure Intention und Motivation sein. Die Angst, die euch dazu verführt, Gewalt anstatt wahre Macht zu wählen, stammt immer von den ungeheilten Verletzungen eures inneren Kindes.

Es wird Zeit für die Menschheit, das innere Kind kollektiv zu heilen. Nur dann kann das verwundete Kind sich in das 'Wunderkind' verwandeln, das die Schlüssel zum Himmel in seinen Händen hält, und euch in die Einheit mit eurem Wahren Selbst führen. Denkt daran: Wenn ihr euch nicht auf macht, alle fühlenden Wesen und euch selbst vor Schaden zu bewahren, werdet ihr es nicht schaffen, dauerhaft Frieden auf der Erde zu erfahren.

Wir haben dieses Kapitel mit dem Wort 'Kampf' begonnen und mit Liebe beendet. Und wie es mit allen Geschichten ist, wenn die letzte Geschichte endet, endet sie mit Liebe. Ihr alle kommt aus der Liebe, verliert euch selbst in der Angst und im inneren und äußeren Kampf und kehrt schließlich zur Liebe zurück. Mögen Friede und Liebe mit euch sein und euch nach Hause führen.

38

SPIRITUELLES BYPASSING

Wir möchten das interessante Thema untersuchen, inwieweit spirituelle und religiöse Praktiken benutzt werden, um unangenehme und schwierige Emotionen nicht zu fühlen und zu überdecken. Diese Praktiken sind nicht dazu da, um die Verletzungen der Vergangenheit zu verdecken oder ihnen zu entfliehen. Wenn wir den Begriff „Vergangenheit" benutzen, meinen wir damit nicht nur euer Aufwachsen in diesem Leben, sondern auch Ereignisse aus früheren Leben. Jeder von euch ist voll von Erinnerungen an Leid und Angst, was zur Herausbildung einer Maske geführt hat. Der Sinn dieser Maske ist, euer Überleben zu garantieren und weiteres Leiden zu verhindern – zumindest ist dies, während ihr eure Maske erschafft, eure unterbewusste Absicht. Doch der Schutz der Maske ist immer nur vorübergehend und oberflächlich und hindert euch letztendlich daran, eure wahre Natur zu leben. Wirklicher Schutz gegen immer wiederkehrende Schmerzen ist nur möglich, wenn ihr euch euren Ängsten stellt, sie fühlt und euer inneres Leiden heilt. Doch unsere Beobachtung ist, dass viele traditionelle spirituelle und religiöse Lehren euren emotionalen Aspekt nicht genügend berücksichtigen. Folglich sind diese Lehren nicht mehr zeitgemäß oder mindestens unvollständig.

Bis vor hundert Jahren hatten die Menschen bis auf wenige Ausnahmen kein tieferes Verständnis von der Bedeutung ihrer Emotionen. Dennoch wurde, wie es auch heute der Fall ist, jeder von ihnen geleitet. Doch niemand wusste, wie man die emotionale Ebene verstehen und heilen kann. Diese Einstellung veränderte sich entscheidend, als Sigmund Freud seine Erkenntnisse veröffentlichte, die später zahllose andere Psychologen inspiriert haben, den unbekannten Bereich der menschlichen Psyche zu erforschen und entsprechende Heilmethoden zu entwickeln. Wir sehen die Geburt der Psychologie als ein einen entscheidenden Wendepunkt in der Geschichte der Menschheit. Dennoch muss in Betracht gezogen werden, dass es fast 100 Jahre gedauert hat, bis die wichtigsten Prinzipien dieser Erkenntnisse begonnen haben, das Massenbewusstsein zu beeinflussen. Wenn man diese Tatsache betrachtet, wird klar, dass alle vorhergehenden Religionen und spirituellen Lehren von diesen wertvollen Einsichten unberührt blieben, denn die Zeit ihrer Gründung war Jahrhunderte oder gar Jahrtausende früher.

Wir möchten euch einladen, spirituelle und psychologische Heiltechniken zu kombinieren, um einen effektiveren und besser integrierten Ansatz für eure innere Reise zu einem ganzheitlichen Leben zu entwickeln. Wie zuvor erwähnt, wurden alle spirituellen Lehren durch die etablierten Religionen entscheidend verändert und die Selbst-Liebe als eine der wichtigsten Grundlagen des inneren Weges ignoriert. Durch diese Missachtung und Verleugnung wurden die spirituellen Lehren zu einem exklusiven Weg für einige wenige Auserwählte, anstatt, wie es ursprünglich beabsichtigt war, jeder Seele den Weg zur Erlösung aufzuzeigen.

Tatsächlich deckten die meisten Religionen und spirituellen Lehren den Schmerz im Inneren nur zu und stellten ihn ruhig. Euch wurde gelehrt, den spirituellen und religiösen Regeln gegenüber gehorsam zu sein und nach ihren Tugendvorstellungen zu leben. Indem eure Ängste nicht geheilt wurden und ihr gezwungen wart, in Übereinstimmung mit den Tugenden zu leben, haben viele spirituelle und religiöse Lehren Schritt eins und zwei vertauscht, und so ist es keine Überraschung, dass trotz aller gut gemeinter Versuche die Mehrheit von euch sich nicht in der Lage fühlt, eine dauerhafte innere Wandlung zu vollziehen. Angst und fehlendes Selbstwertgefühl liegen beinahe allem menschlichen Handeln und Verhalten zugrunde. Die gute Botschaft aber ist, dass nun zum ersten Mal in der euch bekannten Geschichte eine Vielzahl von Heilmethoden allen zugänglich ist.

Ihr müsst verstehen, dass ihr nicht euren Tugenden gemäß und in Übereinstimmung mit euch wahren Selbst leben könnt, solange unterdrückte Wut, Traurigkeit, Angst und andere negative Gefühle wie ein Schwelbrand in euch glühen. Üblicher Weise ist eure Reaktion auf diese unerwünschten Emotionen ihre Unterdrückung mit dem Ergebnis, dass eure Emotionen blockiert werden und in eurem physischen Körper gefangen sind. Das ist ein großes Unglück, denn arretierte Emotionen sind ein wesentlicher Faktor bei der Entstehung körperlicher und psychischer Erkrankungen. Doch so geht die Mehrzahl von euch mit negativen Emotionen um: entweder werden sie unterdrückt oder festgehalten. Beides ist ungesund und destruktiv und blockiert den Fluss weglasseneurer Lebenskraft. Zusätzlich führt dieses Verhalten zu ernsthaftem inneren Ungleichgewicht und Unstimmigkeit mit eurer Seele und eurem höheren Selbst. Es ist Zeit einen neuen und konstruktiveren Ansatz beim Umgang mit schmerzvollen und unerwünschten Emotionen zu finden. Der einfachste Weg ist, wieder fühlen zu lernen und aufmerksam zuzuhören, was da nach Liebe und Aufmerksamkeit ruft.

Als Kinder wurdet ihr von euren Eltern selten als die gesehen, die ihr wirklich seid. Fast alle Menschen tragen diese Aspekte des verwundeten Kindes in sich. Wenn diese Teile nicht geheilt werden, werden diese Wunden sich auf alle eure Handlungen und Reaktionen auf eure Umgebung auswirken. Die meisten Menschen werden buchstäblich von ihrem verwundeten inneren Kind gelebt, und sind sich dieser Tatsache und ihren fatalen Konsequenzen bedauerlicherweise nicht bewusst. Zum besseren Verständnis möchten wir euch ein paar Beispiele dafür geben, was es bedeutet, vom verwundeten inneren Kind beeinflusst zu sein. Wenn ihr z. B. das Bedürfnis verspürt, zu verführen, zu manipulieren oder sogar, wenn ihr das Verlangen habt, erfolgreich zu sein, um geliebt zu werden, beherrscht euch das verwundete Kind. Es hat euch auch unter Kontrolle, wenn ihr euch für Gewalt anstatt für innere Macht entscheidet, oder dem Gefühl, Opfer zu sein, oder wenn ihr der Eifersucht verfallt. Auch wenn ihr das Gefühl habt, dass ihr hart daran arbeiten müsst, oder nicht gut genug seid, um geliebt zu werden, könnt ihr euch sicher sein, dass euer verwundetes inneres Kind euch beherrscht. Dasselbe gilt für alle Gefühle, dass ihr nichts wert seid.

Wir nehmen an, dass ihr alle mit der Erfahrung dieser eben erwähnten unangenehmen Emotionen vertraut seid. Es gibt zahllose Möglichkeiten negative Emotionen zu verdecken. Ihr braucht euch nur die Palette der Abhängigkeiten anzuschauen, die genau diesem Zweck dienen, wie z. B. alle Arten von Drogen, Alkohol, Sex, Essen, Arbeit, Materialismus, Zwanghaftigkeit und andere psychischen Erkrankungen. Wenn es darum geht, Gefühle zu überdecken und Schmerzen zu unterdrücken, gibt es zahllose Möglichkeiten. Das einzige Ergebnis dieses bedauerlichen Verhaltens ist jedoch, dass eure unerwünschten Emotionen im Körper gefangen bleiben, bis sie erneut getriggert werden, und dann beginnt der selbe Zyklus wieder von neuem. Viele von euch erkennen jetzt, dass dies keine Lösung sein kann, und mehr Menschen als je zuvor suchen Hilfe und wenden sich verschiedenen Therapieformen zu.

Wir möchten nun eine andere Form der Unterdrückung negativer Emotionen erwähnen, nämlich die Anwendung spiritueller Praktiken wie z.B. Meditation als Weg der Schmerzvermeidung und Flucht in das Reich der Spiritualität. Dieses Verhalten führt dazu, dass ihr ungeerdet seid und euch in Visionen und verschiedensten Illusionen spiritueller Art verliert.

Die Fähigkeit 'der Beobachter' zu werden, bedeutet, in der Lage zu sein, eine schwierige Situation oder einen inneren Konflikt in einer nicht wertenden, neutralen Art und Weise wie von Außen zu betrachten, ohne dass ihr euch mit dem emotionalen Tumult eurer verwundeten Aspekte identifiziert. Dies ist eine wertvolle therapeutische Technik, die den Heilungsprozess abkürzen und euch sicher durch die herausfordernden Zeiten innerer Transformation leiten kann. Wenn ihr dieses Werkzeug, euch selbst zu beobachten, nicht entwickelt, besteht die Gefahr, dass ihr euch ganz und gar mit euren starken Emotionen identifiziert und es zulasst, dass diese eure Realität beherrschen. Ihr glaubt vielleicht sogar, dass ihr selbst diese Gefühle wirklich seid, während sie in Wahrheit nur Ausdruck eines einzelnen, nicht geheilten Aspekts eures ganzen Selbst sind. Der Heilungsprozess kann langwierig und verwirrend werden, wenn diese einfache aber wertvolle Methode nicht angewandt wird.

Wir wollen euch noch ein weiteres Beispiel von Heilung zeigen. Wenn ihr den unausgesprochenen Ärger, den ihr als Kind gespürt habt, anerkennt und heilen lernt, werdet ihr in der Lage sein euren spirituellen Lehren zu folgen, die euch anhalten, nicht aus dem Blickwinkel des Zorns zu handeln. Ihr werdet euren Ärger und Zorn loslassen und lernen gesunde Grenzen anderen gegenüber zu setzen und damit mit euren Mitmenschen besser und konstruktiver umgehen, die euch nicht als die erkennen, die ihr wirklich seid. Ihr werdet euren Selbstwert entdecken und euch selbst anerkennen, da ihr nun versteht, dass ihr zuerst euch selbst Liebe, Respekt, Aufmerksamkeit und Anerkennung schenken müsst, anstatt verzweifelt zu versuchen, dies von anderen zu bekommen. Kein Guru, Therapeut, Psychologe, Priester oder spiritueller Lehrer kann das für euch tun. Es ist euer verwundeter Aspekt, nur ihr selbst könnt ihn in euch heilen. Indem ihr euch selbst heilt, werdet ihr eure spirituellen Ziele mit Leichtigkeit erreichen.

Bis heute versuchten viele von euch sich dazu zu zwingen, nach spirituellen Regeln und Tugenden zu leben. Wünschenswerter wäre es, ihr würdet alle gewaltsamen Anstrengungen aufgeben und liebevoller gegenüber euren eigenen menschlichen Seiten und Mitmenschen werden. Unser Wunsch an euch ist, Liebe zu sein. Liebe ist der Urgrund allen Seins, der Ursprung der Schöpfung und das Herz all dessen, was ihr spirituell nennt. Doch viel zu viele versuchen ihre spirituellen Ziele mit Gewalt zu erreichen, die sie gegen sich selbst richten. Spirituelle Selbstgeißelung ist ein extremes Beispiel einer körperlichen Aktion, die sichtbar macht, was zahllose Schüler auf dem spirituellen Weg sich selbst innerlich antun. Es ist an der Zeit, diesen Unsinn zu beenden, da dies euch nur schadet und euch nicht zu wahrer innerer Befreiung führt. Es gibt keinen anderen Weg als sich selbst zu lieben mit all euren Unzulänglichkeiten und sie dann Schicht um Schicht zu heilen. Ihr müsst euch nach Hause „lieben". Indem ihr dem „Pfad der Liebe" folgt, wird eure spirituelle Transformation zu einem freudvollen Prozess. Schritt für Schritt werdet ihr euer destruktives Verhalten euch selbst gegenüber überwinden und eure negativen Emotionen heilen. Dann werden eure Taten im Einklang sein mit euren spirituellen Übungen und Tugenden.

Ihr werdet tiefen inneren Frieden und Zufriedenheit spüren, wenn ihr im Einklang mit der Liebe lebt. Euer selbstzerstörerisches Verhalten könnte man mit folgender Analogie erklären: Stellt euch vor, ihr habt ein hungriges, krankes Pferd, und trotz seiner Schwäche schlagt ihr auf das arme Tier ein, weil es nicht so viel leistet wie ein preisgekrönte.s Rennpferd. Wäre es nicht weiser und einfühlsamer, dieses Wesen erst zu füttern, zu heilen und sich um es zu kümmern, sodass es später trainiert werden könnte und vielleicht die Chance hätte, an einem Rennen teilzunehmen?

Wir haben, glauben wir, klar gemacht, wie notwendig eure innere Heilung ist. Sie ist die Grundlage für das Wachsen echter Spiritualität und stellt sicher, dass euer Weg erfolgreich sein wird. Der verbissene Ernst und die Rigidität, die die spirituelle Reise so vieler Sinnsucher charakterisieren, zeigt lediglich, dass sie ihre Lektion noch nicht verstanden haben. Wir laden euch dazu ein, euch die Zeit zu nehmen, auf eure Tränen, eure Schreie und euren Zorn in liebevoller und nicht wertender Weise einzugehen. Wenn ihr das tut, wird sich euer Leid vermindern und die Reise zur spirituellen Meisterschaft kann wahrlich beginnen.

Denkt daran, ihr müsst niemand Besonderer sein. Seid ihr selbst, das genügt eurem Schöpfer, sollte es für euch nicht genügen? Entspannt euch und betrachtet, wie die Macht der Liebe Schwäche in Stärke wandelt und eure Tränen zu Juwelen in eurer Krone werden.

39

IHR WÄHLT DIE UMSTÄNDE EURES LEBENS SELBST

Lasst uns ein weiteres interessantes Thema erforschen, nämlich die Wahl, die eure Seele vor eurer Inkarnation auf der Erde trifft. Wie wir zuvor erwähnt haben, habt ihr alle eure Eltern selbst ausgewählt und es so eingerichtet, dass ihr zu bestimmten Zeiten auch anderen Seelen auf eurer Reise durch das Leben begegnet. Diese Seelen spielen eine wichtige Rolle, indem sie euch helfen, die für diese Inkarnation euch gesetzten Ziele zu erreichen. Manche Seelen werden euch unterstützen, während andere eher ein Hindernis zu sein scheinen, insbesondere dann, wenn sie euch Leid und Schwierigkeiten bescheren.

Diese Seelen könnten als eure Kontrahenten betrachtet werden, da sie euch herausfordern und manchmal sogar versuchen, euch in die entgegen gesetzte Richtung von der zu ziehen, die ihr eigentlich einschlagen möchtet. Diese Menschen testen eure innere Stärke und aktivieren eine ganze Reihe versteckter Ängste. Ihr neigt diesen Seelen gegenüber, die zugestimmt haben, diese Rolle in eurem Leben zu spielen und die euch provozieren zu negativen Gefühlen. Wir jedoch sehen in dieser Wahrnehmung einen Mangel an Wahrheit und Weisheit, denn sie reflektiert nicht die tiefe Liebe, die ihr auf der anderen Seite des Schleiers füreinander empfindet.

Wir werden unsere Sichtweise erklären, die sich, wie ihr wisst, von der euren fundamental unterscheidet, da wir euch auf beiden Seiten des Schleiers wahrnehmen können. Auf der einen Seite beobachten wir, wie ihr in eurem gegenwärtigen menschlichen Leben mit all seinen Herausforderungen und Begrenzungen voll engagiert seid, doch wir nehmen auch gleichzeitig alle eure anderen Inkarnationen wahr. Erinnert euch, Zeit ist eine Illusion und existiert dort, wo wir herkommen, nicht. Nur ihr auf der Erde nehmt Ereignisse auf einer imaginären linearen Zeitlinie wahr, während aus unserer Perspektive alles Jetzt ist – alles, was seit eurer Erschaffung jemals geschehen ist und jemals geschehen wird, ist Jetzt. Wir nehmen euch außerdem als unsterbliche Seele wahr, die für diese Inkarnation in der spirituellen Welt eine bewusste Wahl getroffen hat. Dann kennen wir euch als euer ewiges Höheres Selbst, das von Begrenzungen unberührt und ein Teil der ewigen Quelle ist, den Aspekt von euch, der sein Zuhause niemals verlassen hat. Ihr seht, unsere Wahrnehmung von euch unterscheidet sich doch sehr wesentlich von dem, was die meisten von euch als ihre Identität wahrnehmen. Ihr betrachtet nur den Körper und die Persönlichkeit eurer gegenwärtigen Inkarnation als das, was 'ihr' seid, während wir diese Wahrnehmung eures Selbst nur als einen kleinen Teil eurer Existenz sehen. Unser Bild von euch geht weit über das durchschnittliche menschliche Verständnis hinaus.

Lasst uns nun unsere Aufmerksamkeit auf die Zeit richten, in der ihr euch entscheidet, euch auf der Erde zu inkarnieren und euren physischen Körper, die Familie, in die ihr geboren werdet und verschiedene Umstände, die dieses Leben beeinflussen, auswählt. Noch einmal, wir müssen betonen, dass niemand gezwungen wird sich zu inkarnieren, noch werdet ihr zu einer bestimmten Verkörperung gezwungen, auch wenn ihr manchmal glaubt, dass euer Leben zu schwierig sei und ihr Gott oder das Schicksal für die Misere, die ihr gerade erlebt, verantwortlich machen wollt. Eure Wahl hat mit Gott nichts zu tun. Gott hat euch euren freien Willen gegeben und das gilt für beide Seiten des Schleiers.

Lasst uns unsere Aufmerksamkeit auf einen Punkt vor eurer Reinkarnation richten, an dem ihr mit euren geistigen Lehrern und Führern auf euer nächstes Leben vorausschaut und es im Detail besprecht. Ihr betrachtet mit großer Aufmerksamkeit die Vorteile und Nachteile jeder Wahlmöglichkeit, um euch zu dem von euch gewünschten Ziel zu führen. Lasst uns einmal annehmen, dass ihr Mitgefühl lernen möchtet, und ihr erhaltet für euer nächstes Leben das Angebot, beispielsweise ein Elternteil eines behinderten Kindes zu werden, das eure lebenslange Fürsorge und Unterstützung braucht. Oder ihr bekommt die Gelegenheit, im Slum eines Drittweltlandes zu leben, wo ihr großes Mitgefühl lernen könnt, indem ihr nicht in eurem eigenen Leid gefangen bleibt, sondern helft, das Leiden eurer Mitmenschen zu lindern. Könnt Ihr sehen, was wir meinen? Auf der Seelenebene seid ihr nur an dem erwünschten Ergebnis interessiert und erwägt nicht, ein bequemes Leben zu haben, was die meisten von euch sich jedoch wünschen, wenn sie auf der Erde inkarniert sind.

Lasst uns ein anderes Beispiel nehmen: ihr trefft in euren zwanziger Jahren jemanden, von dem ihr euch stark angezogen fühlt und heiratet. Euer Partner behandelt euch nicht gut und ist nicht in der Lage, euch Respekt, Wertschätzung, Liebe, Verständnis und Unterstützung zu geben. Bedauerlicherweise bemerkt ihr diese störenden Eigenschaften erst nach der Geburt eures ersten Kindes. Aus menschlicher Sicht ist diese Beziehung eine Katastrophe, doch aus der Perspektive eurer Seele seid ihr das 'perfekte Gespann', denn eure Verbindung bringt eure ungeheilten Aspekte an die Oberfläche, die von dem lieblosen Verhalten eures Partners nur gespiegelt werden. Ihr glaubt weiterhin, dass ihr Pech gehabt habt, bis ihr merkt, dass der andere lediglich reflektiert, wie ihr mit euch selbst umgeht. Eure Seele sieht in diesem Falle nur, dass diese Ehe als wichtiger Katalysator dient, der eure unbewusste Selbstsabotagemechanismen ans Tageslicht bringt. Diese Einsicht ist der erste Schritt zur Heilung.

Hier ein weiteres Beispiel: jemand bekämpft euch, erpresst euch und erzählt Lügen über euch, was ihr als entsetzliche Situation bewertet. Eure Seele jedoch betrachtet dies nicht so, denn sie ist sich eurer ganzen Geschichte bewusst, in der ihr in einigen Inkarnationen wiederholt mit dieser Art von schmerzlichen Situationen konfrontiert wart. Als Folge dieser Erfahrungen, habt ihr beispielsweise euren Lebenswillen aufgegeben. Ihr habt eure Macht verloren und um Gerechtigkeit gebettelt, doch keiner hat euch geglaubt und schließlich habt ihr das Vertrauen in euch selbst verloren. Eure Seele hat entschieden, an dieser speziellen Verletzung zu arbeiten und schickt euch jemanden, der dieses gefürchtete Szenario wiederholt. Diesmal habt ihr die Gelegenheit zu lernen, mit all eurer Kraft da zu sein, ohne eure Energie an falsche Beschuldigungen und Gerüchte abzugeben und so den Schmerz und die Begrenzungen vieler Leben Schritt für Schritt zu überwinden.

Könnt ihr die Weisheit in dieser Entscheidung eurer Seele erkennen? Die meisten von euch neigen dazu, sich, wenn sie inkarniert sind, ein bequemes und erfolgreiches Leben zu wünschen, ohne Tragödie und allzu viele Herausforderungen. Doch was würdet ihr daraus lernen? Manchmal wählen Seelen sich ein ruhiges Leben, um sich für kurze Zeit auszuruhen. Doch das ist selten. Denn Erholung wird normalerweise in der Zeit zwischen den Leben erfahren. Im Allgemeinen ist Erholung kein Grund um auf die Erde zu kommen. Erfahrungen auf der Erde werden von vielen Seelen aus verschiedenen Gründen gewünscht. Inkarnationen dienen dazu, zu lernen und bestimmte Fähigkeiten zu entwickeln, oder auch um eure Fähigkeit zu testen, der starken Neigung zum Vergessen zu widerstehen und euren inneren Werten treu zu bleiben, unabhängig davon, wie stark die Dualität und die Fülle der Ereignisse auf diesem Planeten auf euch einwirken.

Ihr kommt auch aus Freude daran in einer physischen Welt zu sein auf die Erde. Im Allgemeinen existieren die Seelen in den astralen, höheren kausalen und spirituellen Welten, wo sie jede beliebige Form erfahren können, außer dichter Körperlichkeit wie auf der Erde. Wichtig ist auch zu bemerken, dass die meisten Seelen eine Inkarnation wählen, um ihr Karma auszugleichen, was letztendlich bedeutet, sich selbst von innen her wieder ins Gleichgewicht zu bringen. Schließlich möchten sogar die am stärksten widerstrebenden Seelen lernen und Fortschritte dabei machen, ihr inneres Licht zu manifestieren. Das ist ein natürlicher Teil der Evolution, der jedoch nicht erzwungen werden kann und euch niemals aufgezwungen wird.

Wir sind überzeugt, dass ihr nun versteht, dass eure Seele nach sorgfältiger Betrachtung aller Aspekte, die Umstände eures Lebens so gewählt hat, damit ihr wachsen könnt. Wenn ihr in einer schwierigen oder gar schmerzlichen Lebenssituation seid, laden wir euch ein, tief nach innen zu gehen. Lernt, euch mit eurer Seele und mit eurem Höheren Selbst zu verbinden, um die Herausforderungen besser zu verstehen und bittet um göttliche Führung. Bittet, dass eure Seele euch hilft zu verstehen, was hinter eurer jeweiligen Lebenssituation steckt. Es wird euch dienlich sein, durch die Weisheit und die Erläuterungen eurer Seele zu lernen und zu verstehen. Für diejenigen, die darum bitten, ist immer Hilfe vorhanden. Lernt, euch selbst zu beobachten, und betrachtet konfliktreiche Ereignisse aus der Sicht der Seele, und ihr werdet allmählich ein tieferes Verständnis dieser Situationen und der Menschen, die in euer Leben kommen, gewinnen. Es gibt immer einen tieferen Grund hinter jeder dieser Erfahrungen. Wenn ihr in vielen Leben wegen eines Vertrauensbruchs gelitten habt, soll es keine Bestrafung sein, wenn ihr in diesem Leben ein ähnliches Szenario erfahrt. Vielmehr ist es so, dass eure Seele diese Wiederholung von Ereignissen als Chance gewählt hat, denen, die euer Vertrauen missbraucht haben, endlich zu vergeben. Diese Situation kann euch beispielsweise ebenso helfen zu lernen, wie ihr von dem negativem Verhalten anderer nicht so betroffen und damit innerlich unberührt bleiben könnt.

Dies sind nur ein paar von unzähligen Beispielen, die die Weisheit hinter unangenehmen oder sogar tragischen Geschehnissen, veranschaulichen. Verschwendet nicht eure Lebensenergie und wertvolle Zeit mit Klagen über euer Leben. Ihr habt euch dafür entschieden. Jeden Tag liegt es in eurer Hand, entweder mit dem umzugehen, was sich in eurem Leben entfaltet oder euch zu weigern Verantwortung zu übernehmen und als frustriertes Opfer eines offensichtlich unfairen Schicksals zu leben. Wenn jemand leidet, kann es sein, dass er anderen in vorhergehenden Leben Leiden zugefügt hat, aber das ist nicht immer der Fall. Das heikle Gleichgewicht des Gesetzes des Karmas funktioniert auf einer viel differenzierteren Ebene, und kann nur mit den Augen der Liebe und ohne Verurteilung verstanden werden. Nur durch die Liebe wird sich euch die Wahrheit offenbaren.

Versucht nicht einmal den tiefer liegenden Grund dafür herauszufinden, warum jemand anders durch schwierige Zeiten gehen muss. Solange ihr die Einheit mit eurem Göttlichen Selbst durch die vollkommene Hingabe eures Herzens noch nicht erreicht habt, könnt ihr euch nur auf euren Verstand verlassen, der nicht dafür ausgerüstet ist, die umfassende Sicht der Wahrheit zu verstehen. Wir ziehen es vor, dass ihr euch selbst anschaut, um zu verstehen, was hinter diesen Ereignissen und Begegnungen in eurem Leben versteckt liegt. Wir versichern euch, dass diese Aufgabe eure volle Aufmerksamkeit erfordern wird. Wenn ihr alle Erfahrungen vollkommen akzeptieren und die Weisheit ohne Widerstand annehmen lernt, werdet ihr euer Leben als große Wachstumschance erkennen. Darüber hinaus werdet ihr euer irdisches Leben als Chance zur Heilung wahrnehmen, und die Absicht eurer Seele bei eurer Inkarnation wird offenbar werden. Letztendlich werdet ihr für alles, was ihr in eurem Leben erfahren habt, tiefe Dankbarkeit empfinden, egal, ob es sich nun um angenehme Begegnungen oder um schmerzliche handelt. Ihr fühlt vielleicht sogar mehr Dankbarkeit für die Zeiten des Leidens, denn sie haben euch in die Lage versetzt, aus euren Begrenzungen heraus zu wachsen, was genau die Absicht eurer Seele bei der Entfaltung dieser Ereignisse in eurem Leben war.

40

ERWACHEN UND ERLEUCHTUNG

Wenn ihr euch von allen begrenzten Konzepten, Wahrnehmungen und Vorstellungen befreit und eure spirituellen Einweihungen durchlaufen habt, werdet ihr einen Bewusstseinszustand erreichen, in dem die göttliche Gnade ihre heiligen Schwingen entfaltet. Ihr werdet erkennen, dass ihr frei seid – absolut frei. Tiefe Freude wird euer ganzes Sein erfüllen, wenn ihr euch selbst erkennt und seht mit welch ungeheurer Anstrengung ihr euer Leben gelebt und die Reise nach innen vollzogen habt. Es wird euch bewusst werden, dass es auch euer intensives Anstrengen war und die aus der Angst geschuldeten Überzeugungen, die euch daran gehindert haben, eure Göttlichkeit wahrhaft zu erkennen und zu leben.

Jetzt versteht ihr, dass ihr seit jeher frei gewesen seid. Da gilt nur noch ein Gesetz – Liebe zu sein. Ihr werdet tiefe Freude im Herzen spüren und eure Heimkehr feiern. Und ihr jubelt mit euren Seelenfreunden und Lehrern auf der anderen Seite des Schleiers, denn ihr seid endlich von den Ketten eurer Urteile, Konzepte und Begrenzungen befreit. Das ganze Universum singt mit euch, denn ihr erkennt das göttliche Licht, das ihr immer gewesen seid. Ungeheure Freude erfüllt ein jedes Wesen, das die Reise nach Hause vollbracht hat, während es noch im irdischen Körper lebt. Ihr habt den Schleier der Illusion zerrissen, und das Leiden, verursacht vom Glauben an die Angst und die Identifikation mit eurem Ego hinter euch gelassen. Legionen von Engeln und erleuchteten Wesen werden euch umgeben, während ihr diesen heiligen Schritt auf eurer inneren Reise macht. Auf der Erde nennt ihr diesen Bewusstseinszustand 'das Erwachen'. Dies ist das erste Stadium der Erleuchtung.

Wir möchten nun die Schritte der inneren Entwicklung, die auf eure Rückkehr aus der Trennung folgen, genauer anschauen. Euer menschliches Herz hat Platz gemacht für euer göttliches Herz, und dieses führt euch nun jeden Schritt des Weges. Alles in euch hat sich dem Herzen untergeordnet und seine größere Weisheit anerkannt. Der menschliche Teil in euch ist zurück getreten und hat für eure unsterbliche Seele Platz gemacht. Eure Seele hat sich eurem höheren Selbst hingegeben und dem Strahlen des göttlichen Lichts die Führung übergeben.

Das ist das Geheimnis, nach dem Alchemisten mit ihren Versuchen, Blei in reines Gold zu verwandeln, in der äußeren Welt gesucht haben. Das alchemistische Prinzip, Blei in Gold zu verwandeln, kann auch als Metapher betrachtet werden, die die Wandlung des menschlichen Selbst und seiner Seele in das göttliche Selbst beschreibt. Manche, die diese Ebene göttlicher Einheit – die

Erleuchtung – erreicht haben, können sogenannte Wunder wirken. Doch wir möchten betonen, dass es nicht darum geht, Wunder um ihrer selbst willen zu vollbringen, denn Wunder werden nur als 'Neben-Produkt' der Erleuchtung auftreten. Das heißt, jenen, die alle Aspekte ihrer selbst gemeistert haben, ist die Macht gegeben, die Elemente zu meistern, die Substanz, aus der alles im Universum geschaffen ist. Dann können auf der körperlichen Ebene unerklärliche Heilungen geschehen, denn eure Körper sind aus diesen Elementen erschaffen. Die Elemente werden der höheren, göttlichen Ordnung gehorchen, wenn das reine Licht durch den Heiler strömt und die Heilung zum höchsten Wohl aller Beteiligten ist, in Übereinstimmung mit den Karmagesetzen steht, und die Ziele unterstützt, die die Seele sich für dieses bestimmte Leben gesetzt hat.

Eine erwachte Seele entspricht erst einmal dem 'Kindergartenstatus' der Erleuchtung und muss auch so betrachtet werden. Einige, die diesen Status von Bewusstsein erreicht haben, glauben, dass sie das letztendliche Ziel erreicht haben, was eine Illusion ist. Es gibt auf jeder Bewusstseinsebene immer noch mehr zu lernen. Sogar die, die ihr Meister oder die Erleuchteten nennt, die bereits eine unvorstellbare Nähe zur Einheit mit dem Göttlichen erreicht haben, vervollkommnen sich beständig und lernen immerfort. Weist diese Art zu denken also zurück und wisst, dass ihr eine neue Bewusstseinsebene erreicht habt, die der eines neugeborenen Kindes nicht unähnlich ist, das sich neu orientieren und die Lektionen dieses Stadiums des Bewusstseins lernen muss. Gelebte Demut wird euch immer dabei von Nutzen sein, egal wie fortgeschritten euch das Bewusstseinsstadium, das ihr gerade erreicht habt, auch erscheinen mag; seid euch bewusst, dass es darüber hinaus immer eine weitere Ebene geben wird, auf der ihr noch tiefere Einsichten erlangen werdet.

Man könnte auch sagen, dass ein Gesetz immer gültig ist: Wenn ihr euch auf die nächste Bewusstseinsebene begeben möchtet, müsst ihr bereit sein, alles, was ihr glaubt und wer ihr seid und all euer bisher erlerntes Wissen, loszulassen. Um euer Licht wahrlich wachsen zu lassen, müsst ihr durch das, was Jesus als 'das Nadelöhr' beschrieben hat, gehen, und dieser Prozess kann nur in absoluter Demut und Blöße vollzogen werden. Ihr dürft nichts mitnehmen. All eure spirituellen Konzepte müssen sich auflösen, denn sie sind nichts weiter als Illusionen und nur ein Hindernis auf eurer Reise zum Einheit allen Lebens.

Die Quelle hat viele Ebenen, was auf diesem Planeten weitgehend unbekannt ist, denn nur sehr wenige Menschen haben diese höheren Stufen der Erleuchtung jemals erreicht und sind eins geworden mit der Quelle. Um durch alle diese Ebenen zu gehen, müsst ihr bereit sein, absolut nichts und niemand zu sein. Wenn ihr dazu nicht bereit seid, werdet ihr auf der Bewusstseinsebene bleiben, die ihr erreicht habt – bis ihr dazu fähig seid, alle Vorstellungen von euch selbst und dem spirituellen Pfad loszulassen, Denn sie sind nur Illusionen. Nur denjenigen, die bereit sind, nichts zu sein, kann 'die Krone des Lebens' gegeben werden, und dann werden ihnen die Geheimnisse der Schöpfung offenbart. Dies ist eine lange und immer wieder aufs Neue mühsame und herausfordernde Reise, die nicht in Eile unternommen werden kann. Unendlich viele Vorbereitungen, durch viele Leben hindurch, sind erforderlich für eine Seele, damit sie bereit wird, diese heiligen Schritte zu gehen.

Wir nehmen Zeit anders wahr als ihr, und es gibt keine Konkurrenz in den höheren Welten. Jeder schreitet entsprechend seiner eigenen Möglichkeiten voran, und so soll es sein. Ist ein Kind der Erde im Kindergarten fähig, die Vorlesungen in Geschichte an der Universität zu verstehen? Ganz sicher nicht. Dasselbe gilt für jüngere Seelen, die einfach nicht in der Lage sind, die Beweggründe und Motivationen einer erfahrenen Seele zu verstehen, die in der Ausbildung zu spiritueller Meisterschaft ist. Versucht nicht, die Bewusstseinsebene von jemand anderem einzuschätzen, wenn ihr noch nicht vollkommene Erleuchtung erreicht habt, denn erst dann werdet ihr in der Lage sein, das wahrhaftige Licht in euren Brüdern und Schwestern durch liebende Augen zu vernehmen. Es wird nur die Liebe bleiben, und Urteilen wird nicht mehr eure Sache sein. Denkt daran, nur ein Avatar kann einen Avatar erkennen. Bewertet andere nicht, solange ihr dieses Stadium absoluter Einheit mit dem Göttlichen nicht erreicht habt. Es gibt auf eurer eigenen inneren Reise genug zu tun, und darauf solltet ihr eure Aufmerksamkeit richten.

Lasst uns nun den weiteren Weg nach dem ersten spirituellen Erwachen betrachten. Ihr werdet beobachten, dass es Bewusstseinszustände gibt, in denen ihr das Gefühl habt, euch im Licht aufzulösen und euch wahrhaft als ewiges, göttliches Wesen zu erkennen. Diese Erfahrungen erhöhten Bewusstseins wechseln ab mit Zeiten, in denen ihr euch ziemlich gewöhnlich und nicht mit den Höheren Welten verbunden fühlt. An diesem besonderen Punkt glauben manche vielleicht, dass sie gescheitert sind, denn sie fühlen sich nicht in der Lage, sich mit ihrem göttlichen Licht zu verbinden. Doch das ist nicht der Fall, denn dies ist nur eine Etappe auf eurer Reise, während der ihr wieder nach innen schauen und noch tiefer liegende Schichten auflösen müsst, die euch daran hindern, mit eurem göttlichen Licht beständig in Verbindung zu sein.

Dies ist ein natürlicher und notwendiger Teil des Inneren Weges. Seid also nicht zu hart gegenüber euch selbst, wenn ihr euch vom Göttlichen getrennt fühlt, selbst nach dem außergewöhnlichen, spirituellen Erlebnis eures Erwachens. Dies ist die einzige Möglichkeit, wie das Göttliche euch offenbaren kann, was noch in der Dunkelheit eures Unterbewusstseins lebt. Schaut staunend und mit der Neugier eines spielenden Kindes. Reinigt und heilt diese Aspekte mit Hilfe des Göttlichen, sodass das Licht euch füllen und vollkommen in euch Wohnung nehmen kann. Schritt für Schritt wird der noch verbleibende Widerstand gegen das Licht der Wahrheit geringer werden, bis es eines Tages nichts mehr gibt, was der Liebe, dem Frieden und der

Wahrheit in jedem einzelnen Moment eurer Existenz entgegen steht.

Dann werdet ihr Licht ein- und ausatmen, wo immer ihr seid, unabhängig davon, was geschieht, und keinen Unterschied mehr sehen zwischen den Ereignissen, die ihr zuvor als gut oder schlecht beurteilt habt. Das Leben wird sich weiterhin in Wellen entwickeln, doch das reine Bewusstsein bleibt davon unberührt. Ihr seid eins mit dem Licht; ihr seid Licht – das Licht selbst. Ihr werdet die Stimme der Stille klar vernehmen, unsere Stimme, wo immer ihr seid und wohin ihr auch geht. Ihr werdet eins sein mit eurem Schöpfer und beginnen eure Einheit mit der ganzen Schöpfung zu erkennen. Das ist eine heilige Erfahrung, die über das hinaus geht, was menschliche Worte zu beschreiben in der Lage sind.

Niemals zuvor in der euch bekannten Geschichte und seit dem Ende des Goldenen Zeitalters waren so viele Seelen bereit zu erwachen. Manche haben ihr anfängliches Erwachen schon erfahren und bereiten sich darauf vor, die schwierigen Schritte zur Erleuchtung zu meistern. Eure Erleuchtung wird auch eure Brüder und Schwestern erleuchten. Erinnert euch, alles was ihr tut, tut ihr sowohl für euch selbst, als auch für eure Mitmenschen auf der Erde. Eure persönliche Erleuchtung wird als Katalysator für die Erleuchtung dieses wunderschönen Planeten dienen und die Menschheit in das nächste Goldene Zeitalter katapultieren. Was für eine freudvolle und aufregende Zeit es doch ist, mit euch an der Schwelle zu dieser heiligen Transformation zu stehen!

41

Unterscheidung von Energien

Wir möchten euch nun unsere Gedanken zur Unterscheidung von Energien mitteilen. Wie ihr vielleicht wisst, gibt es Kräfte des Lichtes, die dem Göttlichen dienen – dem wahren Licht des Einen. Doch es gibt auch andere Kräfte, die dem Licht entgegen zu wirken scheinen und daher als böse oder als Kräfte der Dunkelheit bekannt sind. Ihr lebt auf der Erde in einem komplexen System der Dualität, zwischen dessen Polen sich euer Leben abspielt, unabhängig davon, ob ihr euch dieser Tatsache gewahr seid oder nicht. In Wahrheit ist die Dunkelheit nicht der Gegensatz des Lichtes, denn das Licht des Einen hat keinen Gegensatz, doch so erscheint es dem nicht Eingeweihten. Die Liebe oder das Licht hat kein Gegenteil. Das, was ihr böse nennt, ist nur die Verleugnung des Lichtes – die Abwesenheit der Liebe.

Auf eurem Planeten könnt ihr Menschen wie Mutter Theresa oder andere wie Hitler finden, um zwei bekannte extreme Vertreter dieser entgegen gesetzten Polaritäten zu erwähnen. Ebenso könnt Ihr alle Varianten in diesem weiten Spektrum der Dualität finden. Die Polarität wurde erschaffen, um euch behilflich zu sein. Sie existiert, damit ihr euer Geschenk des freien Willens anwenden könnt, um euer Unterscheidungsvermögen zu entwickeln. Stellt euch einmal vor: Wenn es nur Licht gäbe, welche Wahl hättet ihr dann?

Wir möchten gern eine provokative Behauptung in den Raum stellen: 'Die Dunkelheit dient letztendlich immer auch dem Licht'. Auf den ersten Blick widerspricht dieser Satz allem, was ihr bisher gelernt habt. Lasst uns euch also helfen, die tiefere Bedeutung dieser Aussage zu verstehen. Wir sagen nicht, dass es die Absicht der Dunkelheit ist, dem Licht zu dienen. Ihr werdet nur dann ein wahres Verständnis dieses Gesetzes erlangen, wenn ihr bereit seid, mit den Augen der Liebe zu sehen. Lasst uns zur weiteren Verdeutlichung ein Beispiel benutzen: Stellt euch vor, ihr seid erpresst oder angegriffen worden, und ihr fühlt den Schmerz dieses Vorfalls noch immer. Anstatt die Rolle des Opfers zu wählen, andere zu beschuldigen und in Selbstmitleid zu verharren, könntet ihr euren Schmerz fühlen und tiefer untersuchen. Vielleicht entdeckt ihr einen Teil, den ihr vergessen, verstoßen und verurteilt habt. Jetzt ist es Zeit, diesen Aspekt aus seinem inneren Verlies zu befreien, und ihn wieder mit eurem erweiterten Selbst zu vereinen, indem ihr die einfache Heiltechnik, die in den vorhergehenden Kapiteln gelehrt wurde, anwendet.

1. Erkennt den Schmerz an, den dieser bestimmte Teil von euch erleidet. Nehmt euch seiner an, und schenkt ihm Liebe, Verständnis und Mitgefühl.
2. Frage diesen Teil eurer selbst, was seine Bedürfnisse sind.

3. Verbindet euch mit dem Göttlichen und bittet darum, dass euren ungeliebten Teilen heilendes Licht geschickt wird.

Wiederholt diesen Vorgang, so oft ihr es für notwendig haltet, bis wahre Integration und Heilung geschehen ist.

Wenn ihr euch entscheidet, schmerzliche Situationen als Gelegenheiten zur Heilung zu verstehen und lernt, dieses Leben mit den Augen eurer Seele zu betrachten, werdet ihr immer umfassendere Ganzheit erlangen. Das haben wir gemeint, als wir gesagt haben, dass die Dunkelheit dem Licht dient. Eure Seele weiß, was real ist, während der menschliche Verstand leicht sich in der Illusion der Dualität verliert. Eine der Herausforderungen, die das Leben stellt, ist durch das Hologramm der Polaritäten zu durchschauen und seinen illusionären Charakter zu erkennen. Nur Liebe ist real. Letztendlich versetzt euch die Dunkelheit schließlich in die Lage, euch eurer eigenen Dunkelheit bewusst zu werden. Wenn ihr alle Gedanken der Trennung aufgelöst und die Einheit eures Seins erkannt habt, werdet ihr auf äußere Ereignisse nicht mehr unbewusst reagieren. Anstatt dessen werdet ihr zu jeder Zeit friedvoll und zentriert in eurer Mitte verweilen. In der Tat ist die wahre Aufgabe der Dunkelheit, euch eure eigene Dunkelheit aufzuzeigen — jene Punkte, an denen noch weitere innere Arbeit notwendig ist.

Es gibt noch einen anderen Aspekt der dunklen Energien, den wir ansprechen möchten – die Unterscheidung zwischen hellen und dunklen Energien während der Meditation oder, wenn ihr zum Zweck der Heilung mit Energie arbeitet. In diesem Zusammenhang sehen wir leider all zuviel Naivität und Unwissenheit, was besorgniserregend ist. Lasst uns also den Unterschied zwischen der Macht des Lichtes und der Dunkelheit untersuchen.

Wenn ihr euch für das Licht öffnet, werdet ihr eine angenehme Wärme und inneren Frieden verspüren. Auch wenn ihr einen eurer nicht geheilten Aspekte entdeckt, wird keine Verurteilung geschehen:

Ihr werdet euch nur bedingungslos geliebt und angenommen fühlen. Das Licht kann in vielen verschiedenen Formen erscheinen, manchmal sanft und bei anderen Gelegenheiten sehr kraftvoll, doch ihr werdet immer Mitgefühl, eine Ausdehnung des Herzens und eine höhere Sicht der Realität erleben. Euer Körper fühlt sich vielleicht warm an, und das Licht hat, obwohl es stark ist, dennoch eine sanfte Heilqualität. Die Kräfte, die dem Göttlichen dienen, wollen weder euer Ego aufblähen, noch durch Macht und falschen Glanz beeindrucken.

Wenn ihr euch mit der Quelle allen Seins verbindet, werdet ihr Liebe, Demut und wahre Hingabe erfahren. Wenn ihr hingegen, ob absichtlich oder unabsichtlich mit dunklen Mächten in Kontakt gekommen seid, erfahrt ihr vielleicht die Versuchung einer großen Machtfülle, die euch verliehen wird. Diese Art von Energie fühlt sich eher stechend oder brennend in eurem physischen Körper an, scharf oder kalt, das kann sogar so weit gehen, dass sich euer Herz zusammen zieht. Die Dunklen Mächte versuchen vielleicht, euch zu beeindrucken und bieten euch Glamour und Illusion an – denn wisst, ebenso wie es materiellen Glamour gibt, gibt es auch spirituellen Glamour. Letzere ist die gefährlichere Version, die in verschiedenen spirituellen und religiösen Gruppen beobachtet werden kann. Wir hoffen, dass euch diese kurze Beschreibung von Unterschieden zwischen Licht und Dunkelheit helfen wird, eure ersten Schritte zur Unterscheidung der Energien zu gehen.

Führt vor jeder Meditation oder spirituellen Heilsitzung ein Schutzritual durch. Falls ihr das Wirken der Dunkelheit in der Meditation oder während einer Heilsitzung spürt, bittet sofort um Schutz. Alle spirituellen Lehren aus der ganzen Welt haben Schutzgebete- und Rituale, die wirkungsvoll sind. Wir werden euch einige vorstellen. Wenn ihr auf unserer Liste von Vorschlägen keinen finden solltet, mit dem ihr räsoniert, könnt ihr in euren eigenen religiösen oder spirituellen Lehren nach einen suchen.

1. Ruft Erzengel Michael zum Schutz herbei, damit er eine Lichtsphäre um euch herum erschafft.
2. Betet das 'Vater Unser' und wiederholt es, bis ihr euch sicher fühlt.
3. Sprecht die hebräischen Worte: Kodoish, Kodoish, Kodoish Adonai Zebayot.
4. Bittet Gott, die Göttliche Mutter, das Göttliche, die Quelle, Allah, Christus oder Buddha um das Licht des Schutzes, und bittet sie, die negativen Energien wegzuschicken.

Nachdem ihr euer Schutzritual ausgeführt habt, bittet um Reinigung von den negativen Energien. Wiederholt diese Meditation bis ihr gänzlich davon befreit und nur noch von reinem, göttlichem Licht umgeben seid. Abhängig von der Stärke des Angriffs, den ihr erlebt habt, geschieht die Reinigung entweder sofort, oder sie dauert ein paar Stunden oder manchmal sogar Tage. Habt niemals Angst vor der Dunkelheit, denn wenn ihr euch so verhaltet, verliert ihr eure Kraft. Die Dunkelheit nährt sich von der Angst. Es ist wichtig, um die Existenz der dunklen Mächte zu wissen, und ihre Kraft nicht zu unterschätzen. Dennoch müsst ihr wissen, dass das Licht immer stärker ist als die Dunkelheit. Wenn ihr eine Begegnung mit dunklen Energien erlebt habt, prüft, wie und weshalb dies geschehen ist. Während euer Licht stärker wird, versucht die Dunkelheit, sein Leuchten zu schwächen, und diese negativen Energien werden unter anderem auch dazu verwendet um euch zu testen. Jedes Ereignis in eurem Leben kann als Heil- und Lerngelegenheit verstanden werden, das gilt auch für Angriffe der Dunkelheit.

Richtet euch zuerst immer am Göttlichen aus und bittet um Schutz, bevor ihr beginnt, mit Energien zu arbeiten oder zu meditieren. Nur dann könnt ihr sicher sein, dass ihr auch wirklich mit den von euch erwünschten Energien umgeht. Sonst ist das so, als ob ihr ausgehen und euer Haus nicht abschließen würdet, und überrascht wärt, bei eurer Rückkehr Einbrecher und Zerstörung vorzufinden. Niemand würde sich so unverantwortlich verhalten. Dieselben Vorsichtsmaßnahmen gelten für euer 'psychisches Haus', das das Energiefeld eures Körpers ist. Auf der Erde zu leben bedeutet in einem Raum der Dualität zu sein, in dem beide gegensätzlichen Kräfte vorhanden sind.

Es gibt eine spezielle Kategorie dunkler Wesen, die 'die Meister des Zwielichtes' genannt werden und einige von ihnen stellen sich als Engel oder erleuchtete Meister dar. Wenn sie euch erscheinen, werdet ihr keinen Frieden fühlen. Ihr fühlt dann eher eine starke Energie, die von Glamour und Größenphantasien begleitet ist. Denkt daran, vor diesen Wesen keine Angst zu haben, sondern schickt sie standhaft weg und dankt dem Göttlichen für die wertvolle Lektion in der Kunst der Unterscheidung.

Die Unterscheidung der Energien ist eine Wissenschaft für sich und das Wissen darüber steckt auf der Erde immer noch in den Kinderschuhen. Wir fordern euch auf, mehr Interesse am Studium dieser wichtigen Fähigkeit zu entwickeln, damit ihr nicht mit einem sogenannten 'Meister' in Verbindung kommt, der kein wahrer Meister ist. Wir beobachten zu viele Sinnsucher mit wenig Erfahrung und ohne angemessene spirituelle Vorbereitung, die ihre Psyche und Aurafeld auf naive Weise öffnen. Infolge dieses grundlegenden Mangels an Wissen und dem damit verbundenen Einfluss negativer Aspekte fallen diese Sucher 'sensationellen' Erfahrungen zum Opfer, von denen sie glauben, dass sie spirituell seien und werden so zur unglückseligen Beute falscher „Meister". Macht euch klar, dass jegliche Gier danach, wichtig sein zu wollen, immer euren ungeheilten, inneren Aspekten entspringt. Die Zeit für wahre Heilung ist gekommen, und nur dadurch kann eine reife und geerdete Spiritualität entwickelt werden. Wenn ihr euch dem edlen Ziel wahrer inneren

Freiheit durch Ausdauer, Geduld und Ehrlichkeit widmet, werdet ihr nicht scheitern.

Wir raten euch, euer Energiefeld täglich zu reinigen und zu schützen und fortlaufend an eurer emotionalen Heilung zu arbeiten. Wenn ihr diese Übungen regelmäßig praktiziert, werdet ihr dunklen, astralen Wesen nicht zum Opfer fallen.

Bevor ihr anderen euren Dienst anbietet, studiert die Wissenschaft der Energiearbeit gründlich und praktiziert in Weisheit und Demut die wahren spirituellen Lehren – und entwickelt eine tägliche Meditationspraxis. Hört auf euer Herz, denn euer Herz weist euch den Weg. Lasst euch nicht auf Energien ein, bei denen sich euer Herz nicht wohl fühlt. Lernt zu unterscheiden und geht in Liebe und Demut euren Weg. Denkt daran: Die Dunkelheit kann euch nicht schaden, wenn ihr die Dunkelheit in eurem eigenen Inneren geheilt habt. Am Ende werdet ihr erkennen, dass weder die Dunkelheit noch euer falsches Selbst real sind.

42

PROJEKTION

Fast jeder Konflikt auf Erden ist durch das unbewusste Wirken eurer ungeheilten inneren Wunden verursacht. Das Ergebnis ist, dass die meisten von euch das Leben weitgehend durch Projektionen wahrnehmen, weil es zu schmerzhaft ist, diese Aspekte direkt zu erfahren. Gewöhnlich projiziert ihr eure abgespaltenen und ungeliebten Aspekte auf einander und schafft so ein Leben in Angst vor einander. Doch in Wahrheit lebt ihr in der Angst vor eurem eigenen Schatten, und die meisten eurer Motivationen und Handlungen haben ihren Ursprung in diesen ungeheilten Wunden.

Der Vorgang der Projektion erfolgt vollkommen unbewusst — quasi automatisch, denn eurem eigenen Schatten direkt ins Angesicht zu sehen, scheint den meisten von euch nur schwer erträglich. Solange ihr nicht Heilung erfahrt, werdet ihr nicht in der Lage sein, andere Menschen als die zu sehen, die sie wirklich sind. Daher wird euer Bild von euch selbst und von anderen weiterhin durch die dunkle Brille eures eigenen Schattens getrübt bleiben. Die Mehrzahl der Bewohner dieses Planeten spielen dieses 'Spiel', indem sie ihre Schatten aufeinander projizieren, und auf diese Weise ihren Mitmenschen gegenüber verschiedene negative Emotionen entwickeln, die ihrem eigenen Hass, ihrer inneren Verlassenheit, Angst und ihrem unbewusstem Ärger entspringen. Wenn keine Heilung stattfindet, werdet ihr in dieser unangenehmen und schädlichen Illusion gefangen bleiben. Ihr werdet euch in einer Welt gefangen fühlen, die von Angst und Gefahr erfüllt ist, in der keiner dem anderen vertraut. Dieses Verhalten unterstützt nur weiterhin den Irrglauben, dass ihr von der Quelle getrennt seid, denn negative Emotionen trennen euch von eurem göttlichen Selbst.

Die Wahrheit ist, es gibt keine Feinde, nur Menschen, die die Liebe nicht kennen, die sich selbst nicht lieben und daher auch ihre Mitmenschen nicht lieben können. Nur verletzte Menschen verletzen andere. Wenn ihr irgendeiner Art von Angriff ausgesetzt seid, wisst, dass die andere Person, die so handelt, dies aus Angst tut und nicht in der Lage ist, sich selbst oder euch wirklich wahrzunehmen. Deshalb nehmt negatives Verhalten anderer euch gegenüber nicht allzu persönlich, denn in Wahrheit entspringen diese Handlungen weitgehend ihrem eigenen Unfrieden und ihrer inneren Disharmonie. Wenn ihr in solch einer Situation euch befindet, schaut euch immer zuerst selbst an, fühlt und fragt euch selbst, ob an dem, was gesagt wurde, etwas wahr ist. Wenn euch etwas länger als zehn Minuten beschäftigt, dann seid gewiss, dass es auch etwas mit euch zu tun hat, ob das nun bedeutet, dass es Einsichten zu gewinnen gibt, Korrekturen vorzunehmen sind, oder ob innere Heilung von Nöten ist. Lasst niemals euren Stolz in die Quere kommen und euch daran hindern zu wachsen. Wenn ihr in einer Konfrontation keine Reaktion mehr verspürt und in der Lage seid ruhig und zentriert zu bleiben, ist dies ein Hinweis dafür, dass ihr dieses entsprechende innere Thema schon geheilt habt. Ihr erhaltet durch diese Situation in der Tat eine Bestätigung dafür, dass der Heilungsprozess für dieses bestimmte Thema abgeschlossen ist.

Das Göttliche lehrt jeden Menschen durch die Vorkommnisse in seinem täglichen Leben. Wenn ihr diese Wahrheit wirklich versteht und euch jeden Tag die Frage stellt, 'Was kann ich aus dieser Situation oder von dieser Person, die in mein Leben kommt, lernen, wird sich euer spirituelles Wachstum beschleunigen, und ihr werdet euch auf einem geraden Weg zum Himmel finden. Doch diese Haltung dem Leben gegenüber erfordert ständige, innere Arbeit und eure volle Aufmerksamkeit, um nicht in die Projektion zurück zu fallen, anderen die Schuld zu geben oder euch in negativen Emotionen zu verlieren. Dies ist ein bedeutender Schritt auf dem Weg, die wichtigste Konditionierung eures Lebens zu heilen. Ihr werdet Projektionen, Beschuldigungen und Angst durch Liebe, Mitgefühl, Einsicht und wahres Verständnis ersetzen. Ein nützliches und nötiges Werkzeug auf diesem Weg ist es, der 'Beobachter' eurer Emotionen, Gedanken und Handlungen zu sein. Ohne dieses wertvolle Werkzeug wird es schwierig sein zu eurem Ziel zu gelangen.

Eure Bereitschaft, auf der persönlichen und kollektiven Ebene Heilung zu erlangen, ist eure einzige Chance in das Neue Zeitalter des Friedens einzutreten – der Brüder- und Schwesterlichkeit auf der Erde. Im Allgemeinen entspricht das, was ihr über andere glaubt zu wissen, in den meisten Fällen nicht der Realität. Ihr könnt einen anderen Menschen nicht verändern; ihr könnt nur euch selbst verändern. Indem ihr diese Regel befolgt, werdet ihr euer Schwingungsniveau anheben, und euer Leben wird sich auf wunderbare Weise verwandeln. Es scheint eine beliebte und weit verbreitete Beschäftigung auf eurem Planeten zu sein, euch mit großer Ernsthaftigkeit damit zu beschäftigen, jemand anderen verändern zu wollen. Nahezu alle dieser Versuche scheitern kläglich und enden nur in Verstimmung und Frustration. Warum gebt ihr solch ein sinnloses und Energie raubendes Verhalten nicht auf und richtet eure Aufmerksamkeit auf euch selbst? Die einzige Person, die ihr wirklich verändern und für die ihr verantwortlich sein könnt, seid ihr selbst. Dies ist in der Tat die genaue Beschreibung der Aufgabe eines jeden Menschen auf der Erde.

Studiert die tiefere Bedeutung des Symbols der Spirale. Alles beginnt in seinem innersten Kern und entwickelt sich wie die Spirale von innen nach außen. Eure innere Welt ist das Zentrum und euer spirituelles Leben ist die Grundlage für alles, was in eurem Leben existiert. Dieses Gesetz gilt sowohl für euch persönlich, sowie für alle anderen Wesen. Was ihr als Probleme und Schwierigkeiten in der äußeren Welt wahrnehmt, sind nur Rekflexionen und Folgen der Disharmonie eures inneren Lebens. Folglich ist es eine Verschwendung eurer Lebenskraft, sich über die Welt zu beklagen. Ihr könnt nur dann Lösungen für die Probleme in eurer Gesellschaft finden, wenn ihr im Inneren beginnt. Heilt euch zuerst selbst, denn nur, wer in Liebe und Harmonie mit sich selbst lebt, ist in der Lage, liebevolle und reife Entscheidungen zu treffen, die positive Auswirkungen auf die Welt haben.

Wenn genügend Menschen ihr Leben verändern und sich selbst heilen, wird eure Welt automatisch heilen, und ihr werdet sowohl das Licht eures wahren Selbst, als auch die Schönheit anderer, die euch solange verborgen war, zum allerersten Mal wahrnehmen.

43

VERGEBUNG

Liebe Freunde, lasst uns nun ein Thema erforschen, das uns sehr am Herzen liegt – Vergebung. Wir beobachten, dass viele von euch weder wissen, wie man vergibt, noch die Konsequenzen des Nicht-Vergebens für euer Leben und das Leben anderer verstehen. Es gibt Stellen in euch, an die ihr nicht zu gehen wagt und mit denen sich zu konfrontieren ihr euch nicht in der Lage fühlt, denn da liegen tiefe Scham, Schuld, Schmerz und Angst vergraben. Ihr lebt lieber mit diesen sehr unangenehmen Emotionen, anstatt sie mit Verständnis und Mitgefühl ehrlich und liebevoll anzuschauen. Diese versteckten Emotionen sind wie eiternde Wunden, giftig, und sie hindern euch daran, wahre innere Freiheit zu finden. Wenn ihr erst einmal bereit und gewillt seid, diese dunklen Ecken in eurem Inneren zu erforschen, werdet ihr erkennen, dass es letztendlich schmerzlicher ist, diese unangenehmen Emotionen zu vermeiden, als sie zu fühlen und sich genauer anzuschauen, was die Ursachen für eure Selbst-Verurteilung, Schuldgefühle und Scham sind. Wir ermutigen euch alle, euch mit eurem tiefsten Schmerz zu konfrontieren, denn nur dann kann Heilung geschehen.

Aus eurer gegenwärtigen Perspektive betrachtet habt ihr vielleicht zum Beispiel das Gefühl, dass ihr in der Vergangenheit etwas falsch gemacht habt. Das könnte beispielsweise Unehrlichkeit oder Verrat sein, bis hin zu kriminellen Handlungen. Was passiert in dem Moment, in dem ihr erkennt, dass ihr etwas Unrechtes getan habt? Vielleicht fühlt ihr Reue, Scham, Schuld, möglicherweise sogar Entsetzen über eure Taten und euch selbst. Harte Selbst-Verurteilung wäre eure wahrscheinlichste Reaktion. Vielleicht habt ihr Gedanken und Überzeugungen, die unbewusst tief in eurem ganzen Sein verwurzelt sind, wie z. B. „Das kann ich mir niemals vergeben", „Ich bin nichts wert", „Ich habe es, nach dem, was ich getan habe, nicht verdient, dass mir irgendetwas Gutes entgegen kommt", oder ähnliche negative Sätze. Diese Aussagen sind in euer ganzes Sein eingebrannt und emotional stark aufgeladen. Sie haben fast dieselbe Wirkung wie ein Schwur oder auch ein Fluch und können die Erweiterung eures Bewusstseins in euerm Leben nachhaltig beeinträchtigen.

Auch wenn ihr euch der machtvollen Wirkungen dieser inneren Überzeugungen nicht bewusst seid, werdet ihr eure Lebenserfahrungen dennoch entsprechend dieser einengenden Verurteilungen machen und euch selbst auf Versagen und Selbst-Sabotage programmieren, denn unbewusst glaubt ihr an diese negativen Botschaften und sendet die entsprechenden Schwingungen dazu aus. Diese negativen Überzeugungen werden, ohne dass ihr es wisst, alle Ereignisse in eurem Leben beeinflussen. Ihre Wirkung ist derart, dass ihr erfahren werdet, was ihr glaubt, und dieser Glaube wird durch negative und schmerzliche Vorkommnisse, die sich in eurem Leben manifestieren, bestätigt werden, denn dem Gedanken folgt immer die

Manifestation.

Die Schuldgefühle, Scham, Reue und Selbst-Bestrafung, die ihr heute spürt, können oftmals auf Ereignisse und Handlungen zurück geführt werden, die vor langer Zeit geschahen, vielleicht vor Hunderten oder sogar vor Tausenden von Jahren. Beginnt, den wahren Grund dieser Emotionen wieder auszugraben, um sie zu verstehen und zu vergeben. Nur so werdet ihr euren Schmerz heilen. Solange ihr nicht gelernt habt, euch selbst zu vergeben, werdet ihr nicht in der Lage sein, eure wahre Natur ganz zu leben. Alles, einschließlich aller Angst, Scham, Schuld, Selbst-Verurteilung, Hass und Eifersucht, muss ans Licht gebracht werden – vor den Altar des Göttlichen, wenn ihr ein Ausdruck eurer wahren Natur werden möchtet. Das Göttliche kennt alle eure Aspekte und verurteilt euch nicht. Jetzt geht es also darum, dass ihr euch wirklich selbst kennen lernt und alles in Liebe transformiert, was noch nicht Liebe ist, – und alles vergebt, was verurteilt wurde.

Die meisten von euch glauben, dass ihr einige akzeptable, gute und schöne Eigenschaften habt, aber eben auch Aspekte, die ihr am liebsten verstecken möchtet – auch vor euch selbst. Das Göttliche sieht, was ihr versucht zu verstecken und ermutigt euch, alles von euch anzunehmen, sogar die Aspekte, die ihr als die schlimmsten betrachtet, wie z. B. den Feigling in euch, den Gierigen, den, der sich rächen möchte und den Teil in euch, der so viel Angst hat, dass er nur auf seinen eigenen Vorteil bedacht ist. Anfangs mag dieses Annehmen sich noch ungewohnt und unangenehm anfühlen, doch es ist der einzige Weg zu wahrer Heilung und wichtig für die Erneuerung eures inneren Gleichgewichts.

Es ist wichtig, wirklich anzuerkennen, dass alle Menschen aus ihrer momentanen Bewusstseinsebene heraus agieren, und dass die meisten von euch entsprechend ihres Wissens und ihres Bewusstseins ihr Bestes geben. Ihr seid vielleicht mit bestimmten Erlebnissen aus eurem Leben vertraut, die vor vielen Jahren geschehen sind, auf die ihr zurückschaut und denkt, „Mein Gott, wie konnte ich nur so naiv sein?" oder „Heute würde ich mich anders verhalten, wenn ich noch einmal in dieselbe Situation käme". Ihr erlebt dieses Gefühl, weil sich euer Bewusstsein und eure Sichtweise im Laufe der Jahre verändert haben und ihr ein reiferes und tieferes Verständnis des Lebens entwickelt habt. Ihr seid wirklich nicht mehr dieselbe Person. Wir sagen nicht, dass eure Schattenanteile nicht korrigiert werden müssen, doch negatives Verhalten zu verbessern ist nur durch tiefe innere Heilung, Verständnis und Mitgefühl für sich selbst möglich. Euer Selbstverurteilung und die Verdrängung eurer ungeliebten Aspekte, kann metaphorisch gesprochen auf der energetischen Ebene mit einem Schirm verglichen werden, den ihr über euren Kopf haltet, wodurch ihr aber die Sonne – das Göttliche Licht – daran hindert, auf euch zu scheinen.

Wir möchten euch die Konsequenzen aufzeigen, die auftreten, wenn ihr euch selbst und anderen nicht vergeben könnt und diesen inneren Überzeugungen, die durch starke Selbstkritik eures Verhaltens in der Vergangenheit entstanden sind, erlaubt, euer Leben weiterhin negativ zu beeinflussen. Diese Sätze sind äußerst machtvoll. Sie leben als untergründige Strömung in euch weiter und kontrollieren und sabotieren alles, was ihr tut. Diese unbewussten Überzeugungen werden sich weiterhin manifestieren und zu eurer Realität werden. Wenn ihr unbewusst z. B. glaubt, „Ich kann mir niemals selbst vergeben" oder „Nachdem, was ich getan habe, verdiene ich es nicht, dass mir irgendetwas Gutes geschenkt wird", werdet ihr durch das Gesetz der Anziehung Erlebnisse in euer Leben bringen, die diese Überzeugungen reflektieren. Bedauerlicherweise wird die fortgesetzte Bestätigung der negativen Überzeugungen eure Annahme, dass diese Glaubensinhalte wahr sind, nur noch verstärken. Das Ergebnis ist, dass euer Selbsthass und eure Selbst-Verurteilung zunehmen werden. Gleichzeitig wird, während ihr die negativen Auswirkungen eurer Überzeugungen erfahrt, Ärger, vielleicht sogar Wut in euch aufsteigen. Ihr werdet euch sowohl machtlos und zwischen Verurteilung und Ärger hin und her gerissen fühlen, als auch eine Mischung von Reue und Resignation verspüren und davon überzeugt sein, dass ihr es nicht besser verdient habt.

Obwohl diese Verdikte vielleicht schon vor langer Zeit entstanden sind, wirken sie dennoch in eurem Unterbewusstsein, das alle eure emotionalen Aufzeichnungen enthält, effektiv weiter. Der Grund für eure tief sitzende Selbstsabotage bleibt meist unsichtbar, denn die Mehrzahl der Menschen kann sich nicht an vergangene Leben erinnern. Doch die Emotionen, die diese unangenehme Situation verursachen, existieren seit Jahrhunderten. Es ist jedoch nicht immer notwendig, Rückführungen in ein früheres Leben zu machen, obwohl sie euch auf eurer Reise in die Ganzheit unterstützen können. Aber ihr alle werdet tief vergrabene negative Überzeugungen aus der Vergangenheit finden, die in diesem Leben an die Oberfläche kommen. Findet den am meisten verurteilenden Satz heraus, der euch am Leben hindert, und bringt dann Licht und Mitgefühl zu diesem inneren Teil von euch, der unter eurer Gnadenlosigkeit gelitten hat. Dann bittet das Göttliche um Hilfe, diesen verstoßenen und missachteten inneren Teil zu heilen.

Aus unserer Sicht hat Selbst-Verurteilung, obwohl sie allgemein weit verbreitet ist, keinen Sinn und ist kontraproduktiv. Dieses negative Verhalten bestätigt nur euer Gefühl der Wertlosigkeit und hält euch zwischen der Wut- und Opfermentalität gefangen. Beides sind begrenzende, illusionäre Wahrnehmungen eurer selbst, die euch in einem nicht endenden Teufelskreis gefangen halten. Alle negativen Gefühle trennen euch von der Quelle, während Emotionen, die in der Liebe, Wahrheit und im Frieden begründet sind, euch mit dem Göttlichen verbinden.

Was gilt es also zu tun, wenn ihr bemerkt, dass ihr nicht richtig gehandelt habt? Anstatt wieder in den gewohnten Selbsthass zu gehen, wendet euch unmittelbar an das Licht, um zu heilen, was zu diesem negativen Verhalten geführt hat. Wenn ihr dies nicht tut, werdet ihr weiter den alten Weg durch die Dunkelheit gehen und so eure Reise nach Hause wesentlich verlängern. Das Göttliche behandelt euch nicht so, warum bestraft ihr euch also selbst? Der Schöpfer vergibt immer, selbst ehe die Handlung vollzogen wurde, und er öffnet sein Herz für euch, damit ihr Liebe empfangen könnt. Gott ist Vergebung. In den Welten des Lichtes gibt es keine Bestrafung. Da gibt es nur das Angebot der Liebe, des Verständnisses, des Erbarmens und des Mitgefühls. Lasst das Göttliche euch lehren, wie man vergibt, seid geduldig, habt Erbarmen und Mitgefühl und entwickelt so ein tiefes Verständnis für euch selbst und andere. Geht in den innersten Kern eures heiligen Herzens und verbindet euch mit eurem göttlichen Licht. In der Ruhe jenseits der Stille werdet ihr Führung und Hilfe finden.

Wenn ihr wirklich gelernt habt, euch selbst zu vergeben, werdet ihr auch anderen vergeben können. Erinnert euch, nur sehr selten verletzt ein Mensch einen anderen mit Absicht. Die meisten von euch verhalten sich, entsprechend ihres Bewusstseinszustands, so gut sie können.

Wenn euch jemand Unrecht oder weh getan hat, findet den Teil in euch, der reaktiv ist. Wenn ihr nicht anerkannt oder nicht respektiert, fälschlicherweise kritisiert, erpresst, belogen, verraten oder eures Besitzes beraubt wurdet, erlebt ihr wahrscheinlich alle möglichen intensiven Emotionen. Letztendlich spielt es keine Rolle, was der Grund für diese Gefühle ist. Was wirklich wichtig ist, ist, wie ihr damit umgeht. Nehmt den schmerzenden Aspekt in euch an, liebt ihn und habt Mitgefühl und Verständnis. Werdet euch bewusst darüber, wie ihr euch selbst behandelt. Vielleicht ist die andere Person nur ein äußerer Spiegel eures inneren, erbarmungslosen Richters. Stellt euch die Frage: „Respektiere und unterstütze ich mich selbst und stehe ich hinter mir, oder verstoße und kritisiere ich mich ständig selbst, verhalte mich meinen eigenen Bedürfnissen gegenüber respektlos und glaube unbewusst, dass ich es nicht besser verdient habe?" Wenn ihr wirklich zuhört, werdet ihr eine Antwort finden, die euch wertvolle Möglichkeiten für euer inneres Wachstum bietet.

Wenn die Heilung eines bestimmten Aspektes abgeschlossen ist, dann könnt ihr eure Aufmerksamkeit darauf ausrichten, der anderen an der Situation beteiligten Person zu vergeben. Ihr werdet überrascht sein zu entdecken, dass, da eure Heilung erfolgt ist, sich die Vergebung ganz natürlich ergibt, während es zuvor fast undenkbar schien, denn ihr hattet aus eurer inneren Verletzung heraus reagiert. Wenn ihr euch von Liebe erfüllt fühlt – wie ein überfließendes Gefäß – werdet ihr wissen, dass ihr geheilt seid. Liebe und Vergebung sind die Nebenwirkungen wahrer innerer Heilung. Seid geduldig, denn alles ist ein Prozess. Je mehr ihr übt, desto mehr werdet ihr feststellen, dass es in Wahrheit nichts zu vergeben gibt, sondern nur mehr zu lieben, in euch selbst und anderen. Denkt daran, wenn ihr nicht vergebt, verleugnet ihr Gottes Licht und Liebe in euch, denn wir sind alle Eins. In der Tat, der Mensch, dem ihr dann am meisten verletzt, seid ihr selbst.

44

GNADE

Wenn ihr bedingungslos 'ja' sagen könntet zu allem in euren Leben, dann brauchtet ihr die heilenden Schritte, die in diesem Buch erklärt sind, nicht. Dieses 'Ja' zum Leben, würde euch augenblicklich auf eure Göttlichkeit ausrichten, und eure begrenzten Überzeugungen und Ängste hätten keine Macht mehr über euch. In der Tat ist dieses 'Ja' zum Leben die Schnellstraße in das Himmelreich. Sagt sowohl 'Ja' zu allem was ihr seid, als auch zu allen äußeren Geschehnissen, und akzeptiert sie als eure Chance, euch daran zu erinnern, wer ihr seid. Dann werdet ihr frei auf der Erde tanzen, unbeeindruckt von den Phantomen der Angst. Ihr Lieben, dies ist ein großes Geheimnis, das wir euch hier offenbaren. Es ist für diejenigen, die ein demütiges, kindliches Herz und einen ruhigen Geist haben – es ist die Medizin für jegliche Krankheit in eurer Welt. Ihr seid so im Unfrieden, weil ihr mehr an die Angst und Begrenzung glaubt, als an Gottes Liebe fuer euch, die Wunder bewirken kann.

Lasst uns ein Beispiel nehmen: Jemand hat die Diagnose einer ernsthaften, lebensbedrohlichen Krankheit erhalten. Die meisten von euch würden ihre Aufmerksamkeit ganz und gar auf die entsetzlichen Folgen richten, die diese Krankheit in der Zukunft haben könnte, anstatt ihre Aufmerksamkeit darauf zu richten, was sie sein möchten – gesund, freudvoll, lebendig, sicher und friedvoll. Ihr wisst, dass eure Gedanken eure Realität erschaffen. Könnt ihr euch die verheerenden Auswirkungen dieser angstvollen und hoffnungslosen Gedankenformen vorstellen? Stellt euch andererseits vor, dass ihr in der Lage seid, die Diagnose zu akzeptieren und eure Aufmerksamkeit sofort auf eure perfekte Gesundheit zu richten, mit der Reinigung des Körpers zu beginnen, und euch auf allen Ebenen zu stärken. Ihr würdet mehr Dinge tun, die euch glücklich, zufrieden und friedvoll machen.

Ihr entscheidet euch vielleicht, mit der von euren Ärzten empfohlenen Behandlung und zusätzlich mit einer alternativen Heilmethode und mit Nahrungsergänzungen zu beginnen, jedoch mit einem klaren und positiven Geist und ohne die allzu oft erfahrene Angst. Ihr würdet eure ganze Aufmerksamkeit darauf richten, euch selbst als bereits geheilt zu sehen und zu fühlen, und aus dem tiefen Vertrauen und der Gewissheit des göttlichen Lichtes, dass ihr seid, handeln. Eure Hauptaufmerksamkeit wäre auf eure Verbindung zum Göttlichen gerichtet, denn ihr erkennt, dass das Licht der Quelle vollkommen ist, all-mächtig, absolute Harmonie und vollkommenes Gleichgewicht. Durch Meditation und Gebet würdet ihr dieses reine Licht in euer ganzes Sein aufnehmen und alle eure Zellen in sein Strahlen tauchen, um euer inneres Gleichgewicht, eure Heilung und Harmonie wieder herzustellen. Ihr würdet wissen, dass die Disharmonie und das Ungleichgewicht, die die Krankheit geschaffen haben, sich in eurem physischen Körper nicht halten können, wenn ihr der heilenden Macht eures Schöpfers Raum gebt. Ihr alle seid Energie. Alle eure verschiedenen feinstofflichen Körper sind nichts weiter als Ausdruck eurer Energie auf verschiedenen Schwingungsebenen und eine Manifestationen derselben.

Die Quelle ist reine Liebe, die höchste Energie der Schöpfung. Wenn ihr dem Göttlichen wirklich erlaubt, euch vollkommen zu durchdringen und mit eurem ganzen Sein zu verschmelzen, kann nichts, das aus der Ordnung geraten ist und somit in Disharmonie, so bleiben. Alles muss sich diesem höchsten Licht unterordnen. Alle eure Zellen – euer ganzes Wesen – werden diesem höheren, göttlichen Befehl gehorchen und alles der Heilung entsprechend neu ordnen. Das ist das Gesetz. Doch weil die Mehrzahl der Menschheit Gott nicht vertraut, und nicht einmal die Möglichkeit eines direkten Kontaktes mit ihrem Schöpfer in Betracht zieht, wird dieses wunderbare Angebot nur selten angenommen.

Gelegentlich geschehen unerklärliche Heilungen und ihr nennt sie Wunder. Der Grund dafür ist dieser Sprung von der Angst in absolutes Vertrauen – eine Akzeptanz all dessen was ist, dieses 'Ja' zum Leben. Dieser Punkt innerer Hingabe wird durch die offene Lotosblume symbolisiert, – das vollkommene 'Ja' zum Leben, so wie es ist, in der absoluten Gewissheit, dass ihr geliebt seid und dass unter allen Umständen für euch gesorgt ist. Dieser fundamentle Sprung kann nur durch tiefes Vertrauen in die göttliche Gnade geschehen, die heutzutage eine altmodische und nicht mehr zeitgemäße Vorstellung zu sein scheint. Dennoch gilt das Versprechen der göttlichen Gnade jederzeit für alle. Ihr müsst nur daran glauben, vertrauen und euch dafür öffnen.

Leider ist der westliche Geist nicht sehr empfänglich für dieses Angebot und ihr schiebt es beiseite als etwas, was nur noch in spirituellen Legenden einer längst vergessenen Vergangenheit von Bedeutung ist. Doch, es hat sich nichts verändert; Gottes Versprechen ist immer noch dasselbe. Einfache Menschen aus alten Zeiten waren offener für dieses Angebot, während die Spitzfindigkeit eures modernen, gebildeten Geistes dies als unrealistisch zurück weist. Es sind eure Überzeugungen, die sich verändert haben. Euer Schöpfer verändert sich niemals. Ihr versucht das Grenzenlose mit euren Überzeugungen zu begrenzen, doch letztendlich schränkt ihr damit nur euch selbst ein.

Wir möchten, dass ihr wieder an Wunder glaubt. Wir möchten, dass ihr träumt, dass das Unmögliche möglich wird. Wir möchten, dass ihr die Kinder werdet, die ihr einmal wart. Hat Jesus nicht gesagt, „Wenn ihr nicht werdet wie die Kinder, könnt ihr mein Himmelreich nicht betreten"? Das ist die Wahrheit, und sie gilt auch heute noch. Ruft die Gnade Gottes an, kommt, und sprecht wie ein Kind mit dem Göttlichen. Legt all eure Sorgen und Schwierigkeiten auf den Altar eures Herzens, und lasst sie dort. Das Göttliche wird sich darum kümmern. So viele von euch haben einen entfernten Gott geschaffen, einen nicht existenten Gott, einen Gott, für den ihr perfekt sein müsst, damit er zuhört, einen unerreichbaren Gott, einen Gott, der nur für die Auserwählten da ist. Wir sind heute hier, um euch zu sagen, dass das alles eure Erfindung ist und nichts mit eurem Schöpfer zu tun hat. Wir sind Liebe, Vergebung, Frieden und Wahrheit. Wir sind immer, in jedem Moment eures Lebens für euch da. Wahrhaftig, Gott lebt in euch. Ihr seid ein Teil des höchsten Wesens, dem ihr den Namen Gott, Göttliche Mutter, Allah, Schöpfer und eine Vielzahl andere Namen gegeben habt. Ihr seid göttlich, und es wird Zeit, dass ihr dieses Erbe antretet.

Werft eure Konzepte, die euch von der Quelle allen Seins trennen, über Bord. Ruft die göttliche Gnade an. Bittet um Hilfe, Führung, Unterstützung und Trost. Bittet um Heilung und euer Gebet wird erhört werden. Die unermessliche Energie, die ihr Gott nennt, schließt euch und die ganze Schöpfung mit ein und kann alles möglich machen. Glaubt ihr, dass der Namenlose, der euch allen euren Namen gab und alle Universen geschaffen hat, das Formlose und die Form, das Sichtbare und das Unsichtbare, nicht in der Lage wäre, inneres Ungleichgewicht, dass ihr Krankheit nennt, in eurem Körper zu korrigieren. Ihr seid es, die eine Veränderung im Denken vornehmen müssen, damit Wunder geschehen können. Ihr müsst wie Kinder werden, wenn ihr in das Königreich Gottes eintreten möchtet. Ihr bleibt vor den Toren des Himmels stehen, indem ihr an Krankheit, unlösbare Schwierigkeiten und Probleme glaubt, anstatt das Göttliche in euer Leben einzuladen. Ladet uns ein, bei allem dabei zu sein, was ihr tut, bei jedem Atemzug, in kindlichem Vertrauen.

Übernehmt die Verantwortung für euch selbst, bringt euch mit eurer wahren inneren Essenz in Übereinstimmung und überlasst den Rest Gott. Das ist der 'Himmel auf Erden'. Eure zukünftigen Generationen werden diesem Rat folgen. Bereitet den Weg für sie, indem ihr darauf vertraut, dass das Göttliche für euch sorgt und sich um euch kümmert. Lasst die Kontrolle los, die euer Verstand sich wünscht und beginnt, eurem Herzen zu vertrauen, das uns verbindet. Die göttliche Gnade wird euch erfüllen. Dies mag vielleicht anders geschehen, als ihr erwartet, doch wenn ihr wirklich mit den Augen eurer Seele schaut, werdet ihr klar entdecken, wie Gottes Handschrift beginnt, sich in eurem Leben zu manifestieren. Geht mit allem, was euch bekümmert, zu eurem inneren heiligen Altar, legt eure Last ab, und bittet um göttliches Eingreifen und Führung. Ihr werdet sehen, wie sich euer Leben auf eine Weise verändert, die ihr am allerwenigsten erwartet habt. Ihr müsst zuerst verstehen, dass für das Göttliche alles möglich ist, und weil ihr ein Teil des Göttlichen seid, auch für euch alles möglich ist. Das ist unser Versprechen! Ihr braucht euch dem Göttlichen – dem Licht, das in euch lebt - nur vollkommen anzuvertrauen und hinzugeben.

45

GOTT IST ÜBERALL

Gott ist überall. Es existiert nichts, wo nicht Gott als innewohnende lebensspendende Kraft gegenwärtig ist. Ohne das Göttliche gäbe es kein Leben. Ihr würdet nicht existieren, weder die Bäume, Pflanzen, Tiere, noch irgendeine andere Form von Leben, noch die Weite aller Universen mit ihren Sternensystemen und Sonnen. Wir beobachten so viele von euch, die nach Gott suchen. Doch euer Gott ist ein Gedankenkonstrukt, und ihr übersehet das Licht und die Liebe Gottes, die in allen und um euch herum ist. Gott lächelt euch durch die Sonne zu und berührt euch durch den Wind, eure Mitmenschen, den Duft einer Blume, das unschuldige Spielen eines Kindes und das leise Flüstern in eurem Herzen. Meistens könnt ihr die Stimme Gottes nicht erkennen und strebt stattdessen durch spirituelle Übungen, die auf eure Überzeugungen und Konzepte zugeschnitten sind, nach Erleuchtung, eine Suche die selten zum Erfolg führt. Wir möchten euch an die alte und ewige Wahrheit erinnern, – dass Gott in jeder Sekunde eures Lebens zur Verfügung steht und erreichbar ist, wenn ihr bereit seid, eure Konzepte und Vorstellungen vom Göttlichen aufzugeben.

Eine andere wichtige Bedingung für unsere Verbindung ist eure Bereitschaft, euch von eurer Identifikation mit eurem Ego und den sich daraus ergebenden Bindungen, die euch einengen, zu befreien. Solange ihr glaubt, genaue Vorstellungen davon zu haben, wer ihr seid und wie man Gott erreicht, kann euch das wahre Licht der Weisheit nicht gegeben werden, noch werdet ihr die heilige Einheit mit Allem Was Ist erfahren.

Schaut euch ein mit Wein gefülltes Glas an. Wie kann dieses Glas jemals ein Gefäß für reines Wasser werden? Ihr müsst das Glas zuerst leeren und dann gründlich reinigen, sodass keine Reste des Weins zurück bleibt. Nur dann wird euer Glas zu einem klaren Kelch werden. Dasselbe gilt für euer Wahres Selbst (reines Wasser) und für euer falsches Selbst — eure Maske (Wein). Solange ihr euch mit eurem Ego und seinen Projektionen, mit Selbstverteidigung und Leid identifiziert, werdet ihr eure Einheit mit dem Göttlichen nicht erfahren können. Ihr müsst euch völlig leer machen, um diese heilige Einheit zu erleben.

Wenn ihr glaubt, dass Spiritualität nur aus Gebet, Meditation und dem Studium spiritueller Lehren besteht, müssen wir euch korrigieren. Spiritualität ist alles, was ihr tut und wie ihr es tut. Wie bewässert ihr euren Garten, wie behandelt ihr eure Arbeitskollegen, eure Partner, eure Kinder, die Menschen, die euch nicht lieben, usw.? Die Unterscheidung zwischen dem, was ihr als spirituell betrachtet und dem, von dem ihr glaubt, dass es nur der profane Teil des Lebens ist, wird in der zukünftigen neuen Welt wegfallen. Die Menschen werden erkennen, dass wahre Spiritualität alles im Leben einschließt – die Art, wie sie sich selbst und andere behandeln, wie sie ihre

Geschäfte führen und mit komplexen Entscheidungen umgehen, wie sie die Erde behandeln, was sie essen. Sie werden verstehen, dass sie ohne wahre spirituelle Führung für alles in ihrem Leben verloren und von der geistigen Welt abgeschnitten sind. Sie werden begreifen, dass sie Geist sind, und jeder wird den Sinn des wahren Lebens erkennen, nämlich, der vollkommene Ausdruck ihrer innewohnenden Göttlichkeit zu werden, die Materie mit Geist zu erfüllen und ihr göttliches Licht in ihrem Alltag zur Erscheinung zu bringen.

Der entfernte Gott wird als ein altmodisches, abergläubisches Konzept der Vergangenheit betrachtet werden, und niemand wird mehr verstehen, wie ihr, die Menschen des 21. Jahrhunderts, ernstlich an dieses von Menschen gemachte Konstrukt glauben konntet. Wir fordern euch auf, all eure Konzepte über das Göttliche in Frage zu stellen und sie loszulassen, denn sie sind nur ein Hindernis zwischen dem Göttlichen und euch, das unser Einssein verhindert.

Ein anderer lange gehegter Glaube ist, dass man einen Guru — einen spirituellen Lehrer braucht, um erleuchtet zu werden. Ihr braucht keinen Guru, der euch das göttliche Licht gibt. Ihr selbst seid dieses Licht, das seine wahre Natur vergessen hat. Trotz der Tatsache, dass ihr euch nicht mehr daran erinnern könnt, wer ihr seid, ist Gott doch in jedem Moment eures Lebens für jeden von euch zugänglich. Ihr müsst euch nur bemühen und das anwenden, was ihr bisher gelernt habt. Die spirituelle Reise mit einem Guru als Führer zum Göttlichen ist ein altes Denkmodell, das in der Evolution des menschlichen Bewusstseins einen gewissen Stellenwert hat. Es hat seine Vorteile sowie seine Nachteile. Ein offensichtlicher Nachteil ist, dass die Gegenwart eines Gurus, obwohl er wertvolle Führung geben kann, für die meisten Schüler zu Abhängigkeit führt, die oftmals die Aufgabe individueller Macht zur Folge hat.

Versteht, dass ihr euch alle direkt mit dem Göttlichen verbinden könnt, ohne eure Macht an einen Meister abzugeben. Ihr braucht keinen Zwischenhändler um mit Gott zu kommunizieren. Ihr seid ein Teil von Gott! Durch das Ignorieren dieser fundamentalen Wahrheit entstand die Verehrung eines Gurus, während in den höheren Welten des Bewusstseins nur das Göttliche gepriesen wird. Das Göttliche Licht, das einige von euch in einem Meister sehen, sollte niemals der Grund für seine Verehrung werden, sondern eher eine Ermutigung sein, Raum für euer eigenes Göttliches Licht zu schaffen.

Solange ihr in einem physischen Körper seid, seid ihr mehr oder weniger an die Illusion der Dualität gebunden und selten absolut frei. Warum machen so viele von euch auf ihrer spirituellen Reise den Umweg, sich einem spirituellen Guru hinzugeben, anstatt sich direkt mit dem Göttlichen zu verbinden? Das Göttliche braucht weder eure Macht noch euer Geld, schafft keine ungesunden Abhängigkeiten und wird euch niemals irreführen. Wir, die wir aus dem Zentrum der Quelle zu euch sprechen, aus dem Herzen Gottes, rufen euch auf, eure Reise des Vertrauens in die göttliche Gegenwart, und zwar in jedem Moment eures Lebens, zu beginnen. Gott ist hier – in diesem Moment – und ist für euch da. Erleuchtung kann nicht errungen werden, sondern ist, wenn ihr leer genug seid zu empfangen, ein Geschenk der göttlichen Gnade. Gewöhnt euch an die Liebe, die Fülle und den Frieden. Lernt euer göttliches Selbst kennen! Gott ist Liebe, Frieden, Freude, über alles Vorstellungsvermögen des Menschen hinaus allmächtig und gleichzeitig eurer engster Freund. Gott lebt in euch.

Ihr müsst nicht nur euer Konzept von einem unerreichbaren, entfernten Gott loslassen, ihr müsst auch den Glauben an einen Gott, der euch wegen eurer Sünden bestraft, fallen lassen. Gott ist die reinste Liebe und hat niemals je bestraft, was er geschaffen hat. Mit endloser Geduld und Liebe führt euch das Göttliche alle in sein innerstes Herz zurück. Wir wünschen uns zutiefst, dass ihr anfangt Gottes Liebe für euch zu fühlen, und dass ihr versteht, dass die Liebe Gottes wahre Natur ist. Wenn ihr das erkennt, wird alles Leid von euren Schultern fallen, und ihr werdet verstehen, dass es lediglich eure begrenzten Vorstellungen waren, die euch von der Einheit mit dem Göttlichen getrennt haben.

In Wahrheit bewegt ihr euch bei allem, was ihr tut, in Gott. Ihr atmet Gott ein, weil auch eure Atemluft von Gott durchwirkt ist, ihr esst Gott, weil alle Nahrung aus der Leben spendenden Energie des Göttlichen erwächst. Alles, was ihr berührt, ist Gott und von seinem Geist erfüllt; sonst könnte es nicht existieren. Alles was, ihr seht, ist Gott, einschließlich ihr selbst. Wenn ihr ganz verstehen würdet, was wir gerade gesagt haben, würdet ihr mit allem, was ist, in Einheit leben und beginnen, das göttliche Mysterium wahrhaft zu berühren. Gott möchte nicht in euren Tempeln angebetet werden. Gott möchte geehrt werden in allem, was ihr tut. Seid die Liebe, die ihr in dieser Welt erfahren möchtet. Liebt euch selbst, alles und jeden. Feiert das Leben; seid im Frieden und lebt die Wahrheit. Das ist wahre Spiritualität, die euch ermöglicht, euch ganz mit dem Göttlichen zu verbinden. Dann versteht ihr vielleicht, dass Gott selbst in seiner gesamten Schöpfung in allem und jedem lebt.

46

GOTT HAT DAS BÖSE NICHT ERSCHAFFEN

Ihr Lieben, Gott hat das Böse nicht erschaffen. Alles was erschaffen wurde, wurde von der Liebe erschaffen. Wie könnte etwas durch die reine Liebe Erschaffenes böse sein? Was ihr böse nennt, ist durch dasselbe Liebesbewusstsein erschaffen worden, wie das, was ihr das letztgültig Gute oder das Göttliche nennt. Der einzige Unterschied ist, dass das, was ihr als böse bezeichnet, sich von der Liebe, seinem Ursprung, getrennt hat, während das, was ihr als gut betrachtet, in Harmonie mit dem Göttlichen ist. Das allmächtige, unbegrenzte Bewusstsein des Höchsten Wesens hat niemals irgendetwas Böses erschaffen. Es war und ist die Entscheidung seiner Schöpfung, sich von ihrer Quelle zu trennen.

Die Konsequenz aus dieser Entscheidung ist, dass das Licht sich in Dunkelheit und Liebe in Angst verwandelt hat. Alle Negativität in dieser unermesslich weiten Schöpfung existiert nur aus diesem Grunde. In endloser Liebe und Geduld erlaubt das Höchste Wesen seiner gesamten Schöpfung, seine eigenen Entscheidungen zu treffen und sich selbst als getrennt und daher begrenzt zu erfahren. Diese Erfahrungen reichen von vollkommener Einheit mit dem Göttlichen bis zu fast absoluter Trennung, sie bestimmen die Intensität des Lichtes, das der Liebe gleichzusetzen ist – oder das Ausmaß der Dunkelheit und Angst in einer Seele. Da das Böse niemals vom Göttlichen geschaffen worden ist, ist unser Wunsch für euch, dass ihr das ungeheuerliche Ausmaß des Geschenkes der Entscheidungsfreiheit versteht, die das Göttliche seiner Schöpfung gab. Dies zeugt vom endlosen Vertrauen und der Liebe des Göttlichen für seine Schöpfung.

Wir, die wir den Aspekt der göttlichen Liebe verkörpern — das Herz Gottes, möchten in menschlichen Worten so gut es möglich ist die Liebe ausdrücken, die euer Schöpfer für die gesamte Schöpfung empfindet, denn diese Liebe wird auf eurem Planeten selten verstanden. Wir möchten euch einen Geschmack von Gottes Liebe geben. Gott ist Alles Was Ist. Das schließt auch alle Wesen ein, die sich dem Göttlichen verschlossen haben, und die aus Selbstbezogenheit, aus Angst und Misstrauen heraus handeln und nach oberflächlicher, weltlicher Macht trachten. Trotz ihres negativen Verhaltens liebt das Göttliche sie ebenso wie ihr euer drogenabhängiges Kind lieben würdet, das seinen Weg im Leben verloren hat. Gott liebt die Dunkelheit genauso wie er diejenigen liebt, die dem Licht dienen. Die gesamte Schöpfung trägt den göttlichen Funken des Lichtes in sich – ist Gottes Kind – ist Gott -, und ist daher in der Lage, sich vollkommen mit ihm zu vereinigen und wie er zu sein: allmächtig, über alle Maßen machtvoll, niemals endende Liebe und immerwährender unaussprechlicher Frieden. Dieser Funke muss nur wieder durch die Hingabe an das Höchste Wesen entzündet und genährt werden. Doch die Rückkehr zum Licht kann nur aus absolut freiem Willen geschehen, wenn sie erfolgreich sein soll. Wir möchten euch – die ihr Gottes Schöpfung seid – die Liebe Gottes fühlen lassen, egal ob ihr auf das Licht ausgerichtet seid oder euch von ihm abgewandt habt.

Das Göttliche liebt euch alle, unabhängig vom Grad eures Bewusstseins. Die Liebe ergießt sich über die gesamte Schöpfung, so wie die Sonnenstrahlen das Unkraut ebenso berühren wie die schönsten Blumen und Früchte, um ihnen Lebenskraft zu spenden. Auf dieselbe Weise, wie die Sonne nicht zwischen Unkraut und sogenannten Nutzpflanzen unterscheidet, hält Gott seine Liebe nicht zurück. Das Höchste Wesen ist in seiner reinsten Essenz Liebe, weit über das hinausgehend, was menschliche Worte je beschreiben können – Liebe, die sich selbst durch das ganze Universum hindurch liebt und euch alle in jeder Sekunde eures Lebens für immer in seinen Armen hält. Das ist es, was das Herz Gottes tut und seit Anbeginn der Zeiten immer getan hat.

Ihr fragt euch vielleicht, warum wir euch das erzählen. Nun, der Hauptgrund, warum ihr auf der Erde seid, ist wieder zu entdecken, dass ihr Liebe seid. Euer Planet wird von manchen ‚Planet der Angst' genannt. Das ist ein Grund dafür, dass ihr in dieser Umgebung offensichtlicher Polarität Lieben so gut erlernen könnt. Indem wir unsere Liebe mit euch teilen – die Liebe des Schöpfers für euch – möchten wir euch ermutigen, Gottes Liebe herbei zu rufen und zu lernen, jeden und alles auf dieselbe Weise zu lieben, wie Gott euch liebt. Indem ihr euch für die Liebe öffnet, werdet ihr wieder zur Liebe, die ihr immer gewesen seid. Einige von euch glauben vielleicht, dass ihr erst lernen müsst zu lieben. Doch wir möchten euch ein Geheimnis verraten – ihr braucht nichts wirklich neu zu lernen. Gebt eurem göttlichen Anteil Raum – werdet, was ihr schon immer sein wolltet: im absoluten inneren Gleichgewicht, göttlicher Vollkommenheit, und Fülle. Ihr seid Liebe, ihr seid göttlich – sogar die dunkelsten aller

Wesen. Wenn ihr dem, was ihr als böse betrachtet, Liebe schickt, werdet ihr die dunklen Wesen an ihren vergessenen Ursprung erinnern und helfen, ihr göttliches Licht wieder zu entzünden.

Eines Tages wird die gesamte Schöpfung zur Quelle zurückkehren, sich wieder mit ihrem Schöpfer vereinen und sich ihrer eigenen Göttlichkeit bewusst werden. Dies ist ein universelles Gesetz, und weder euer Widerstand, noch die Verleugnung eures göttlichen Lichtes kann verhindern, dass ihr dahin zurückkehrt. Diesen Vorgang könnt ihr mit der Kraft eines starken Magneten vergleichen, der Metall anzieht. Das Metall kann noch so sehr versuchen zu widerstreben, letztendlich muss es aufgeben, weil die Anziehung des Magneten zu stark ist. Diese Anziehungskraft wird auch der Ruf der Seele genannt. Wenn eine Seele ihren inneren Ruf empfängt, wird nichts in eurer Welt diese Seele jemals wieder zufrieden stellen, bis sie sich wieder mit der Quelle vereinigt. Während der letzten Jahrzehnte hat eine große Anzahl von Menschen diesen Weckruf empfangen und reagiert, und noch mehr von euch werden nun bereit, ihn zu empfangen.

Seit dem Aufstieg und der Blütezeit von Atlantis gab es niemals so viele von euch, die bereit waren, sich auf die spirituelle Reise zu machen und sich mit ihrem wahren Selbst zu verbinden. Der schnellste Weg euer Ziel zu erreichen ist die Liebe. Seid die Liebe, die ihr seid: Liebt alles und jeden. Erinnert euch daran, was wir zu Beginn dieses Kapitels gesagt haben – euer Schöpfer hat alles in Liebe erschaffen. Gott ist Liebe. Was ihr als böse, falsch oder schlecht bezeichnet, ist in seiner Essenz immer noch dieselbe Liebe, die lediglich vergessen hat, dass sie Liebe ist. Anstatt denen, die ihr als böse betrachtet, Hass und Verurteilung entgegen zu bringen, sendet ihnen Liebe. Das wird sie daran erinnern, was sie vergessen haben. Wenn ausreichend viele von euch die Liebe leben, werden diejenigen, die in Vergessenheit ihrer wahren Natur leben, Schritt für Schritt beginnen, sich zu erinnern. Die Liebe ist der schnellste Weg zu Gott und in jedes Herz. Wir, das

Herz Gottes, lieben euch – seit je her und für immer. Denkt daran, Menschen handeln nur grausam, wenn sie grausam zu sich selbst sind. Nur ihre Maske ist grausam; in ihrer Essenz sind sie immer noch das strahlende Licht, das göttlich ist.

Eine der Botschaften für die neue Erde ist, dass ihr keine Religionen braucht, die euch ein Gefühl der Wertlosigkeit vermitteln, oder euch erklären, dass ihr als Sünder geboren seid. Das religiöse Konzept des Bösen ist nur eine Wiederspiegelung und Projektion eurer eigenen menschlichen nicht geliebten Anteile nach außen. Diese lang gehegten falschen Glaubensinhalte werden in der nahen Zukunft von selbst wegfallen. Ihr werdet sowohl eure eigene Göttlichkeit als auch die Göttlichkeit anderer wahrnehmen und erkennen, dass ihr Liebe seid – göttlich und als gute Menschen geboren. Nur Angst und Schmerz haben eure künstliche Maske und eure limitierte Persönlichkeit erschaffen. Letztendlich sind sogar Religionen nur Produkte dieser Maske und innerer Einschränkungen, und ihre Regeln sind lediglich menschliche Interpretationen des göttlichen Gesetzes, die in diesem Falle gänzlich missverstanden wurden. Eines Tages werdet ist alle verstehen, dass das, was ihr Gott nennt, Liebe ist – und wenn eure Zeit gekommen ist, werdet ihr euch für diese Liebe öffnen.

Gott ist Alles Was Ist. Außer Gott existiert nichts. Es existiert nichts, was nicht Gott ist, und das gilt auch für euch. Ihr werdet erkennen, dass viele der alten religiösen Konzepte nur euren tief eingeprägten menschlichen Selbst-Hass, Verleugnung und Begrenzung widerspiegeln. In der nahen Zukunft werdet ihr in der Lage sein, die alten Aufzeichnungen zu berichten, die Schichten der Missverständnisse und menschlicher Missinterpretationen abzustreifen und zum wahren Kern der spirituellen Lehren zurückzukehren, die seit Ewigkeit bestehen. Dann werdet ihr verstehen, dass das, was alle Religionen auf die unterschiedlichste Art und Weise versucht haben zu erfassen, immer dieselben göttlichen Gesetze waren, die durch alle Kulturen und Zivilisationen hindurch gelehrt wurden, und ihr werdet die einfache Wahrheit erkennen, dass ihr göttlich seid – eins mit Gott. Ihr seid Liebe! Genauso, wie das Höchste Wesen alles und jeden liebt, so werdet auch ihr zur Liebe, und die geheimen Mysterien der Schöpfung werden euch offenbart werden.

47

DIE NEUE FÜHRUNG VERSUS AUTOKRATIE

Was ihr im Moment erlebt, ist der Beginn des Wechsels von autokratischer Führung zu wahrer, lebendiger Demokratie, die sich von innen nach außen entfaltet. Dieser Wechsel ist einer der Gründe dafür, warum ihr mit so viel Unsicherheit, Chaos und Unvorhersehbarkeit konfrontiert seid. Konzepte und Strukturen, auf die ihr euch so lange verlassen konntet, sind nicht länger effektiv und nützlich. Da ist ein unterschwelliges Gefühl, dass man sich auf nichts mehr verlassen kann. In diesem Zusammenhang ist es hilfreich, sich daran zu erinnern, dass Veränderung zur Natur des Lebens gehört, und dass ihr mitten in einer entscheidenden menschlichen Bewusstseinsveränderung steckt. Lasst uns also weiter ins

Detail gehen und untersuchen, was diese bevorstehende Wandlung des Bewusstseins im Hinblick auf eure Führer und auf Führung ganz allgemein bedeutet.

Ihr seid Zeugen des Endes autokratischer Führung und der Führer dieses alten Stils. Eine autokratische Führung erfordert, dass es einen gibt, der entscheidet und alle anderen seiner Anleitung und seinem Rat folgen. Das bedeutet auch, dass diese Art von Führer eine fast omnipotente Macht besitzt, egal ob eingebildet oder nicht, der sich alle unterordnen müssen. Die Führer alten Stils sind im Allgemeinen nicht an der Selbst-Ermächtigung ihrer Mitarbeiter interessiert, denn dies wird als Gefahr für ihren fast omnipotenten Führungsstil betrachtet. Offen gesagt ist es nicht nur so, dass diese Kategorie von Führern kein Interesse daran hat, ihren Leuten Macht zu übergeben; wir müssen sogar so weit gehen zu sagen, dass sie versuchen, diesen fundamentalen Wandel um jeden Preis zu verhindern. Der Grund für ihre Angst und ihren Widerstand gegen Veränderung kann relativ leicht erkannt werden: Wenn alle anderen selbst Macht hätten, würde der autokratische Führungsstil nicht mehr funktionieren. Andere zu ermächtigen würde das Ende ihres gegenwärtigen Führungsstils bedeuten. Jeder Führer alten Stils ist sich bewusst oder unbewusst über diese Gefahr im Klaren.

Seit einiger Zeit könnt ihr nun den Anfang des Zerbröckelns der alten Machtstrukturen miterleben. Es ist egal, worauf ihr eure Aufmerksamkeit richtet, die Zeichen des Verfalls sind in allen Bereichen eures persönlichen, sozialen, religiösen und politischen Lebens sichtbar – ihr werdet in allen Facetten des täglichen Lebens Veränderungen ausfindig machen. Zur Natur der Veränderung gehören Unsicherheit und zeitweises Chaos, was zur Suche nach neuen Strategien und Zielen führt. Schließlich werdet ihr das Entstehen eines neuen Verständnisses erleben. Wenn ihr euch anschaut, wie viel Zeit persönliche Transformation benötigt, bekommt ihr einen realistischen Eindruck davon, wie lange, schwierig und zeitaufwändig diese Veränderung im allgemeinen Bewusstsein hinsichtlich globaler politischer, sozialer und religiöser Strukturen sein wird.

Betrachtet jetzt Folgendes: Ihr seid bereits am Anfang dieser enormen Veränderung, die nichts und niemanden mehr unhinterfragt lässt. An diesem Punkt ist es wichtig eine Pause zu machen und den vorhergehenden Satz noch einmal zu lesen. Wir sagten, 'Ihr seid am Anfang …'. Darauf möchten wir eure Aufmerksamkeit lenken. Dieser Prozess der Transformation hat begonnen, was bedeutet, dass viele von euch sich bereits in der kritischen Phase des Chaos und der Unsicherheit befinden. Ist es nicht das, was die meisten von euch gerade erleben?

Dies ist sowohl eine radikale globale als auch persönliche Wandlung, und ihr müsst verstehen, dass diese Veränderung in der ihr eigenen Zeit ihren Lauf nimmt. Das erfordert Geduld. Gut informiert zu sein, wird in dieser Zeit des Chaos und der Unsicherheit euch wertvolle Unterstützung sein. Wenn ihr innere Achtsamkeit selbst in Situationen, die sich schmerzlich und unangenehm anfühlen, entwickelt, wird dies euch sehr unterstützen, durch den notwendigen Transformationsprozess zu gehen. Wenn ihr aber keine Ahnung davon habt, was vor sich geht, ist es wahrscheinlicher, dass Angst euch zeitweise überwältigt. Aus diesem Grund erheben wir unsere Stimme in der Welt – denn wir wissen, dass, wenn ihr die tiefere Bedeutung dieses Wandels versteht, euch das Chaos, das ein natürliches Nebenprodukt jeder Veränderung ist, weniger Angst einflößen wird.

Wir haben bereits erwähnt, dass alle autokratischen Führungsstile ein Ende finden werden. Ihr könnt die Veränderungen auch in euren persönlichen Beziehungen beobachten, z. B. steht der Mann nicht mehr automatisch an der Spitze der Familie. In den letzten Jahrzehnten, haben Frauen gleiche Recht gefordert und enorme Erfolge gehabt, zumindest in den westlichen Ländern. Diese bedeutsame Veränderung hat die Beziehungen zwischen Männern und Frauen beeinflusst. Die Frau von heute braucht aus rein ökonomischen Gründen nicht mehr in einer lieblosen Ehe auszuharren, denn ihre Bildung erlaubt es ihr, finanziell unabhängig zu sein. Das soziale Ungleichgewicht zwischen einer in einem männlichen und einer in einem weiblichen Körper inkarnierten Seele findet langsam seine lang erhoffte Balance.

Lasst uns das Augenmerk auf einen anderen Bereich, den eurer religiösen Institutionen richten, der vor wenigen Generationen noch die größte Macht hatte. Diese Macht verblasst nun offensichtlich. Der Grund für diese Abnahme der Macht ist vielfältig. Lasst uns einen der Gründe anschauen, und zwar eure Sehnsucht nach einer wirklichen Verbindung zum Göttlichen und die Möglichkeit und Freiheit, etablierte Glaubensinhalte in Frage zu stellen. Vor wenigen Jahrzehnten wäre dieses Verhalten noch als Gotteslästerung bezeichnet worden, und soziale Isolation und Verurteilung wären die brutalen Konsequenzen gewesen. Lasst uns ein paar Jahrhunderte weiter zurückgehen; ihr hättet euer Leben verloren, einfach nur deshalb, weil ihr die Verwegenheit besaßt, die religiösen Dogmen anzuzweifeln oder in Frage zu stellen.

Lasst uns nun eure politische Situation untersuchen. Vor einem Jahrhundert waren aristokratische und diktatorische politische Systeme allgemein verbreitet in der Welt. Im Gegensatz dazu haben eine Vielzahl von Länder heute die Prinzipien der Demokratie angenommen und die, die das nicht getan haben, sehen sich einem großen, inneren Widerstand gegenüber. Das tiefe Sehnen der Menschheit sowohl nach Gleichberechtigung, nach Gedanken- und Redefreiheit, als auch nach grundlegenden Menschenrechten, wird offensichtlich. In letzter Zeit haben wir bei einigen führenden Nationen eine Zunahme des Populismus beobachtet. Die Wähler solcher Führer sehnen sich nach einer Vaterfigur, die sie sicher durch diese Zeit der Verunsicherung führt und sie vor dem Chaos schützt. Jedoch werden diese Populisten nicht lange an der Macht bleiben, da sie das auslaufende Modell von Führerschaft verkörpern. Die gesamte Menschheit erwacht aus einem System der Unterdrückung, das sie seit Jahrtausenden regiert hat. Warum ist das so? Warum gerade jetzt?

Der Grund für diese Veränderung ist euer Bewusstseinswandel. Denkt daran, ihr erschafft eure Welt. Ein beträchtlicher Teil der Menschheit weigert sich, im Opfermodus zu verharren. Im Moment erheben Menschen auf der ganzen Welt ihre Stimme gegen Ungerechtigkeit und Unterdrückung. Sie haben begonnen, an ihr Recht auf ein Leben in Frieden und Freiheit zu glauben und allgemeines Wohlbefinden zu genießen. Es ist die Angst, die die Unterdrückungssysteme noch aufrecht erhält, und nur das Loslassen dieser Angst wird die Veränderung herbeiführen. Das Loslassen der Angst im kollektiven Bewusstsein bringt die gegenwärtigen Veränderungen in Gang.

Wir wollen noch ein Beispiel geben, um diese globale, fundamentale Veränderung zu illustrieren. Auch die Geschäftswelt ist von dieser Transformation beeinflusst. Bis vor kurzem wurde der Chef alten Stils als unerlässlicher Teil eines erfolgreichen Geschäftsmodells nicht in Frage gestellt. Das hat sich verändert. Eine selbstherrliche Führung, bei der der Leiter eine nur schwach entwickelte Fähigkeit besitzt zuzuhören und zu kommunizieren, ist weltweit als einer der Hauptgründe für Firmenzusammenbrüche und Misserfolge anerkannt. Wenn Firmenchefs sich weigern einen neuen Führungsstil anzunehmen, der auf der Ermächtigung aller Angestellten und der Formulierung einer inneren Vision basiert, werden diese Unternehmen keine Zukunft haben. Auf der neuen Erde werden Geschäftsleute in leitender Position alle ihre Angestellten ermutigen, ihre eigene Kreativität zu entwickeln, mehr Verantwortung zu übernehmen und sich spirituell und emotional weiter zu entwickeln, einfach deshalb, weil sie sich darüber bewusst sind, dass zufriedene und selbstermächtigte Angestellte einer Firma ihr größtes Betriebskapital sind. Der Geschäftsführer der Zukunft wird seine Leute nicht kontrollieren und manipulieren, noch wird er sie in Angst und Kontrolle halten. Im Gegenteil, er wird sie anleiten und in einem Klima des gegenseitigen Respekts und Vertrauens mit ihnen arbeiten.

Die Führer der Neuen Erde, egal ob auf der politischen Bühne oder in der Geschäftswelt, werden sowohl ein gründliches spirituelles wie bildungsmäßiges Training durchlaufen, als auch ihre emotionale Heilung vollziehen, bevor sie in der Lage sein werden, ihre Führungsposition in adäquater Weise auszufüllen. Sie werden ihre Mitarbeiter achten und sie, wenn es angebracht ist, um ihren Beitrag und ihre Ideen bitten. Es wird eine gleichberechtigte Beziehung sein, und künstliche, auf Angst basierende Hierarchien werden von der Erde verschwinden.

Das alte autokratische System wird zusammenbrechen und von wahrer Demokratie und Führung durch euer Höheres Selbst ersetzt werden. Die neuen Führer werden andere ermutigen, ihre wahre Macht und ihr volles Potenzial zu nutzen. Die Führer werden nicht aus Angst handeln, sondern im Vertrauen und in Übereinstimmung mit dem Göttlichen leben, wohl wissend, dass, wenn jeder mit seiner eigenen Kraft ganz bei sich ist, es dem Ganzen zu Gute kommen wird. Folglich werden sie alles Nötige tun, um die Heilung und das Erwachen ihrer Leute zu unterstützen. Im Gegensatz dazu haben die alten, autokratischen Führer vor nichts mehr Angst, als dass andere erstarken, denn das wäre eine Gefahr für ihre Position. Das ist tatsächlich einer der Hauptunterschiede zwischen diesen beiden Führungsstilen. Der Führer des alten Stils hat Angst vor der echten Kraft anderer und wird sie daran hindern, ihre eigene Kraft zu entwickeln, während der neue Führer sein Äußerstes geben wird, um sie genau dazu zu ermutigen. Der eine Führungsstil basiert auf Angst und der andere basiert auf Liebe und Vertrauen. Welchen Führer würdet ihr wählen?

Während wir Führungsstile der Vergangenheit, der Gegenwart und der Zukunft untersuchen, sollten wir nicht vergessen, eine tiefer gehende Betrachtung spiritueller und religiöser Führer vorzunehmen. Spirituelle Führung, egal ob in den traditionellen Religionen oder modernen spirituellen Gruppen, ist auch oftmals von autokratischem Führungsstil geprägt. Daher ist es nicht überraschend zu entdecken, dass die Mehrzahl der Anhänger dieser Gruppen ihre Macht an ihre Führer abgeben. Wir betrachten dieses Verhalten als sehr bedenklich und absolut im Gegensatz zu wahrer Spiritualität, die euch mit dem Göttlichen verbindet und euch erlaubt in eure wirkliche Kraft zu gehen, die in Weisheit und Liebe gründet ist. Leider haben viele spirituelle und religiöse Lehrer der Vergangenheit und der Gegenwart, einen ungesunden und schädlichen Führungsstil an den Tag gelegt. Weil sie ihre ‚omnipotente' Stellung behalten möchten, haben sie kein Interesse an eurer Ermächtigung und an eurem vollständigen Erwachen. Es würde ihre eigene Position überflüssig machen. Wir müssen sogar so weit gehen zu sagen, dass diese Gruppen und Institutionen daran interessiert sind, euch in eurem gegenwärtigen Bewusstseinszustand zu halten – abhängig, verletzt und ängstlich und daher bereit, eure Macht abzugeben. Deshalb müssen soweit gehen und feststellen, dass die religiösen und spirituellen Gruppen alten Stils mit ihren autokratischen Führern euch im Grunde an eurer Entwicklung hindern und euer wahres Erwachen tatsächlich sabotieren.

Die spirituellen Lehrer der Neuen Erde werden völlig anders sein. Diese wundervollen Wesen werden euch zu eurer wahren Natur mit Respekt, Weisheit und Hingabe führen. Ihr einziges Interesse wird eure vollkommene Ermächtigung und innere Heilung sein. Diese Wesen haben ihre eigenen Einweihungen durchlaufen und sind zur lebendigen Verkörperung dessen geworden, was sie lehren. Sie werden weder Interesse an eurer Anbetung, noch an euer emotionalen Abhängigkeit haben. Obwohl ihr diese neuen spirituellen Lehrer Meister, Heilige oder sogar Christus nennen könntet, werden sie darauf bestehen, nichts Besseres und Spezielles im Vergleich zu anderen zu sein – nur dazu da, um euch als eure älteren Brüder und

Schwestern zu dienen. Das sind die neuen Führer des Goldenen Zeitalters. Einige von ihnen leben bereits unter euch, und wenn ihr mit den Augen eures Herzens schaut, werdet ihr sie erkennen.

Wundervolle Zeiten werden auf diesem Planeten beginnen. Entwickelt Geduld und versteht die Bedeutsamkeit dessen, was wir hinsichtlich der großen Veränderungen mitgeteilt haben. Sie werden die Erde, die so lange von der Angst beherrscht wurde, in das Paradies verwandeln, das ihr schon seit Äonen bestimmt war. Geht Schritt für Schritt auf eurer inneren Reise weiter und vertraut dem Unbekannten. Vertraut eurem Herzen, euch nach Hause zu führen. Denkt daran, dass nach Unsicherheit und Chaos sich ein neues Bewusstsein herausbilden und die Grundlage für eine Neue Welt legen wird.

48

Das Licht macht den Schatten sichtbar

Lasst uns nun ein interessantes universelles Gesetz tiefer erforschen: Das Licht macht den Schatten sichtbar. Obwohl dieses Phänomen seit jeher gültig ist, da es eine natürliche Funktion des Lichtes ist, ist die Mehrheit von euch sich dieses Gesetzes nicht gewahr.

Wenn ihr mit eurem spirituellen Weg beginnt und meditieren lernt, erwartet ihr mehr inneren Frieden zu erlangen, und das ist auch oft der Fall. Doch manchmal erlebt ihr auch wie ohne ersichtlichen Grund überwältigende, negative Emotionen an die Oberfläche kommen. Zum Beispiel: Ihr fühlt euch im Allgemeinen mit euch selbst und eurem Leben ganz zufrieden, doch nach der Teilnahme an einem spirituellen Workshop verlasst ihr diesen mit ziemlich verwirrten Gefühlen und erlebt einen vorher nie gekannte inneren Aufruhr, anstatt dem ersehnten Frieden und Liebe. Warum ist das so? Da das Licht euren ganzen Schatten nicht auf einmal an die Oberfläche bringen kann, tut es seine Arbeit allmählich, entsprechend eurer inneren Möglichkeiten, mit euren Wunden umzugehen. Einige von euch sind vielleicht erschreckt und verwirrt, wenn diese unangenehmen Gefühle an die Oberfläche kommen und haben den Eindruck, dass da etwas nicht stimmt, denn ihr seid überzeugt, wenn ihr mit dem Licht arbeitet, dass ihr nur Frieden und Liebe erfahren werdet.

Wir müssen euch mitteilen, dass ihr mit dieser Annahme einem Irrtum unterliegt. Sicherlich, das Licht ist Frieden und Liebe, aber auch Wahrheit – und die Wahrheit bringt alles ans Tageslicht, das nicht in Übereinstimmung mit dem Göttlichen ist. Seid nicht bestürzt, wenn negative Emotionen auftauchen. Wisst, dass diese Gefühle seit langer Zeit in euch leben und Heilung benötigen. Das ist der Grund dafür, dass sie jetzt in euch hoch kommen. Seid dankbar, und verurteilt eure Gefühle nicht, fühlt und beobachtet sie einfach, und beginnt mit eurem Heilungsprozess. Es ist die natürliche Funktion des Lichtes, alle Schattenanteile an die Oberfläche zu bringen. Alles was nicht Licht, Liebe, Frieden und Wahrheit ist, wird offenbart, damit ihr heilen, es integrieren und ganz werden könnt. Habt keine Angst vor diesem Prozess, sondern heißt eure aufkommenden Emotionen willkommen und setzt eure innere Arbeit fort.

Ein anderer weit verbreiteter Denkfehler ist die Annahme, dass ihr, wenn ihr seit vielen Jahren an spirituellen Gruppen und Seminaren teilgenommen habt, 'spirituell fortgeschritten' seid, und dass dann keine innere Arbeit mehr nötig sei. Nichts könnte weiter von der Wahrheit entfernt sein. Der spirituelle Weg ist eine lebenslange Aufgabe, durch die ihr lernt, Raum für das euch innewohnende Licht zu schaffen und in jedem Moment der Liebe den Vorzug vor der

Angst zu geben. Es ist wichtig, dass ihr erkennt, dass die innere Reise niemals endet und euer ganzes Engagement erfordert. Vielleicht ist es schwierig für euch zu verstehen, dass sogar die Erleuchteten fortwährend ihr Bewusstsein vertiefen und erweitern.

Solange ihr glaubt, dass die Teilnahme an spirituellen Workshops, Ashram Besuche und Meditationen euch zu innerem Frieden führen werden, seid ihr auf einem gefährlichen Weg, der euch womöglich in das klebrige Spinnennetz der Illusion führt, anstatt zu wahrer Freiheit. Solcherlei Gedanken können mit denen eines Menschen verglichen werden, der sagt: „Vor einem Jahr habe ich meine Zähne doch drei Wochen lang zwei Mal am Tag geputzt, und ich verstehe nicht, warum ich jetzt starke Schmerzen und Zahnverfall habe." Nur regelmäßige innere Reinigung und Heilung, einhergehend mit Vertrauen, absoluter Ehrlichkeit, Ausdauer, Geduld, innerer Disziplin und der Entscheidung, der Liebe der Angst gegenüber in jedem Moment eures Lebens den Vorzug zu geben, wird euch zu eurem göttlichen Selbst führen. Auf dieser Grundlage werden von der Liebe inspirierte Taten folgen und so euer Leben wirklich verändern.

Alle Gefühle des Getrenntseins, alles Ungleichgewichtige und alle Ängste müssen erkannt und geheilt werden. Das schließt das Gefühl der Trennung zwischen dem Menschlichen und dem Göttlichen, von Körper und Geist, der materiellen und der spirituellen Welt, männlicher und weiblicher Energien usw. mit ein. Wenn ihr wirklich Freiheit finden möchtet, müsst ihr eure spirituelle Reise an die erste Stelle setzen. Euer innerer Weg muss eure Priorität vor allem anderen sein, das schließt eure eigenen persönlichen Wünsche und Bedürfnisse, eure Beziehungen, Karriere und euren materiellen Besitzt mit ein. Nur dann werdet ihr euer Ziel erreichen.

Die spirituelle Reise kann nicht als eine ‚Urlaubserfahrung' gemacht werden oder als ein unterhaltsamer Ausflug. In einigen Kreisen scheint es modern geworden zu sein zu meditieren und sich für spirituelle Dinge zu interessieren. Doch die spirituelle Reise ist der eigentliche Sinn eurer Existenz – eines jeden Menschen Existenz – und kann nur in vollkommener Hingabe gegangen werden. ‚Ein bisschen spirituell' zu sein, doch alle Sicherheitsmaßnahmen und Anhaftungen an die materielle Welt bei zu behalten, wird niemals funktionieren. Das göttliche Licht wird alle Täuschungen, Ängste und Lügen offenbaren. Das geschieht nicht, um euch bloß zu stellen oder zu beschämen, sondern um euch zu heilen, denn das Göttliche liebt euch. Es ist Gottes Liebe zu euch, die eure Unzulänglichkeiten sichtbar macht. Denn solange sie unter der Oberfläche verborgen bleiben und in eurem Unterbewusstsein leben, wird es keine Chance auf Befreiung und Heilung geben. Das ist der Grund dafür, warum das Licht den Schatten hervorruft. Das ist Gottes Liebe für euch. Denkt daran, der Pfad der Wandlung endet nie. Es gibt immer mehr zu lernen, zu lieben und Gelegenheiten der Hingabe. Langsam vollzieht sich das Wachstum zur Vollkommenheit.

49

LICHT VERSUS DUNKELHEIT

Lasst uns unsere Aufmerksamkeit einem anderen Thema zuwenden: Der Weg des Lichtes gegenüber dem Weg der Dunkelheit. Der Unterschied zwischen diesen so grundsätzlich verschiedenen Wegen wird nur selten ganz verstanden, und wir sind der Meinung, dass hinsichtlich dessen, was diese zwei Pfade unterscheidet, ein elementarer Mangel an Klarheit, Wissen und Differenzierung besteht.

Lasst uns zuerst die Besonderheiten des Pfades der Dunkelheit erforschen. Im Allgemeinen ist ein Schüler des Okkulten von paranormalen und metaphysischen Phänomenen fasziniert und hat das Gefühl, dass es noch mehr im Leben gibt als nur das, was er mit seinen

Augen sieht und was mit den Händen greifbar ist. So beginnt diese Reise oft, ähnlich dem Beginn des Weges eines ernsthaft spirituell Suchenden nach dem göttlichen Licht. Von diesem Punkt an jedoch driften diese beiden Pfade schnell auseinander. Der okkulte Pfad wird von der Neugier am Unsichtbaren bestimmt, ohne Anerkennung der emotionalen, mentalen und physischen Unausgeglichenheit des Schülers und der Notwendigkeit seiner inneren Heilung. Oft ist die Aufmerksamkeit nur auf die Anhäufung von Wissen und die Erforschung der unsichtbaren Welten ausgerichtet. So wie alle Menschen, die sich nicht intensiv mit innerer Heilarbeit beschäftigt haben, ist der Anfänger vollkommen von seinem Ego geleitet, das von seinen Verletzungen geprägt ist und ihn veranlasst, als Schutz vor Schmerz und Leiden eine künstliche Persona aufzubauen. Auf Grund seiner Unbewusstheit seinem eigenen inneren Zustand gegenüber schreitet der Schüler auf seiner Reise fort, ohne sich der Liebe — dem Göttlichen, zu öffnen, und daher bleibt er auf der emotionalen und mentalen Ebene unausgeglichen und ungeheilt.

Während er weiter auf seinem Wege vorangeht, sind seine Motivationen noch vollkommen von seiner niederen, nicht geheilten Natur bestimmt, in der keine Weisheit zu finden ist. So wird dieser Schüler den dunklen Mächten leicht zum Opfer fallen, weil er sich mit seiner eigenen inneren Dunkelheit noch nicht auseinandergesetzt hat. Mit der Zeit wird das Ego noch dominanter werden, und seine vernachlässigten inneren Wunden werden eine umso perfektere Maske einfordern. Alles, was dieser Novize in Bezug auf metaphysische und spirituelle Gesetze studiert, wird einfach nur den unersättlichen Hunger seines Verstandes füttern und daher lediglich seine Maske stärken. Folglich wird seine Suche immer verzweifelter und wird stärker auf Macht ausgerichtet sein, um seine eigene Ohnmacht zu kompensieren und sein Herz bleibt verschlossen.

Einige Schüler entwickeln vielleicht sogar brillante Einsichten, doch ohne innere Heilung und Ausrichtung auf das Göttliche sind diese Ergebnisse lediglich sinnlose Verstandesakrobatik. In extremen Fällen enden Menschen, die diesem Weg folgen, als Opfer dunkler Mächte und befinden sich in einem sehr schlechten mentalen und emotionalen Zustand, oft verwirrt, drogenabhängig, unfähig, stabile, liebevolle Beziehungen zu haben, und sind im schlimmsten Fall dem Wahnsinn nahe und sterben früh. Wohingegen diejenigen, die dem Pfad des Lichtes mit Ausdauer und Geduld folgen und sich ihrer inneren Heilung widmen, ihre Konditionierungen Schicht für Schicht auflösen und ihre abgespaltenen Aspekte wieder integrieren, eine Ebene des inneren Friedens und Gleichgewichtes erreichen werden, die den Schülern des Okkulten für immer unbekannt bleiben wird.

Man könnte in der Tat sagen, dass ein Student des Okkulten seinem Ego dient, während ein Student des Lichtes seine inneren Wunden heilt und sein niederes Selbst dem göttlichen Willen übergibt. Wie Jesus schon sagte: „Dein, nicht mein Wille geschehe.". Im Gegensatz dazu ist das Motto der Okkultisten: „Tue, was du willst" (Auszug aus dem Thelema von Aleister Crowley). Der zweite Grundsatz führt zu innerer und äußerer Zerstörung. Der Pfad des Lichtes hingegen zeigt den Weg zu Freiheit und Heilung auf und beinhaltet den Schlüssel zum Mysterium des Lebens. Das ist der Pfad der Liebe, während der okkulte Pfad die Verbindung zur Liebe blockiert und nur auf die Befriedigung des Wissens und des Egos abzielt; dabei trägt der Aspirant weiterhin seine Maske und nährt somit lediglich seine niedere Natur. Der Hunger nach Macht kann zu wahrer Besessenheit führen und trotz aller Bemühungen und Rituale niemals gestillt werden. Der Student bleibt dann mit den grauenvollen Konsequenzen seines Verhaltens zurück: Kontrollzwang, Manipulation, Demütigung, strenge Hierarchie und Sarkasmus. Der Pfad der Liebe – 'Der Weg' – führt zu größerer Einheit, zur Gleichheit aller Wesen und zu absoluter Friedfertigkeit. Der Weg der Liebe führt zum Göttlichen, wo sich die wahre Macht befindet. Wenn das Ego durch Liebe, Heilung und Hingabe an das Göttliche gewandelt ist,

ist das Einssein mit Allem-Was-Ist erreicht. In dieser Einheit werden der menschliche Wille und der göttliche Willen zu einem, und Wunder können geschehen. Was immer der Aspirant sich wünscht Wirklichkeit zu werden, wird beginnen, sich zu manifestieren. Interessanterweise wird ein wahrer Diener des Lichtes nur wenige Wünsche haben. Daher wird das Göttliche seine seltenen Wünsche auch erfüllen. Denkt daran, ein Mann, der viele Wünsche hat, ist ein armer Mann. Ein Schüler, der auf das Göttliche ausgerichtet ist, hat gelernt zu vertrauen. Er geht im Vertrauen durch das Leben und weiß, dass das Göttliche ihm alles gibt was er wirklich braucht.

Seid in Bezug auf die Meister, denen ihr dient, wachsam. Seid euch darüber im Klaren, dass die Meister der Dunkelheit ihr wahres Gesicht zu Anfang nicht offenbaren. Sie erscheinen oft getarnt oder gar in Gestalt von Heiligen und Meistern. Deshalb lernt zu unterscheiden, denn das ist eins der wichtigsten Werkzeuge auf eurer Reise durch den Dschungel spiritueller Wahrheit, Halbwahrheiten und Versuchungen. Es gibt niemals etwas zu befürchten, nur mehr zu lernen und zu lieben. Letztlich dient die Dunkelheit dem Licht, wenn ihr eure Lektion gelernt habt.

Wir möchten euch ernsthaft bitten, dass ihr spirituelle Lehrer und ihre Lehren mit Vorsicht betrachtet. Wenn der Lehrer seinen Schülern keinen gründlichen, emotionalen Heilungsprozess ermöglicht, Abhängigkeit fördert und nicht auf der Wichtigkeit, das Herz für die Liebe zu öffnen und Liebe zu werden, besteht, seid achtsam und fragt im Innersten eurer Seele, ob dies der Pfad ist, dem ihr folgen möchtet. Dienen diese Lehren dem Ego, oder heilen sie euren Schatten? Befriedigen diese Ideen nur eure Neugier und den Hunger nach Wissen, oder nähren sie euer Herz und eure Seele? Die Dunkelheit will eure Macht und euren Gehorsam, während der Pfad des Lichtes zu emotionaler, mentaler und spiritueller Reife, wahrer Freiheit und innerem Frieden führt.

Wacht auf, ihr Menschen der Erde! Nur weil eine Gruppe sich

selbst spirituell nennt, heißt das nicht notwendigerweise, dass das die Wahrheit ist. Oder, nur weil jemand weiße Gewänder trägt und heilige Worte rezitiert, heißt das nicht, dass er ein Heiliger ist. Nutzt euer Herz, das mit wahrer Weisheit verbunden ist und sich unbehaglich fühlt, wenn die Wahrheit verbogen und missbraucht wird. Schult euch im Unterscheidungsvermögen und geht den Weg der Liebe. Nicht alles, was spirituell genannt wird, gehört wirklich zum Licht. Die spirituelle Szene ist bereits von den Kräften der Dunkelheit infiltriert, doch was für eine hervorragende Gelegenheit, Unterscheidung zu lernen, das doch ist! Es gibt niemals etwas zu befürchten, nur mehr zu lernen und zu lieben. Denkt daran, es sind nicht die heiligen Worte, die jemand rezitiert, die wichtig sind, sondern wie er sich verhält, wird euch sagen, wer er ist.

Die Dunkelheit bringt Überlegenheitsgefühl, Arroganz, Sarkasmus, Egozentrik, Eigensucht und Macht über andere, Manipulation und Kontrolle mit sich. Das Licht hingegen, führt euch zur Gleichheit aller Wesen, Gewaltlosigkeit, Frieden, Liebe und Einheit. Schaut euch die Eigenschaften an, die eine Lehre in euch hervorruft, und ihr werdet den Unterschied zwischen der Dunkelheit und dem göttlichen Licht leicht finden. Die treibende Kraft der Dunkelheit will das Ego erhalten und damit auch die Maske, die illusionär und künstlich ist, während das Licht die Wunden heilt, die das Ego erschaffen hat und den persönlichen Willen mit dem höheren Willen in Übereinstimmung bringt. Dies sind die spirituellen Grundlagen eines Schülers auf dem Pfad des Lichtes, und gleichzeitig die bedeutsamste Unterscheidung zwischen diesen beiden entgegen gesetzten Polen. Ohne emotionale Heilung wird die spirituelle Reise nicht zu innerer Freiheit führen, denn die Hauptmotivation bleibt unverändert, und das Ego bleibt bestimmend. Nur wenn eure Seele das Regiment über eure menschliche Persönlichkeit übernimmt und ihr euch mit eurem göttlichen Selbst in Übereinstimmung bringt, werdet ihr den Weg zu wahrer Freiheit finden.

The darkness invites superiority, arrogance, sarcasm, self-centredness and selfishness, power over others, manipulation and control. The light leads you to equality, harmlessness, peace, love and Oneness. Look at the attributes a teaching invokes in you and you will easily find the distinction between the darkness and the divine light. The darkness has its driving force in preserving the ego and therefore the mask, which is illusionary and artificial, whereas the light heals the wounds that create the ego personality and aligns the personal will with the higher will. These are the spiritual foundations for a disciple on the path of light and, at the same time, the most significant distinction between these two opposing poles. Without emotional healing, the spiritual journey will not lead to inner freedom, for your main motivation remains unchanged and the ego is left in charge. Only when your soul overtakes the governance of your human personality, and you align to your divine self, will you find the road to true freedom.

50

Vor und nach der Erleuchtung

Vor seiner Erleuchtung strebt der Mensch danach, etwas Besonderes zu sein – jemand von Bedeutung, wohingegen er nach der Erleuchtung damit zufrieden ist, niemand zu sein und es ihm genügt, einfach nur zu sein. Warum ist das so? Vor der Erleuchtung seid ihr in den Polaritäten der Dualität gefangen, während, wenn ihr erleuchtet seid, das Licht in euch sozusagen angeschaltet ist und ihr die Welt der Illusionen hinter euch gelassen habt – gewinnen und verlieren, richtig und falsch, gut und schlecht, Licht und Dunkelheit. Zum ersten Mal beginnt ihr, die 'wirkliche Welt' zu sehen und versteht, dass das, was ihr zu sein glaubtet, in Wahrheit nichts als eine von euch selbst erfundene Vorstellung war.

Euer spirituelles Ego hat sich danach gesehnt, jemand Besonderes zu sein, jemand Wichtiges. Dieses Sehnen danach, jemand Besonderes zu sein, zeigt euch in Wirklichkeit, dass ihr noch nicht zu Hause seid. Nur wenn alles Streben aufhört und ihr zufrieden damit seid, einfach nur zu sein – zu sein, was auch immer das Göttliche euch zu sein wünscht – seid ihr wahrhaft frei.

Geliebte, seid wie Ton in den Händen des Göttlichen und habt keine Angst nichts oder niemand zu sein, denn nur derjenige, der das Vertrauen und den Mut hat, nichts zu sein, kann in die 'wahre Welt' eintreten und beginnen, das heilige Mysterium der Schöpfung zu verstehen. Die meisten von euch sind voller Vorstellungen darüber, wer sie sind, und diese Konzepte stehen zwischen dem Göttlichen und euch und behindern eure wahre Heilung und Befreiung. Lasst alles los – alle Konzepte über euch selbst, den spirituellen Pfad, Gott und andere, und gebt euch der Liebe des Höchsten Wesens hin. Je größer und tiefer eure Hingabe ist, desto mehr Offenbarungen können euch gegeben werden. Nur durch direkte Erfahrung des Göttlichen kann die Wahrheit verstanden werden. Seid also wachsam, und beobachtet euer Streben danach, jemand Besonderes zu werden, denn das ist ein Zeichen für eure Unvollständigkeit und unterstreicht nur, dass ihr weiterhin im Getrenntsein verharrt. Wenn ihr inneren Frieden gefunden habt und mit dem Göttlichen Eins seid, gibt es keine Notwendigkeit mehr für Erklärungen Dann ist alles offenbart, und der Wunsch, jemand Besonderes zu sein schwindet für immer.

Das Erkennen eurer eigenen Göttlichkeit kann nur in einem Zustand absoluter Demut und durch göttliche Gnade erfolgen. Ihr könnt diesen Seinszustand von euch aus nicht nicht erreichen, egal wie lange ihr sitzt, betet und meditiert. Wirkliche Erleuchtung kann nur gegeben werden, wenn die Seele bereit ist, alle Ängste und Konzepte loszulassen und unverhüllt ins Unbekannte zu gehen, ohne die Krücke erlernten Wissens, in vollkommenem Vertrauen und Ehrlichkeit, bereit, in die Leere einzutreten. Wenn ihr wirklich in die Leere, in das Unbekannte geht – wo kein Boden mehr unter euren Füßen ist, keine Wände zum Anlehnen, kein Licht, keine Form, keine Gewissheit, gar nichts – dann kann die Quelle euch heimholen. Dies ist der bedeutsamste Schritt auf eurer spirituellen Reise, und der darauf folgende Friede, den derjenige empfängt, der sich vollkommen hingegeben hat, ist unmöglich mit menschlichen Worten zu beschreiben.

Habt den Mut, dem Göttlichen alles, was ihr zu sein glaubt, zu übergeben, jedes bisschen Egozentrik und jedes Sich-selbst-wichtig-nehmen. Legt es auf den Altar eures Herzens und übergebt es der Quelle. Nur wenn ihr Raum schafft – den ganzen Raum – für Gott, kann Gott euch erfüllen. Wenn ihr schon voll seid, kann Gott euch nicht füllen. So einfach ist das. Gott kann euch nicht gebrauchen, solange ihr euch nicht ganz leer gemacht habt, solange nicht der letzte Rest eurer Angst transformiert worden ist, und alle eure Vorstellungen sich in göttlicher Liebe aufgelöst haben. Eure absolute Hingabe ist der Schlüssel. Der Schmerz, den ihr während des Loslassens erfahrt, kann wie ein alchemistischer Prozess der Reinigung eures Herzens und eurer Seele verstanden werden, der euch von aller Illusion befreit, und es zulässt, dass ihr vom Göttlichen heimgeholt werdet. Es gibt keinen anderen Weg. Jede Spur eures alten Ego verhindert, dass das Göttliche ganz durch euch wirken kann.

51

DAS GLEICHGEWICHT VON MÄNNLICHEN UND WEIBLICHEN ENERGIEN

Ihr Lieben, wir möchten unsere Aufmerksamkeit einem weiteren sehr wichtigen Thema zuwenden – dem inneren Gleichgewicht zwischen männlichen und weiblichen Energien, da die Bedeutung der Balance dieser Kräfte nicht bekannt genug ist. Um euer Verständnis zu vertiefen, möchten wir mit einer Geschichtslektion über eine Zeit auf Erden beginnen, von der alle Aufzeichnungen verloren gegangen sind.

Der große Kontinent von Atlantis hat tatsächlich existiert und ist nicht nur eine Legende. Die Zivilisation, die dort gelebt hat, war in der Entwicklung und dem Gebrauch von übernatürlichen Kräften und Technologie euch weit überlegen. Wie alle Zivilisationen erlebte Atlantis einen Aufstieg, Höhepunkt und dann den Verfall seiner Kultur. Wir wollen genauer den Fall von Atlantis betrachten und besonders die Entwicklungen in den nächsten Tausenden von Jahren, die dem Zusammenbruch folgten.

Man kann sagen, dass der Fall von Atlantis weitgehend auf den dominierenden Gebrauch der außerordentlichen geistigen Fähigkeiten seiner Bewohner, wie auch auf den Missbrauch ihrer hoch entwickelten übersinnlichen Fähigkeiten zurückzuführen ist, mit anderen Worten, auf den Gebrauch ihrer männlichen Energien. Durch den einseitigen Gebrauch dieser Energien und den daraus resultierenden Missbrauch waren die Atlanter im Begriff den ganzen Planeten zu zerstören, und es wurde beschlossen, dass diese Zivilisation nicht weiter existieren durfte. Die dramatischen Konsequenzen des Falls von Atlantis werden in der Bibel und in anderen antiken Schriften als die Sintflut dargestellt. Nur wenige Menschen haben überlebt, die meisten von ihnen hochstehende Eingeweihte, deren Warnungen vor der herannahenden Zerstörung ignoriert worden waren. Sie waren machtlos und es standen ihnen keinerlei Mittel zur Verfügung, das herannahende Unglück abzuwenden, und mit abgrundtiefer Traurigkeit mussten sie mit ansehen, wie ihre ganze Zivilisation verschwand. Diese Überlebenden sind in entfernte Länder wie das heutige Ägypten, Tibet und Südamerika gegangen, wo sie begannen, die Ureinwohner, die ein einfaches Stammesleben führten, zu unterrichten.

Als diese Überlebenden die Gründe für den Untergang von Atlantis analysierten, erkannten sie, dass die einseitig männliche Orientierung und der Missbrauch der übersinnlichen Kräfte der Hauptgrund für den Zusammenbruch ihrer Zivilisation war. Um zu vermeiden, denselben Fehler noch einmal zu begehen, begannen sie die Göttin und Frauen ganz allgemein und insbesondere Mutter Erde zu verehren. Zu jener Zeit wurden Frauen als heilig und machtvoll wahrgenommen, denn durch ihre starke Herzensverbindung konnten sie direkten Kontakt zum Göttlichen herstellen. Außerdem hatten sie die Gabe, neues Leben in diese Welt zu bringen und auch die machtvollen männlichen sexuellen Wünsche zu befriedigen.

In den ersten Jahrhunderten, die auf Atlantis folgten, brachte die Verehrung der göttlichen Weiblichkeit großen Segen hervor, und die neuen Zivilisationen erblühten. Die Menschen führten ein einfaches, aber sehr zufriedenes Leben in Harmonie, gegenseitigem Respekt und Liebe und in Verbindung mit dem Göttlichen, und nur wenig von der früher hoch entwickelten Technologie blieb übrig. Diese Zeit wurde das Goldene Zeitalter genannt. Leider ging die ursprüngliche Absicht, den weiblichen Aspekt zu verehren, um das Ungleichgewicht der männlichen Dominanz auszugleichen, im Laufe der folgenden Jahrtausende verloren, und die Gesellschaft wurde vom Weiblichen dominiert, was schließlich in eine totale Herrschaft über alle Männer führte. Das ging tatsächlich so weit, dass Männer nicht mehr als gleichwertige menschliche Wesen betrachtet wurden. Sie wurden im Vergleich zu Frauen als minderwertig angesehen und auf die Stufe eines Untermenschen degradiert. Sie waren nur zu dem Zweck da, sexuelles Vergnügen zu schenken, die Fortpflanzung der Rasse sicher zu stellen und, auf Grund ihrer körperlichen Stärke, als Arbeitskraft zu dienen. Das Weibliche wurde als ihnen überlegen betrachtet.

Im Laufe der letzten Jahrtausende, während der die Männer sich als den Frauen überlegen empfunden haben, habt ihr ganz deutlich die Umkehrung dieser Geschichte erlebt. Die Tatsache, dass eure Welt sich im Chaos befindet und am Rande eines globalen Selbstmordes, demonstriert sichtbar die gefährlichen Konsequenzen einer Gesellschaft, die vorwiegend männlich orientiert ist. Das sind die karmischen Konsequenzen eines Missbrauchs von vor so langer Zeit, von der es nicht einmal mehr Zeugnisse gibt. Alles was aus dem Gleichgewicht geraten ist, muss im Laufe der Zeit wieder ausgeglichen werden. Das ist kosmisches Gesetz.

Lasst uns in die antike Zeit zurück kehren, als die Göttin verehrt wurde. Nach einigen tausend Jahren war das Pendel zur anderen Seite ausgeschlagen und eine Revolution der Männer begann, denn sie hatten genug Ungerechtigkeit, Unterdrückung und Unterwerfung erlebt, und sie forderten gleiche Rechte. Doch die Frauen waren an ihre Macht gewöhnt und wollten ihre überlegene Position nicht aufgeben. Korruption und Machtmissbrauch hatten alle Institutionen ihrer Gesellschaft durchdrungen, einschließlich der spirituellen Führung der Mysterienschulen. Zu dieser Zeit glaubten die Menschen, dass nur eine Frau – eine Priesterin – sich mit dem Göttlichen verbinden könnte. Sogar die Priester der seltenen Tempel der Bruderschaft waren von dieser Theorie überzeugt. Die Revolution begann in dieser Priesterschaft, drang in alle Ebenen der Gesellschaft vor, und schließlich war die Mehrzahl der Männer daran beteiligt. Die Zerstörung der Tempel der Göttin und letztlich auch der Sturz des Matriarchats erfolgten mit brutaler Gewalt. Nach großer Zerstörung und Chaos übernahm die männliche Priesterschaft die Herrschaft.

Doch die Priester hatten ihre eigene innere weibliche Seite und demzufolge ihr Herz nicht entwickelt und waren daher nicht in der Lage, sich direkt mit dem Göttlichen zu verbinden. Sie benötigten tatsächlich die Unterstützung der Frauen, und folglich wurde die Institution der Tempel Priesterinnen oder Tempel Huren eingerichtet, um den Priestern und Männern der regierenden Elite die Verbindung zum Göttlichen zu ermöglichen. Diese indirekte Form des Kontaktes zum Göttlichen wurde mit Hilfe der sexuellen Vereinigung ermöglicht. Die Priesterin verband sich während des sexuellen Aktes durch ihr Höheres Selbst mit dem Göttlichen und übertrug so die herabströmende spirituelle Energie auf den Mann. Mehrere Tausend Jahre lang wurden diese Rituale in vielen Kulturen als 'indirekte Möglichkeit' die Göttin zu verehren ausgeführt.

So begann der Missbrauch von Frauen und damit einhergehend ein bedeutender Niedergang des kollektiven Bewusstseins. Diese Praktiken beruhten auf der falschen Annahme, dass nur eine Frau direkten Kontakt zum Göttlichen haben kann, was nicht der Wahrheit entspricht. Die Wahrheit ist, dass der weibliche Aspekt eines Mannes oder einer Frau, physisch durch das Herz repräsentiert, sich mit dem Göttlichen verbinden kann. Dieses grundlegende Missverständnis beeinflusste alle Kulturen und schließlich auch alle Religionen, die auf diesem falschen Glauben basierten. Tausende Jahre später war der Kult der Göttin vollkommen erloschen, und die vorwiegend männlich orientierten Religionen und Regierungen, die das Leben auf der Erde auch heute noch bestimmen, wurden zum stärksten Einflussfaktor im Bewusstsein der breiten Masse.

In einigen alten Prophezeiungen wird gesagt, dass jetzt die Zeit der Rückkehr der Göttin gekommen sei. Das ist tatsächlich wahr, aber nicht, um eine am Rande einer globalen Zerstörung befindliche einseitig maskulin orientierten Gesellschaft zu einer einseitig femininen Gesellschaft zurück zu verwandeln. Die Göttin kehrt zurück, um das fehlende Gleichgewicht wieder herzustellen. Die Fehler der Vergangenheit zu wiederholen macht wenig Sinn. Die Geschichte hat gezeigt, dass Zivilisationen nur dann erblühten, wenn die männlichen und weiblichen Energien ihrer Bevölkerung, der herrschenden Klasse und der Priesterschaft im Gleichgewicht waren. Jegliches Ungleichgewicht der einen oder anderen Seite führt immer zu Zerstörung, Sklaverei, Erniedrigung, Ungerechtigkeit und schließlich zum Untergang. Wir möchten, dass ihr aus der Geschichte lernt und ihre unerlässlichen Lektionen verstehen lernt.

In jedem Menschen lebt eine weibliche und eine männliche Seite, und beide Aspekte müssen entwickelt und ausgeglichen werden, damit ein Mensch sein volles Potential erreichen und sich mit dem Göttlichen verbinden kann. Wenn jemand nur weiblich orientiert ist, wird dessen Leben und Spiritualität nicht geerdet sein. Wenn auf der anderen Seite euer maskuliner Aspekt zu dominant ist, besteht die Gefahr, dass die spirituellen Lehren lediglich mit dem Verstand aufgenommen werden, ohne angemessene innere Transformation und dementsprechende Handlungen. Dann werdet ihr jemand, der über spirituelles Wissen redet, weil er es intellektuell verstanden, es sich aber nicht zu eigen gemacht hat, indem er lebt, was er glaubt. So borgt ihr euch in der Tat nur die Worte anderer, die innere Freiheit gefunden haben, aber bleibt weiterhin Sklave eures Verstandes.

Ein jeder Mensch muss tief nach innen gehen, das Ungleichgewicht zwischen seinen männlichen und weiblichen Energien untersuchen, und daran arbeiten beide Seiten zu entwickeln, um sie in eine gesunde Balance zu bringen. Das spirituelle Herz ist die Tür zum Göttlichen, repräsentiert aber auch eure weibliche Seite — empfängt Weisheit und Inspiration, während euer männlicher Aspekt die Eingebungen der weiblichen Seite in der äußeren Welt manifest, und dazu beiträgt euer Leben der inneren Führung des Herzens gemäß zu leben. Das Männliche und das Weibliche brauchen einander. Nur indem sie harmonisch zusammen arbeiten, kann eure Zivilisation den Sprung in das nächste Goldene Zeitalter machen.

In allen Männern und Frauen, die heute inkarniert sind, leben noch die Überreste und Erinnerungen einer lang vergessenen Vergangenheit. In manchen Frauen kann das in Bezug auf die Sexualität Männern gegenüber, eine Form von Ablehnung annehmen, weil diese Frauen die nicht erlösten schmerzlichen Erinnerungen eines Lebens als Tempelhure oder Erfahrungen absoluter Unterwerfung ohne Rechte in sich tragen. Umgekehrt tragen einige, insbesondere sehr maskulin orientierte Männer, unbewusst einen tief sitzenden Argwohn Frauen gegenüber in sich, denn alle ihre Zellen erinnern sich noch an die letzte Phase des Matriarchats, als Männer extreme Ungerechtigkeit und Schmerzen erfuhren. Diese Männer finden es schwierig, ihr Herz wirklich zu öffnen und einer Frau zu vertrauen. Sie müssen in allen Beziehungen die Kontrolle behalten, entweder indem sie emotional nicht zur Verfügung stehen oder verletzend sind, und sie erniedrigen ihre Partner aus Angst, Macht zu verlieren.

Es wird Zeit, dass diese tiefen Wunden zwischen Männern und Frauen zu heilen beginnen, und dass jeder Mensch seine männlichen und weiblichen Energien im Inneren ins Gleichgewicht bringt. Nur dann kann das äußere Gleichgewicht in eurer Gesellschaft, in euren Regierungen, Kirchen, Tempeln und in der Geschäftswelt erreicht werden. Wie immer beginnt alles im Inneren. Das ist das heilige Prinzip der Spirale, des alten Symbols der Göttin und der Göttlichen Mutter. Glaubt nicht, dass die Göttin in erster Linie weiblich ist. Nichts könnte weiter von der Wahrheit entfernt sein. Die Göttin drückt sich vielleicht durch weibliche Eigenschaften und eine weibliche Form aus, doch das Männliche und das Weibliche in ihr sind in vollkommenem Gleichgewicht. Viele der antiken Kulturen und ihre religiösen Lehrer waren sich dieser Tatsache durchaus bewusst. Ihr müsst euch nur die Göttin Kali anschauen, die in der hinduistischen Kultur den Aspekt des Zerstörers aller Illusionen darstellt. Dieser Aspekt der Zerstörung würde normalerweise im Westen als rein männlich klassifiziert werden.

Die Göttin kehrt zurück, doch sie kommt in vollkommenem Gleichgewicht und bringt alle ihre Aspekte mit sich, wie beispielsweise: die Nährende, Geduld, Liebe, Mitgefühl, Weisheit, die Erhaltende, Sinnlichkeit – und auch die Zerstörung aller Illusionen. Sie lehrt euch alle euer Potential zu entwickeln und jedwedes innere Ungleichgewicht auszugleichen. Respektiert eure Unterschiede, seht das Schöne in diesen Unterschieden und helft einander zu wachsen, um wahrhaft ganz zu werden. Ein ganzes Wesen ist jemand, der alle vier Körper geheilt und gemeistert hat, die inneren weiblichen und männlichen Aspekte ausgeglichen und verschiedene spirituelle Einweihungen durchlaufen hat, um in seinem wahren, strahlenden Licht zu stehen. Entwickelt Verständnis, wenn ihr jemanden auf eine nicht weise oder sogar verletzende Art handeln seht, unabhängig davon, ob dieses Verhalten vorwiegend von männlichen oder weiblichen Aspekten beeinflusst ist. Wisst, dass dieses Verhalten, das oftmals Disharmonie mit sich bringt, von großem Schmerz und Angst ausgelöst ist, die aus ungeheilten Erinnerungen aus der Vergangenheit stammen und immer noch in ihrem Unterbewusstsein lagern. Verurteilt andere nicht; helft ihnen stattdessen durch Verständnis und Liebe heil zu werden. Liebe ist der große Heiler. Ihr seid diese Liebe.

Das Ziel eines jeden Menschen, egal, ob er in einem männlichen oder weiblichen Körper inkarniert ist, ist es, innerlich vollkommen in die Balance zu kommen, Übereinstimmung mit dem Göttlichen zu erreichen und fest mit der Erde verbunden zu sein. Nur dann wird das versprochene Goldene Zeitalter voll erblühen, und Frieden, Verständnis, wahrer Respekt und Vergebung werden allen Männern und Frauen auf der Erde zuteil.

52

DER GROßE WANDEL

Vor mehr als einem Jahrzehnt kam das Jahr 2012 in den Fokus weltweiter Aufmerksamkeit als das Jahr des prophezeiten weltweiten Wandels, da der Kalender der Mayas mit dem 21.12.2012 endete. Viele von euch waren enttäuscht, da sich anscheinend keine größeren sichtbaren Änderungen ereigneten. Jedoch war weisen Männern und Frauen klar, dass eines oder sogar mehrere Jahrzehnte für eine Veränderung in dieser Größenordnung notwendig sein würden. Dieser Wandel kann mit der Geburt eines Kindes verglichen werden, bei der die Mutter durch schmerzhafte Wehen hindurchgehen muss, bis sie und das Kind für die Geburt bereit sind. Dasselbe gilt für alle Veränderungen, die auf dem Planeten Erde sich vollziehen. Ihr seid inmitten der Wehen der Geburt einer neuen Welt. Ihr erlebt Chaos, Unsicherheit, wie über ganze Nationen ein kollektiver Schatten sich senkt, ebenso wie auch euer eigener Schatten für euch sichtbar wird. Manche Urvölker und die alten Prophezeiungen sprechen von solch einer speziellen Zeit. Die Bezeichnungen, mit denen dieses Geschehen beschrieben wird, spielen keine Rolle; sie variieren ja nach Kultur und Zeitrahmen, in dem es sich ereignet. Was jedoch all diese Prophezeiungen gemeinsam haben, ist, dass sie eine Umwälzung beschreiben, die das Gesicht der Menschheit und der Erde für immer verändert.

Es ist nicht erheblich, ob ihr diese Zeit die „Wiederkehr Christi", die „Wiedergeburt von Lord Maitreya, das „Kommen des Messias", das „Ende der Zeit" oder sonst wie nennt. Wichtig ist, dass es über hunderte, manchmal tausende von Jahren hinweg ein gemeinsames Gefühl in den Herzen von Weisen und Propheten auf der ganzen Welt gegeben hat, dass diese Ereignisse kommen werden. Diese Propheten stimmten alle darin überein, dass etwa zur gleichen Zeit ein umwerfendes Ereignis die Menschheit und den Planeten Erde verändern werde.

Lasst uns diese Veränderungen und die eigentlichen Ursache dafür genauer anschauen. Veränderung ist nichts Neues, und der Planet Erde ist seit seiner Entstehung durch unzählige Transformationen gegangen, und das wird er auch weiterhin. Doch ihr seid Teilnehmer und Zeugen einer der größten und einmaligen Transformationen, die ein Planet je erfahren hat, und genau das ist der Grund dafür, warum ihr alle hier seid. Einige sagen, dass die Erde sich in ein anderes Frequenzspektrum hinein bewegt, in die volle Übereinstimmung mit dem galaktischen Kern, mit dem Zentrum der Galaxie. Andere sehen die Zunahme der Stärke der Sonneneruptionen als möglichen Grund gewaltiger Auswirkungen auf die Erde, und es gibt noch viele weitere Theorien zu diesem Thema.

Wir möchten auf diese Art von Diskussion nicht weiter eingehen, sondern euch lediglich wissen lassen, dass die Erde, so wie ihr sie kennt, und auch ihr Menschen, vollkommen transformiert werdet. Im Laufe dieses Buches haben wir erklärt, dass eine Neue Erde in Erscheinung treten wird, und wir haben auch erwähnt, dass ihr nichts mit in diese neue Welt hinein nehmen könnt, das nicht Liebe, Frieden und Wahrheit ist. Mit unseren Lehren haben wir uns bemüht, euch auf diese Ereignisse, die schon begonnen haben, vorzubereiten, indem wir verschiedene Themen mit den einfachsten Begriffen erklärt haben, um euer Verständnis der vor euch liegenden massiven Transformationen zu vertiefen. Die Menschheit empfängt sozusagen eine neue Programmierung, die sich auf die Art und Weise, wie ihr euch selbst, die anderen und die Welt wahrnehmt, auswirken wird. Alte, begrenzte Wahrnehmungen werden einfach wegfallen, und nach einer Phase von innerem und äußerem Chaos, werdet ihr euch an diese neue Art zu sein anpassen und in tieferer Verbindung mit eurem Schöpfer leben.

Wir haben versucht, euch zu erklären, wer wir sind, doch wir spüren noch, dass es einigen von euch immer noch schwerfällt, die Wahrheit über unsere Identität zu begreifen. Nennt uns daher, um die Sache zu vereinfachen, Liebe. Unsere Kommunikation mit euch hat nur den einen Sinn, euch zu eurer wahren göttlichen Natur zu erwecken und euch auf den bevorstehenden Wandel vorzubereiten. Euer Planet erfährt eine massive Transformation, die durch die Zunahme der Anzahl der Erdbeben, Tzunamis und Vulkanausbrüche noch sichtbarer wird.

Mutter Erde befreit sich von allen Wundmalen und Verletzungen, die die Menschen durch die Verleugnung ihrer göttlichen Natur und durch ihr Unwissen vom universellen Gesetz der Einheit aller Wesen, hinterlassen haben. Diese Art unentwickelten Bewusstseins drückt sich durch Krieg, Gier, Machtmissbrauch, Horten, Lügen, Unterdrückung, Kontrolle und Manipulation anderer aus und ebenso durch die totale Ausbeutung dieses wunderschönen Planeten.

Die Erde ist ein lebendiges Wesen – sie ist ein Ausdruck göttlichen Bewusstseins, genauso wie ihr es seid. Stellt euch vor, jemand reißt eure Organe heraus, zerstört euren Blutstrom, zieht eure Haut ab, reißt eure Augen raus, hackt euch die Gliedmaßen ab und tut noch Schlimmeres. Genau das ist es, was ihr Menschen der Erde antut.

Um nur ein Beispiel zu nehmen: Der Abbau wertvoller Metalle, Öl- und Gasbohrungen, die Verschmutzung der Luft, des Wassers und des Bodens zerstören die lebensnotwendigen Funktionen eurer Mutter. Jedes dieser Metalle, jeder Kristall und alle Kohlenschichten, Öl und Gas haben innerhalb des Körpers von Mutter Erde eine bestimmte Funktion, ähnlich den Organen in eurem physischen Körper, eurem Lymphsystem und der Blutzirkulation, die sicherstellen, dass euer Körper richtig funktioniert. Eure Umwelt ist so stark verschmutzt, dass es sich bereits auf alle Lebensformen auf eurem Planeten auswirkt. Glaubt ihr wirklich, dass das zunehmende Ausmaß von Krankheiten wie Krebs keinen Bezug zu eurer inneren und äußeren Verschmutzung hat? Mit dem Begriff 'innere Verschmutzung', beziehen wir uns auf die Verschmutzung eures Geistes und eurer emotionalen Bereiche. Die äußere Verschmutzung eurer Umgebung hängt unmittelbar mit eurer inneren Verschmutzung zusammen. Eure Umweltzerstörung ist tatsächlich eine direkte Konsequenz und äußere Manifestation eurer Verschmutzung im Inneren.

Die Erde ist in einer solch verzweifelten Situation, dass sie handeln muss, um zu überleben. Nur wenige von euch können sich die endlose Geduld und die bedingungslose Liebe, die Mutter Gaia für ihre Kinder hat, vorstellen. Doch sie ist an einen Punkt angelangt, an dem sie handeln muss. Sie hat bereits begonnen sich von den Spuren der Geschichte der Gewalt, des Krieges, der Habgier, der Missachtung, des Verrats und der Selbstbezogenheit zu befreien, die ihr in die verschiedenen Schichten der Erde eingeschrieben habt. Die Erde ist ein Informationsspeicher, ähnlich wie eine Computerfestplatte, die Erinnerungen aufbewahrt. Mit unendlicher Güte und göttlicher

Geduld hat die Erde diese Handlungen eures niederen Bewusstseins seit Äonen erduldet und zugelassen. Jetzt ist ihre Geduld zu Ende und sie befreit sich selbst von diesen dunklen Energien.

Ihr könntet den Vergleich mit einer ernsthaften Krankheit, wie z. B. Krebs heranziehen, die sich jetzt auf ihr allgemeines Wohlbefinden auswirkt. Was würdet ihr tun, wenn ihr die Diagnose Krebs erhalten würdet? Würdet ihr nicht auch versuchen, die effektivste Behandlung zu finden, um diese Krankheit zu heilen, um zu überleben? Genau das ist es, was Mutter Erde tut: Sie reinigt sich selbst. Dieser Reinigungsprozess findet seinen äußeren Ausdruck in Form von großen Erdbeben, Tzunamis, Vulkanausbrüchen und anderen Störungen. Im Allgemeinen interpretieren die Menschen diese Ereignisse als ‚Katastrophe'. Doch aus einer höheren Sicht des Bewusstseins ist dies ein Heilungsprozess, und die Art und Weise, wie ihr lebt und wie ihr diesen heiligen Planeten behandelt, ist die wahre Katastrophe.

Auf welche Weise sich dieser Heilungsprozess von Mutter Erde abspielen wird, hat sehr viel mit euch zu tun. Während der letzten Jahrzehnte hat es viele Warnungen gegeben, die von der regierenden Elite eures Planeten heruntergespielt oder einfach ignoriert wurden. Ihr erlebt gerade die schrecklichen Konsequenzen dessen, was geschehen kann, wenn ihr nicht auf die Warnungen der Wissenschaftler, Umweltgruppen und Stammesältesten hört, die diese Unglücke schon lange vorausgesagt und prophezeit haben.

Es bleibt nicht mehr viel Zeit, um die Entwicklung ähnlicher Ereignisse an anderen Orten auf dem Globus zu verhindern. Ihr müsst erkennen, dass ihr immer noch die Wahl habt. Steht auf für ein Ende der Ausbeutung und Verschmutzung eurer heiligen Mutter. Wenn das geschehen würde, würden die Auswirkungen der Veränderungen auf der Erdoberfläche und in ihrem Inneren weniger traumatische Ausmaße annehmen. Außer der Heilung und Wiederherstellung der heiligen und lebenswichtigen Funktionen von Mutter Erde gibt es noch einen anderen Grund für diese Reinigung, und der ist spiritueller Natur. Mutter Erde transformiert sich selbst und bringt sich mit dem galaktischen Zentrum eurer Galaxie in Übereinstimmung, was eine dramatische Erhöhung ihrer Frequenz beinhaltet.

Mutter Erde geht ungeachtet eurer fortdauernden Ausbeutung durch diese Transformation. Eure Handlungen bestimmen nur die Auswirkungen, die diese Veränderungen auf euch haben werden. Ihr müsst verstehen, dass es in jedem Moment der Zeit vielfältige Möglichkeiten einer Zukunftsentwicklung gibt. Das kann mit einer großen Auswahl euch zur Verfügung stehenden Fernsehsendern verglichen werden. Zum Beispiel: Ihr seht Fernsehen, und je nachdem, welchen Sender ihr wählt, habt ihr eine andere Szene auf dem Bildschirm. Die Auswahl eures Senders steht in direktem Zusammenhang eurer Bewußtseinsfrequenz. Wenn ihr euch dafür entscheidet Liebe zu sein, respektvoll euch selbst, anderen und der Erde gegenüber, und Wohlwollen, Frieden und Wahrheit zum Ausdruck bringt, dann werden sich die dadurch evozierten äußeren Ereignisse sehr von dem unterscheiden, was passieren wird, wenn ihr euch für Egozentrik und Gedanken der Trennung und Angst entscheidet und euer Herz verschlossen bleibt.

Ihr könnt diese heilige Transformation nicht aufhalten, doch eure individuellen Entscheidungen werden die Auswirkungen der Veränderungen auf die Menschheit bestimmen. Indem zur Liebe werdet und die wahren Tugenden des Lebens lebt, könnt ihr immer noch ein weniger dramatisches Szenario wählen. Diese Tugenden sind Wahrheit, Liebe, Frieden, Mitgefühl, Freundlichkeit, Geduld, Integrität, Vergebung, Wohlwollen und Teilen. Das könnt ihr auch Bewusstsein der Einheit nennen.

All die Unglücke, die schon geschehen sind, können als Weckruf an die Menschheit verstanden werden, ein Ruf zur Öffnung eurer Herzen und die Erkenntnis, dass niemand die Erde ohne ernsthafte Konsequenzen für immer missbrauchen kann. Das bringt euch, dem, was ihr wirklich seid, womöglich sogar näher, sodass ihr versteht, dass ihr alle Eins seid – ein Bewusstsein, ein Wesen mit unterschiedlichen Erscheinungen. Ihr erkennt jetzt vielleicht, dass wenn jemand in einem anderen Teil der Welt leidet, ihr alle leidet, und dass ihr eure helfenden Hände ausstrecken oder wenigstens zum Gebet falten solltet, wenn ihr nicht in der Lage seid direkt helfen zu können.

Nicht nur die Erde geht durch diesen Prozess der Heilung und Reinigung, der einen Dimensionswechsel bedeutet – eine Bewusstseinsveränderung – auch ihr Menschen erlebt diese Transformation. Dieses ganze Buch, sowie auch andere, ist dazu da, um euch auf diese Ereignisse vorzubereiten. Es erscheint ein neues Licht auf der Erde, das so außergewöhnlich ist, dass niemals zuvor in der Menschheitsgeschichte irgendetwas Gleichartiges geschehen ist. Die allmächtige Präsenz des Göttlichen erscheint auf der Erde, um ein Licht zu bringen, das heller ist als Millionen von Sonnen und löst die Illusionen auf, die euch seit Äonen in ihrem Bann gehalten haben. Das menschliche Vorstellungsvermögen reicht nicht aus, sich die Größe dessen vorzustellen, was sich allmählich entfaltet. Alle Regierungen, die die Wahrheit verbiegen, alle Systeme, die die Menschheit versklaven, alle Manipulation, Lügen und Kontrollen werden fallen. Nichts, was nicht im Frieden ist und in Übereinstimmung mit der Wahrheit und der Liebe, kann dem Licht des Göttlichen standhalten.

Doch die Zerstörung der alten Lügengewebe ist nur ein Aspekt dieser sich entfaltenden Ereignisse. Es gibt noch eine andere, wesentlich angenehmere Facette, nämlich, dass die gesamte Menschheit in das göttliche Licht getaucht wird, sodass ihr Bewusstsein auf eine Weise erweitert, die sich nur wenige vorstellen können. Für viele von euch wird es sich anfühlen, als ob ihr aus einem sehr langen Traum erwacht – aus einem Albtraum. Anfangs wird euch das noch unvertraut erscheinen und es wird Zeit brauchen, bis ihr euch an eure neue Lebensweise gewöhnt. Ihr könnt euch aber darauf verlassen, dass euch bei jedem Schritt auf dem Wege geholfen wird. Wisst, dass ihr nicht allein seid.

Bitte habt keine Angst vor diesen Geschehnissen. Versteht sie in dem großen Zusammenhang, erkennt, dass es die reinste Essenz der Liebe ist, die sich aus dem Herzen Gottes direkt auf euch scheint. Das Ergebnis dieser Transformation wird so wunderbar sein, dass es fast unvorstellbar ist.

Wir möchten gern ein paar weitere Gedanken hinsichtlich des Zeitrahmens dieser Veränderung hinzufügen. Genauere Zeitangaben bei diesen Voraussagen sollten nicht zu wörtlich genommen werden. Es gibt ganz bestimmt einen ungeheuren Zustrom von Licht, und in dieser besonderen Zeit öffnen sich Portale und höhere Frequenzen überfluten den Planeten Erde. Das wird anfangs sowohl die feineren Ebenen des individuellen Bewusstseins, als auch die feineren Schichten von Mutter Erde beeinflussen. Die Auswirkungen dieser höheren Energien werden sich zu gegebener Zeit auf der Erde manifestieren.

Wartet also nicht darauf, dass plötzlich eine Welt des Friedens erscheint, noch auf die totale Zerstörung der Erde zu einem bestimmten Zeitpunkt. Alles ist ein Prozess und braucht seine Zeit, besonders in der dritten Dimension. Menschen werden diese Ereignisse abhängig von ihrer Bewusstseinsebene und dem Ausmaß ihrer inneren Heilung auch sehr unterschiedlich wahrnehmen. Für einige werden sie eine unglaubliche spirituelle Öffnung bringen, während die Zunahme höherer Frequenzen bei anderen, die ihre spirituelle Reise noch nicht begonnen haben, erst einmal deren Schattenaspekte an die Oberfläche bringt. Diese Wirkung sollte nicht als Bestrafung aufgefasst werden, sondern als eine Möglichkeit, sich damit zu konfrontieren, was so lange ungeheilt im eigenen Unterbewusstsein geschlummert hat.

Die beste Möglichkeit, sich auf diese Zeit vorzubereiten, ist, aus eurem Herzen heraus zu leben. Seid Liebe und seid Frieden, sprecht die Wahrheit und überlasst dem Göttlichen den Rest. Wisst, dass ihr geliebt seid.

53

WIR SIND LIEBE

Ihr Lieben, wir bemühen uns nun ein letzten Mal, euch wissen zu lassen, wer wir sind, um es einfacher und verständlicher zu machen für diejenigen unter euch, die es immer noch schwierig finden zu verstehen, wer zu euch spricht. Wisst, dass wir der Eine sind, Der Alles ist was Ist. Wir sind Das Formlose, das alle Form gebiert – wir sind Der Namenlose Eine, der, euch allen eure Namen gab. Wir sind das Nichts, das allem und jedem das Leben gegeben hat. Wir sind das Eine, das niemals geboren wurde und niemals sterben kann.

Im Laufe von Äonen der Schöpfung habt ihr uns viele Namen gegeben, und diese Namen haben sich verändert, während euer Bewusstsein aufgestiegen oder gefallen ist. Auf diesem Planeten, sowie in der gesamten Schöpfung, folgt das Bewusstsein immer dem Muster von Auf- und Abstieg, sowie auch eure Atmung – das Ausatmen folgt dem Einatmen. Ihr zieht die Lebenskraft mit dem Einatmen nach innen und entlasst sie, wenn ihr ausatmet. Diese Wellen des Bewusstseins – die Höhen und Tiefen – erschaffen das göttliche Spiel, den göttlichen Tanz zwischen dem Schatten und dem Licht, der auch Lila oder Maya genannt wird, das Spiel der Illusion.

Habt keine Angst vor dem Tanz des Schattens in eurem Inneren oder vor der Dunkelheit im Äußeren, aber habt auch keine Angst vor der Größe eures eigenen Lichtes – das heller ist, als das Licht von Millionen von Sonnen – und euch nach Hause ruft. Nehmt alles an, sowohl im Inneren, als auch im Äußeren. Wisst, dass es keinen Ort gibt, an den ihr gehen müsst, außer in euer eigenes Herz. Alle Antworten, nach denen ihr verzweifelt sucht, stehen hier in goldenen Buchstaben der heiligen Sprache der Liebe geschrieben und haben dort seit Äonen auf euch gewartet. Nur die Liebe kann ihre Bedeutung entschlüsseln.

Versteht, dass wir keinen Namen brauchen. Unser einziger Wunsch ist, dass ihr versteht, dass ihr Liebe seid, und die Liebe die höchste Macht ist. Ja, die Macht dient der Liebe! Wenn ihr einen Namen braucht, dann nennt uns Liebe oder das Herz Gottes. *Seid Liebe, denn Liebe Ist Alles Was Es Gibt, Alles Was Jemals War – und Alles Was Jemals Sein Wird.*

.

ROSE OF LOVE

My heart
Flames of Light
Flashing
Shooting up
My crown

Light explosions
The Eye of RA
My crystal crown

I AM invisible
Invulnerable

I
Emerge from the skies
Deep inside
The Core of the Earth
My roots

Birthed
Myself
Into form

A trillion light speed
Beyond
Your
Wildest imagination

I am born again
For
The first time
In my true Glory

In grace
I AM
The Mother of all Life
Descending

Oh
Crown of Life
I AM
Your Glory

I am
The Nameless One

That
Gave all of you
Your name

Rose of Light

My heart
Explodes
Bursting
Into lightning

A myriad
Thunderstorms of Love
I AM

Who
Ever can grasp
Who
AM I

So white
So purified

My pearl
Was born
Under pressure

Uncounted tears
Had been
My
Lives

The past
Just dust
Dust
In the wind

Now
I AM the wind

Thunderstorm
And
Lightning
My rose
Eternal love

Birthing light
My thousand fold
Lotus crown

Who
Can ever bear
The love
I AM

So
I
Hide
Hide
And
Hide
My light

Stay invisible
In divine secrecy

The Mother of all Life
Hides
Behind
A silent smile

The Return — Peace

Labyrinth of Life

ÜBER DIE AUTORIN

Miriam wurde 1963 in der französischen Schweiz geboren, wuchs in Deutschland auf, lebte in Frankreich und wanderte 2002 nach Australien aus, wo sie seither mit ihrer Familie lebt.

Ihre berufliche Bildung umfasst Glasdesign, Kunsttherapie und Gestalttherapie, und sie ist auch als Sterbebegleiterin ausgebildet.

Miriam arbeitete als Künstlerin, Schriftstellerin, Meditationslehrerin und spirituelle Mentorin in vielen Ländern dieser Welt. Ihr besonderes Interesse gilt der Unterstützung von Kindern und Erwachsenen, die dem Tod nahe sind, Krebs haben und an Depressionen leiden; sie ist eine engagierte Anwältin gelebter Liebe.

www.silentsmile.com

www.ingramcontent.com/pod-product-compliance
Lightning Source LLC
Chambersburg PA
CBHW031230290426
44109CB00012B/235